—∞—

PARIS. — TYPOGRAPHIE MORRIS ET COMPAGNIE

64, rue Amelot

—∞—

PUBLICATIONS
ADMINISTRATIVES

PAR

LOUIS LAZARE

JEAN DU DRAC

Vicomte d'Ay, seigneur de Mareuil
Prévôt des Marchands, de 1486 à 1490

—o○o—

TOME HUITIÈME

—o○o—

PARIS

BUREAUX

10, BOULEVARD DU TEMPLE

—

1867

PUBLICATIONS ADMINISTRATIVES

3ᵉ ÉDITION

DICTIONNAIRE ADMINISTRATIF ET HISTORIQUE

DES

RUES ET MONUMENTS

DE PARIS

PAR FÉLIX LAZARE

Chef de section à la Préfecture de la Seine

ET

LOUIS LAZARE

Directeur de la Bibliothèque Municipale

(*Publications Administratives*).

L'extension des limites de la Ville de Paris rendait indispensable une troisième édition d'un ouvrage dont le Conseil Municipal a déjà consacré deux fois l'utilité.

Désireux de nous rendre dignes de cette approbation, nous ne devions pas nous borner à coudre quelques feuillets nouveaux à nos précédentes éditions : nous avons voulu refaire entièrement cet ouvrage, en nous inspirant des sages conseils de nos magistrats, en suivant les bons avis de nos autres lecteurs.

Ce Dictionnaire ne comportait pas de discussions administratives; ce que nous avions à faire devait être, avant tout, pour nous servir des expressions d'un ancien Conseiller Municipal : l'*État-civil des Rues et Monuments de Paris*.

Notre collection de documents amassés péniblement durant trente années, et qui s'est grossie et complétée de tous les actes intéressant l'ancienne banlieue récemment annexée à Paris, est appelée à devenir le recueil le plus nécessaire à la propriété, et le manuel le plus indispensable pour les architectes et les entrepreneurs.

Les uns et les autres doivent y trouver des renseignements impossibles à recueillir ailleurs, tant ils sont disséminés dans nos archives publiques, dans les collections particulières et les différents services ressortissant soit aux Ministères, soit à l'Administration Municipale.

Rendons cette vérité saisissante en présentant un exemple de l'utilité de notre Dictionnaire.

Qu'une personne désire acheter une maison dans une rue ancienne ou nouvelle. Toujours un acte quelconque, lettres patentes, édit, ordonnance Royale ou décret Impérial a sanctionné la formation de cette voie, mais sous certaines conditions, de nature soit à déprécier cet immeuble, soit, au contraire, à lui donner une plus-value.

Certaines de ces conditions obligent au même degré

ou favorisent également les acquéreurs primitifs et les propriétaires qui leur ont succédé.

Eh bien! d'un côté, si ces documents sont ignorés, ne peut-il pas en résulter un préjudice pour les acquéreurs, alors que la clause inconnue avant l'aliénation vient ensuite et tout à coup déprécier l'immeuble?

De l'autre côté, que des personnes manquant de renseignements s'abstiennent d'acquérir par prudence ; que les conditions ignorées soient avantageuses et lucratives, cette ignorance ne cause-t-elle pas la perte d'une plus-value certaine que notre livre eût épargnée?

Maintenant, quant aux architectes et entrepreneurs, c'est pour eux plus qu'une nécessité, c'est un devoir de connaître tous les documents qui s'appliquent à la propriété parisienne, parce que leur mission est de la sauvegarder.

Ils ont besoin d'être fixés non-seulement sur les termes de l'acte officiel qui a consacré le percement, mais encore sur d'autres documents qui en dérivent, tels que la longueur de la voie, la hauteur des maisons et les obligations de toute nature qui incombent aux riverains.

Les officiers ministériels, les notaires, les avoués auxquels notre œuvre s'adresse encore plus utilement, n'auront plus à craindre la perturbation qui doit être, pour un temps assez long, la conséquence forcée des nombreux changements que l'Administration Municipale a dû nécessairement introduire dans la nomenclature des rues de Paris.

Notre Dictionnaire doit épargner aux notaires et avoués toute confusion dans l'énoncé des titres de propriété ou autres, par rapport aux dénominations de nos voies parisiennes, confusion qui peut engendrer une foule de contestations et de procès dont ces officiers ministériels seraient, en définitive, responsables.

En effet, chaque article consacré à une rue ou place quelconque indiquera non-seulement sa dénomination actuelle et officielle, mais encore et successivement tous les noms que cette voie aura portés, si nombreux que soient à reproduire ces différents changements.

Nous établirons également la coïncidence des arrondissements et quartiers anciens avec les nouveaux, en rappelant aussi, lorsqu'il s'agira de la partie annexée, les noms des communes auxquelles ces localités appartenaient avant qu'elles ne fussent absorbées par la Ville de Paris; de cette manière, nous rattacherons complétement le passé et le présent à la même chaîne.

Parmi les améliorations que nous avons introduites dans notre seconde édition, et que nous devons étendre à la troisième, parce que l'expérience les a consacrées, celle qui a rapport à la publication d'*articles généraux* s'est trouvée heureusement adoptée.

En effet, il y a grande économie de temps pour le lecteur à trouver réunis aux articles AVENUES, BOULEVARDS, MARCHÉS, PONTS, etc., tous les documents qui s'y rattachent, et forment un ensemble de nature à rendre le travail facile et les appréciations toujours justes.

Ce système, qui abrége les recherches en les classant, n'exclut pas cependant les articles qui doivent être spécialement consacrés à chacun de nos boulevards, marchés, ponts, etc. ; loin de là, les articles particuliers sont les compléments indispensables des articles généraux.

En effet, qu'une personne désire être fixée sur le nombre et l'importance des églises qui existent dans Paris; c'est évidemment au travail d'ensemble qu'elle devra recourir. Là, elle trouvera tout ce qui a rapport au culte catholique.

S'il s'agit de connaître uniquement soit l'origine d'une église, soit son style d'architecture ou bien ses accroissements et sa circonscription, c'est à l'article particulier qu'il faudra s'adresser, et ce sera chose facile en suivant l'ordre alphabétique.

En dehors des articles généraux et particuliers, nous avons pensé qu'il fallait donner à la STATISTIQUE une importance en rapport avec les changements successifs qui se sont opérés dans Paris.

Ce travail est devenu d'une nécessité plus impérieuse encore depuis l'extension des limites de la Capitale ; aussi le lecteur trouvera-t-il immédiatement après le PRÉCIS HISTORIQUE SUR PARIS, tous les documents qui s'appliquent aux différents services administratifs tels que ceux de la *Grande Voierie*, du *Pavage*, de l'*Éclairage*, de *la Distribution des Eaux*, de l'*Octroi*, etc., etc.

Ces renseignements coordonnés avec soin n'offriront pas seulement un intérêt de curiosité, mais ils permettront encore aux administrateurs de se rendre compte de la progression des différentes branches de l'Administration Municipale, et d'établir certaines comparaisons utiles entre l'Édilité Parisienne et celles de Londres, de Vienne, de Berlin, de Saint-Pétersbourg, etc.

Toutefois, la partie administrative, si complète qu'elle soit, même alors que la statistique en est le résumé indispensable, ne pourrait faire de notre travail qu'une œuvre utile et nécessaire à certaines classes de lecteurs.

Nous avons voulu, tout en lui conservant son caractère sérieux et instructif, que notre travail excitât la curiosité du plus grand nombre en s'adressant à tous.

Nous croyons être parvenus à généraliser, en la motivant, l'acquisition de notre Dictionnaire en ajoutant à l'Administration **LA PARTIE HISTORIQUE**.

Ainsi, à l'article de chaque voie publique, nous reproduirons non-seulement les faits intéressants qui s'y rattachent, mais nous ferons connaître encore les illustrations qui sont nées ou se sont éteintes dans cette rue.

Mais pour publier un ouvrage complet, il fallait que l'Administration Municipale eût achevé son travail d'ensemble sur la nouvelle nomenclature des voies publiques dans Paris.

On sait que ce travail avait pour but d'effacer un grand nombre de dénomination multiples, dont la similitude entraînait des inconvénients préjudiciables surtout au commerce et à l'industrie.

Nous avons donc été forcés de retarder cette publication, sous peine de livrer un ouvrage exposé à vieillir subitement, à devenir incomplet dès son apparition.

Mais ces retards qu'il nous fallait subir, nous les avons utilisés, en recomposant pour ainsi dire notre ancien Dictionnaire, en rédigeant avec le plus grand soin les biographies des hommes illustres, dont les noms décorent aujourd'hui un grand nombre de voies publiques dans Paris.

Pour témoigner de notre déférence envers le public, et lui exprimer notre très-sincère désir de nous rendre digne de son approbation, nous croyons devoir emprunter quelques articles à notre 3me Édition que nous ferons paraître aussitôt qu'il nous sera possible de livrer un travail complet et sans lacune.

BELLINI (rue) (1), c. à la rue Scheffer ; f. à la rue de la Tour. Long. 170 m. — 16e arrond. (anc. Passy.)

C'était encore, il y a quelques années, une rue dite de la Planchette.

Sa largeur, a été fixée à 8 m. par un arrêté préfectoral du 16 février 1856. Un décret impérial du 23 mai 1863 a confirmé le classement de cette rue au nombre des voies publiques.

Elle a reçu le nom de Bellini, en vertu d'un décret impérial du 24 août 1864.

(1) Pour éviter les longueurs, nous avons adopté les abréviations suivantes : *c.* signifie commence ; *f.*, finit ; *long.*, longueur ; *arrond.*, arrondissement ; *anc.*, ancien.

Bellini (Vincent), célèbre compositeur de musique, naquit à Catane, au pied de l'Etna, le 1er novembre 1802. Son premier opéra, *Andelson et Salvina*, date de 1825. Il fut représenté au Conservatoire de Naples. En 1826, l'impresario Barbaja lui confiait le libretto de *Bianca e Gernando,* qui fut joué le 30 mars de cette année. En 1827, le succès d'*il Pirata* dépassa toutes les espérances. *La Straniera* fut jouée à Milan le 14 février 1829.

L'année 1831 fut la plus heureuse de l'existence de Bellini; coup sur coup il produisit deux partitions qui lui assurent l'immortalité. *La Sonnambula* fut jouée au mois de mars, et *la Norma* le 26 décembre. Bellini ne saurait être considéré comme un grand harmoniste, encore moins comme un savant compositeur. Mais aucun musicien, aucun sans exception, n'a possédé comme lui le don de produire « le chant qui va retentir au fond du cœur. »

Bellini est mort à trente-trois ans, le 23 septembre 1835.

BOUCHARDON (rue), c. rue de Bondy; f. rue du Château-d'Eau. Long. 221 m. — 10e arrond. (anc. 5e).

C'était encore, il y a quelques années, une impasse connue sous le nom d'impasse de la Pompe.

Une décision ministérielle du 14 avril 1821 fixa la largeur de cette impasse à 8 m. En vertu d'un arrêté du Président du Conseil des Ministres, chargé du pouvoir exécutif, E. Cavaignac, du 8 août 1848, cette largeur devra être portée à 10 m. En 1854, l'impasse de la Pompe a été prolongée jusqu'à la rue du Château-d'Eau, sur les terrains appartenant à la Société de *l'Épargne immobilière*. La longueur de ce prolongement est de **97 m.**, et sa largeur de **10 m.**

En vertu d'un décret impérial du 24 août 1864, cette voie a reçu dans tout son parcours, le nom de rue Bouchardon.

Bouchardon (Edme), l'un de nos sculpteurs les plus renommés, naquit à Chaumont-en-Bassigny (Haute-Marne), le 29 mai 1698. Son père le destinait à la peinture, mais entraîné vers la sculpture, le jeune Bouchardon vint à Paris et entra dans l'atelier de Coustou le cadet.

En 1722, il obtint le grand prix, et le 18 septembre 1723, il arrivait à Rome, où il consacra dix ans à des études qui en firent un artiste de premier ordre.

Il avait acquis une telle réputation, qu'il fit à Rome, où les étrangers ont tant de peine à se produire, les bustes du pape Clément XII (Corsini), des cardinaux de Polignac et de Rohan. Il était même chargé du tombeau de Clément XI, lorsqu'en 1733, le Roi le rappela en France, où sa renommée l'avait précédé. Il devint membre de l'Académie, le 27 février 1745, et professeur en 1746.

Parmi les travaux exécutés par Bouchardon et qui ont embelli la ville de Paris, on cite en première ligne la *fontaine de Grenelle*, construite de 1735 à 1739, sous la Prévôté d'Étienne Turgot. Le lendemain de l'inauguration de la fontaine de Grenelle, le Prévôt des Marchands manda l'artiste auquel la Ville de Paris était redevable de ce chef-d'œuvre de bon goût et d'élégance.

— Maître Bouchardon, dit le Magistrat, vous nous avez donné une perle, permettez-moi de vous offrir ce diamant.

Et Turgot attacha une magnifique épingle au jabot de dentelle qui s'épanouissait sur la poitrine du grand artiste.

Bouchardon mourut à Paris le 27 juillet 1762.

CAFFARELLI (rue), c. rue de Bretagne; f. place de la Rotonde-du-Temple. Long. 88 m. — 3ᵉ arrond. (anc. 6ᵉ).

Ouverte en 1809, sur une partie de l'enclos du Temple, elle prit le nom de rue Caffarelli, en vertu d'une décision ministérielle du 9 septembre de la même année, signée Fouché, qui fixa la largeur de cette voie publique à 10 m. Cette largeur a été maintenue par une ordonnance royale du 16 mai 1833.

Caffarelli (Louis-Marie-Joseph-Maximilien) naquit au Falga, dans le haut Languedoc, le 13 février 1756. Il se distingua, en 1796, à l'armée du Rhin, où un boulet de canon lui brisa la jambe gauche. Il subit l'amputation. Caffarelli fut un des officiers supérieurs que choisit Bonaparte pour l'accompagner en Égypte. Il partit en qualité de commandant du génie. On connaît toutes les privations que nos troupes eurent à supporter en traversant le désert. Au milieu de cette mer de sable sans limite, sous un ciel dévorant, Caffarelli donnait l'exemple du courage et de la résignation. Les soldats en voulaient surtout à ce général, qu'ils croyaient un des auteurs de l'expédition ; aussi, lorsqu'ils le voyaient passer, traînant sa jambe de bois, ils disaient : « Celui-là se moque bien » de ce qui arrivera, il est toujours bien sûr d'avoir un » pied en France. » Caffarelli se couvrit de gloire à l'attaque de Saint-Jean-d'Acre. Plusieurs fois renversé et foulé aux pieds, il s'opiniâtrait à commander, lorsqu'une balle vint lui fracasser le coude. Il subit une nouvelle amputation, et mourut le 27 avril 1799.

Le lendemain de la mort de Caffarelli, Bonaparte publia cet ordre du jour :

« L'armée vient de perdre un de ses plus braves chefs, » l'Égypte un de ses législateurs, la France un de ses

» meilleurs citoyens, les sciences un homme qui y rem-
» plissait un rôle célèbre. »

CAMPO-FORMIO (rue de), c. rue Pinel et Grande rue
d'Austerlitz ; f. boulevard de l'Hôpital. Long. 264 m.
— **13ᵉ** arrond. (anc. **12ᵉ**).

C'était une des rues du village d'Austerlitz (voyez
AUSTERLITZ — grande rue d'). Elle portait alors le nom
de rue du *Chemin des Étroites-Ruelles*. On lui donna,
plus tard, la dénomination de *Petite rue d'Austerlitz*.
— Une décision ministérielle du 3 février 1821 et une
ordonnance royale du 11 juin 1847 ont fixé à 10 m. la
largeur de cette voie publique. En vertu d'une décision
ministérielle du 29 mars 1851, elle a reçu le nom de
Campo-Formio, qui rappelle le célèbre traité conclu
entre l'empereur d'Autriche et la République française,
le **26** vendémiaire an VI (17 octobre 1797).

Voici le préambule de la lettre du général en chef
Bonaparte, annonçant ce grand événement au Ministre
des relations extérieures :

Quartier général, Passariano, 27 vendémiaire an VI
(18 octobre 1797).

« La paix a été signée hier, à une heure après minuit,
» à *Campo-Formio*. J'ai fait partir à deux heures le général
» Berthier et le citoyen Monge pour vous porter le traité
» en original. Je me suis réservé de vous écrire ce matin,
» et je vous expédie, à cet effet, un courrier extraordi-
» naire qui vous arrivera en même temps et peut-être
» avant le général Berthier. C'est pourquoi je joins à
» cette lettre une copie collationnée du traité.

» Je ne doute pas que la critique ne s'attache vivement
» à déprécier le traité que je viens de signer. Tous ceux
» cependant qui connaissent l'Europe et qui ont le tact
» des affaires seront bien convaincus qu'il était impos-
» sible d'arriver à un meilleur traité, sans commencer
» par se battre, et sans conquérir encore deux ou trois
» provinces de la maison d'Autriche. Cela était-il pos-
» sible ? Oui. Probable ? Non... »

(*Correspondance de l'Empereur Napoléon I*ᵉʳ, volume III,
page 518. Imprimerie impériale.)

CASSINI (rue), c. rue du Faubourg-Saint-Jacques ;
f. rue d'Enfer. Long. 207 m. — 14ᵉ arrond.
(anc. 12ᵉ).

Jusqu'en 1790 on l'appelait rue des *Deux-Anges* ou
Maillet. « *Moniteur* du 27 juin 1790. — Il y a long-
» temps que l'on a remarqué que les noms des grands
» hommes donnés aux rues de Paris seraient un monu-
» ment de notre gloire et un objet d'émulation. On a
» profité des nouvelles rues qui avoisinent le Théâtre-
» Français et le Théâtre-Italien pour rendre ce tribut
» à nos auteurs dramatiques, mais on n'a rien fait
» dans ce genre en l'honneur des sciences. M. de
» la Lande a demandé à M. le Maire et au bureau de
» la Ville que la rue voisine de l'Observatoire fût
» appelée rue de *Cassini*, au lieu de rue Maillet. Le
» nom de Cassini, depuis quatre générations, illustre
» ce quartier, et ce nom est identifié, pour ainsi dire,
» avec l'astronomie ; aussi cette motion a-t-elle été
» accueillie, et l'on a placé de suite les nouveaux
» écriteaux. » — Une décision ministérielle, du

26 vendémiaire an XII, signée Chaptal, avait fixé la largeur de cette voie publique à 7 m. ; cette largeur a été portée à 12 m. en vertu d'une ordonnance royale du 9 décembre 1838.

Cassini (Jean-Dominique), célèbre astronome, naquit à Perinaldo, dans le comté de Nice, le 8 juin 1625. Il enseigna jeune encore à Bologne, où il succéda, en 1650, à Cavalieri. Il publia des *Observations* en latin, sur la comète de 1652. La méridienne qu'il traça de 1653 à 1657, dans l'église de Saint-Petrone, lui permit bientôt de dresser de bonnes tables du soleil et une table de réfractions.

En 1665, il détermina la rotation de Jupiter, et en 1667 celle de Mars et de Vénus.

En 1668, il publia ses *Éphémérides de Jupiter*, travail immense qui fut communiqué par son auteur à l'Académie des Sciences, que Louis XIV avait fondée en 1666. Colbert appela Cassini en France, comme il avait déjà fait venir Huygens. Le Roi reçut Cassini avec tant de distinction, que le savant ne tarda pas à se faire naturaliser Français. C'est ainsi que Louis le Grand faisait des conquêtes jusque dans l'empire des lettres et des arts. De grands travaux rendirent Cassini digne de sa nouvelle patrie. Il organisa l'Observatoire de Paris ; il découvrit la lumière zodiacale et en fit connaître la forme avec exactitude. Il révéla l'existence des quatre satellites de Saturne, en 1684, et donna, en 1693, de nouvelles tables de Jupiter plus exactes que celles de 1668. En 1695, il fit un voyage en Italie, où il revit à Saint-Pétrone sa méridienne, qui s'était un peu dérangée. Celle qui avait été commencée en 1669, d'après ce modèle par Picard, fut continuée en France, en 1683, au nord de Paris, par La Hire, au sud par Cassini, qui la poussa en 1700 jusqu'au Roussillon.

C'est cette même ligne, base de toutes les mesures qui,

quarante ans après, fut reprise par François Cassini et la Caille, et cent ans après par Méchain et Delambre.

Dans ses dernières années, le grand astronome perdit la vue, malheur qui lui fut commun avec Galilée. Ces deux grands hommes ont, pour nous servir d'une comparaison de Fontenelle, fait tant de découvertes dans le ciel, qu'ils ressemblent à Tirésias, qui devint aveugle pour avoir dérobé quelques secrets des dieux.

Cassini mourut le 14 septembre 1712, à quatre-vingt-sept ans et demi, sans maladie, sans douleur, et par la seule nécessité de mourir.

CHABROL (rue), c. rue du Faubourg-Saint-Denis et au boulevard de Magenta ; f. rue de La Fayette Long. 425 m. — 10e arrond. (anc. 3e).

Une ordonnance royale du 29 mai 1822 a autorisé M. le comte Charpentier à ouvrir sur ses terrains une rue de 12 m. de largeur pour communiquer de la rue du Faubourg-Poissonnière, vis-à-vis la rue Bellefond , au faubourg Saint-Denis. Cette ordonnance porte que sur les 12 m. auxquels la largeur de la rue est fixée, le comte Charpentier fournira 10 m. sur toute la longueur de sa propriété; le surplus lui sera payé à raison de 7 fr. 86 c. le mètre carré. Toutes les dépenses exigées par l'ouverture de la rue, telles que déblais, remblais, premier pavage, etc., devaient être supportées, savoir : cinq sixièmes par le comte Charpentier, et un sixième par la Ville de Paris.

Cette rue fut immédiatement tracée, et reçut, en vertu d'une décision ministérielle du 1er juillet 1822, le nom de rue *Chabrol*. Peu de temps après la révolution de 1830, les habitants du quartier donnèrent à cette voie publique le nom de M. Delaborde, chargé provisoirement alors de la préfecture de la Seine. Le 12 août 1835, une décision ministérielle, signée Gasparin, lui a rendu sa première dénomination.

Gilbert-Joseph-Gaspard, comte de *Chabrol* de Volvic, naquit à Riom en 1773. Admis le premier à l'école Polytechnique, il en sortit également le premier ; ensuite attaché à l'expédition d'Égypte, il sut fixer l'attention du général en chef par un mémoire qui fut inséré plus tard dans le grand ouvrage sur cette contrée célèbre.

Le 18 brumaire an VIII, M. Chabrol fut nommé souspréfet à Pontivy.

En 1806, il était préfet de Montenotte. Pendant son administration et sous sa direction fut étudiée et commencée cette magnifique route de la Corniche qui fait l'admiration du monde. Napoléon confiait, en 1809 et 1810, à M. Chabrol la garde du pape Pie VII, dont le séjour avait été fixé à Savone. Le jeune magistrat sut remplir cette mission si délicate de manière à mériter l'estime du Saint-Père et la haute approbation de l'Empereur.

Après la destitution du comte Frochot, M. Chabrol fut appelé, en 1812, à la Préfecture de la Seine ; il n'avait pas encore trente ans accomplis. Il administra la ville de Paris comme doit être représentée la Capitale d'un grand Empire, c'est-à-dire avec talent, honnêteté, noblesse et courtoisie. Aussi l'estime générale de ses administrés fut-elle bientôt acquise au magistrat. Cette estime des Parisiens devint plus tard une affection si vive, que le Roi Louis XVIII se crut obligé de conserver à la tête des affaires de la Ville le Préfet nommé par son prédécesseur. Un jour, un Ministre plus royaliste que le Roi, voulut inspirer à Louis XVIII des doutes sur la fidélité du Préfet de la Seine, auquel Son Excellence faisait un crime d'a-

voir été nommé par Napoléon. Impatienté de ces criail-
leries, Sa Majesté les fit taire par cette repartie : *M. Chabrol a épousé la ville de Paris, et j'ai aboli le divorce.* — Le
comte Chabrol mourut à Paris, le 30 avril 1843.

CHARLES V (rue), c. rue du Petit-Musc ; f. rue Saint-
Paul. Long. 188 m. — 4ᵉ arrond. (anc. 9ᵉ).

*Première partie, comprise entre les rues du Petit-
Musc et Beautreillis.* — Percée vers 1550, elle a porté
le nom de rue des *Trois-Pistolets,* qu'elle devait à une
enseigne.

*Deuxième partie, entre les rues Beautreillis et Saint-
Paul.* — Elle a été ouverte en 1552, sur l'emplacement
de l'hôtel de Saint-Maur, depuis appelé l'hôtel des
Écuries de la reine Isabeau de Bavière, femme de
Charles VI. On la désigna sous le nom de rue *Neuve-
Saint-Paul,* pour la distinguer de la rue Saint-Paul,
beaucoup plus ancienne.

Une décision ministérielle du 13 ventôse an VII,
signée François de Neufchâteau, fixa la largeur de ces
deux voies publiques à 9 m. Cette largeur devra être
portée à 10 m., en vertu d'une ordonnance royale
du 4 août 1838. En 1841, ces deux parties avaient été,
réunies sous la seule et même dénomination de rue
Neuve-Saint-Paul. Les propriétés riveraines sont soumises à retranchement.

En vertu d'un décret impérial du 24 août 1864, elle
a reçu le nom de rue Charles V.

Charles V, surnommé *le Sage,* naquit à Vincennes, le
21 janvier 1337. Sa jeunesse fut malheureuse. La Régence

qu'il exerça pendant la captivité du roi Jean, son père, la lutte qu'il soutint contre Étienne Marcel et les États-Généraux, le mûrirent promptement, et il était digne d'être Roi quand il monta sur le trône, en 1364. Il possédait au suprême degré la pensée persévérante qui crée et renouvelle les ressources, qui prépare, soutient et consomme les succès, que rien ne détourne de son but, ni les obstacles ni même les revers. C'était le Roi vraiment sage dont le génie calme et froid échappait aux regards du vulgaire, qui confond la tête qui conçoit avec le bras qui exécute.

L'histoire ne lui accorde pas seulement la gloire d'avoir reconquis sur les Anglais les plus belles provinces de France, elle se plaît encore à rappeler son goût pour les lettres, son amour pour les arts. Malgré les énormes dépenses de la guerre, « le dit Roy, sage artiste et vray architecteur, fit faire maintes places, notables édifices beaux et nobles à Paris et ailleurs. » La nouvelle enceinte, construite à la hâte par le Prévôt des Marchands Étienne Marcel, fut rebâtie tout entière sous le règne de Charles V. Il accrut son hôtel royal de Saint-Paul, curieux mélange de faste et de simplicité, qui rappelait tout à la fois la ferme, le château féodal et le palais. Il fit édifier de neuf le chastel du Louvre et ordonna de faire le Pont-Neuf (le pont Saint-Michel).

Autour de cette Royauté qui profita si grandement à la France, brillèrent les Nicolas Oresme, les Philippe de Maizières, les Raoul de Presle.

Chez Charles V, « le cœur estoit à l'unisson de l'entendement. *Il faut,* disait-il, *nourrir les enfants des Rois en vertus, à cette fin qu'ils surmontent en mœurs ceux qu'ils doivent surmonter en honneurs.* » Souvent on l'entendait répéter : *Les Rois ne sont heureux que parce qu'ils ont le pouvoir de faire le bien.* Le dernier jour de sa vie, le 16 septembre 1380, il signa d'une main défaillante l'abolition des impôts établis *sans l'octroi des États.* C'était le dernier et suprême couronnement d'une grande royauté.

CHÉNIER (rue), c. rue Sainte-Foy ; f. rue de Cléry.
Long. **71** m. — **2**e arrond. (anc. **5**e).

Ouverte en **1660**, elle prit d'abord le nom de rue *Sainte-Anne*, puis celui de *saint Claude*, en raison d'une enseigne qu'on voyait au coin de la rue de Bourbon-Villeneuve.

Une décision ministérielle du **23** frimaire an VIII, signée Laplace, et une ordonnance royale du **21** juin **1826**, ont fixé la largeur de cette voie publique à **10** m.

En vertu d'un décret impérial du **24** août **1864**, elle a reçu le nom de *Chénier*.

Marie André *de Chénier*, naquit à Constantinople, le **29** octobre **1762**. Il était le troisième fils de Louis de Chénier, consul général de France en Turquie, et d'une jeune Grecque aussi célèbre par son esprit que remarquable par sa beauté. Il n'avait que deux ans lorsque sa mère l'amena en France. Une partie de sa jeunesse s'écoule alors calme et limpide sous le beau ciel du Languedoc. Puis on l'envoie à Paris, où il achève ses études au collége de Navarre, pour suivre ensuite la carrière militaire, qu'il abandonne au bout de six mois. Il revient à Paris et se lie d'amitié avec Lavoisier, David et Lebrun. Ce dernier lui adresse en ces deux vers cette magnifique prédiction :

> Oui, l'astre du génie éclaira ton berceau,
> La gloire a sur ton front secoué son flambeau !

Uniquement occupé des lettres et des arts, André Chénier étudie avec amour la poésie grecque et butine sur ses fleurs.

Sa santé s'altère, et le poëte se croyant perdu, s'écrie dans de touchants adieux à ses amis :

> Je meurs, avant le soir j'ai fini ma journée!

Mais une mort plus tragique lui était réservée ; il rétablit, et pour achever sa guérison, les Trudaine, ces dignes fils d'un Prévôt des Marchands de la ville de Paris, l'emmènent pour un long voyage. Il visite la Suisse, l'Italie, l'Archipel, Constantinople, et ouvre ainsi la route de l'Orient à ces autres grands poëtes : Châteaubriand, Byron, Lamartine. Il revient à Paris en 1786, pour reprendre ses études littéraires. André Chénier s'inspire des écrits des anciens pour produire comme eux des œuvres originales, éclatantes. Ce qu'il demande à l'antiquité, ce ne sont ni des sujets ni des pensées, mais de l'enthousiasme, mais le feu poétique ; en parlant des anciens, il s'écrie :

> Là, Prométhée ardent, je dérobe les feux
> Dont j'anime l'argile et dont je fais des dieux.

Et dans cet autre passage :

> . . . .
> Changeons en notre miel leurs plus antiques fleurs ;
> Pour peindre notre idée, empruntons leurs couleurs ;
> Allumons nos flambeaux à leurs feux poétiques ;
> Sur des pensers nouveaux faisons des vers antiques.

Les amis d'André Chénier semblaient craindre que son génie, au lieu de rayonner sur un sujet grandiose pour lui assurer l'immortalité, ne se dissipât comme le parfum qui s'éparpille dans l'air.

Lui, répondit :

> Moi, je suis un fondeur : de mes écrits en foule
> Je prépare longtemps et la forme et le moule,
> Puis sur tous à la fois je fais couler l'airain ;
> Rien n'est fait aujourd'hui, tout sera fait demain.

Lors du procès de Louis XVI, André Chénier prit une part importante à la défense du Roi. Son exécution frappa de stupeur le poëte, dont la santé s'altéra de nouveau. Il dut se retirer à Versailles, où le calme lui fit quelque bien. Là, il composa des pièces adorables sous le nom de *Fanny*. La plus belle et la plus touchante commence par cette strophe :

> O Versaille, ô bois, ô portiques !
> Marbres vivants, berceaux antiques,
> Par les dieux et les rois Élysée embelli,
> A ton aspect dans ma pensée,
> Comme sur l'herbe aride une fraîche rosée
> Coule un peu de calme et d'oubli.

Mais la politique l'attire fatalement, et dans l'ode à *Charlotte Corday*, le poëte s'écrie :

> Seule tu fus un homme, et vengeas les humains !
> Et nous, eunuques vils, troupeau lâche et sans âme,
> Nous savons proférer quelques plaintes de femme,
> Mais le fer pèserait à nos débiles mains.

La mort que le poëte provoque avec cette généreuse impatience ne va pas le faire attendre ; il est arrêté le 17 nivôse an II (6 janvier 1794), puis incarcéré à Saint-Lazare. Un sentiment, mélange savoureux d'amour, de poésie et de pitié, le distrait et le console de sa captivité. — Dans cette ode admirable connue sous ce nom : *la Jeune Captive*, il célèbre la comtesse de Coigny, prisonnière comme lui, et décerne à son malheur l'immortalité en des vers, les plus doux et les plus harmonieux qu'André Chénier ait composés.

En voici la première strophe ; c'est la jeune fille qui parle, soupire et se plaint dans la langue de Jephté :

> L'épi naissant mûrit de la faux respecté ;
> Sans crainte du pressoir, le pampre tout l'été
> Boit les doux présents de l'aurore ;
> Et moi, comme lui belle et jeune comme lui,
> Quoi que l'heure présente ait de trouble et d'ennui,
> Je ne veux pas mourir encore.

Mais l'amour n'inspirait pas seul le poëte dans les cachots de Saint-Lazare. André Chénier trouvait dans son imagination des accents d'une terrible énergie pour flétrir les oppresseurs de la France. Il ne voulait pas mourir

> Sans percer, sans fouler, sans pétrir dans leur fange,
> Ces bourreaux barbouilleurs de lois.

Il voulait survivre à tant de brigands abhorrés

> Pour cracher sur leurs noms, pour chanter leur supplice.

Le 7 thermidor, il comparaît devant le tribunal révolutionnaire, est condamné et guillotiné le même jour sur la place du Trône *renversé*. Sur la plate-forme de l'échafaud il se frappe le front et dit : *Pourtant, j'avais quelque chose là !*

CHERUBINI (rue), c. rue de Chabanois ; f. rue Sainte-Anne. Long. 49 m. — 2ᵉ arrond. (anc. 2ᵉ).

Une ordonnance royale du 5 août 1844 a donné ce nom à une partie de la rue de Chabanois (voyez cet article), en raison de sa proximité de l'emplacement de l'ancien Opéra et des rues Lulli et Rameau. La largeur de la rue Cherubini est fixée à 10 m., en vertu d'une ordonnance royale du 4 octobre 1826. Les propriétés du côté des numéros impairs devront reculer de 2 m. Celles du côté opposé sont alignées.

Cherubini (Marie-Louis-Joseph-Zénobi-Salvador) naquit à Florence, le 8 octobre 1760. A l'âge de treize ans, il fit exécuter une messe et un intermède qui révélèrent un talent de premier ordre. Le jeune compositeur fut loin de se laisser étourdir par un succès aussi heureux. Il alla bientôt à Bologne, où résidait le célèbre *Sarti*, et, redevenant écolier, il étudia pendant quatre ans sous cet illustre maître. — Un travail opiniâtre lui donna cette

science profonde du contre-point, et surtout cette pureté
de style qui était le caractère distinctif de son admirable
talent. C'est peut-être le seul compositeur auquel il ait
été donné d'innover dans toutes les parties de son art,
sans jamais méconnaître les règles qui le constituent, et
sans que la sévérité de la composition nuisît aux sublimes
inspirations de son génie. Parmi les œuvres les plus remarquables de Cherubini, on cite : *Médée, l'Hôtellerie Por-
tugaise, les Deux Journées*, sa belle *Messe* à trois voix et
son grand *Requiem*. Nommé directeur du Conservatoire
en 1822, Cherubini mourut le 15 mars 1842.

CHEVERT (rue), c. boulevard Latour-Maubourg ; f.
avenue de Tourville. Long. 287 m. — 7e arrond.
(anc. 10e).

Le plan de Jaillot et celui de Verniquet l'indiquent
comme un chemin sans dénomination. Le nom de *Chevert* lui fut donné vers 1802. — Une décision ministérielle du 28 vendémiaire an XIII, signée Portalis, et
une ordonnance royale du 12 décembre 1845, ont fixé
la largeur de cette voie publique à 10 m. Les propriétés de 1 à 13 et de 2 à 14 sont alignées.

Le 2 mai 1706, vers onze heures du matin, un régiment traversait la ville de Verdun. Un enfant coiffé d'un
bonnet en papier posé crânement sur l'oreille droite, et
jouant des castagnettes avec des morceaux d'assiettes cas-
sées, marquait le pas et devançait les soldats. Le régiment dépassa la ville, et l'enfant marchait toujours en
avant. A la première halte, le colonel, qui avait remarqué
la gentillesse du gamin, ordonne qu'on le lui amène.

— Pourquoi nous as-tu suivis, mon petit ami ? demande
l'officier.

— Je veux être soldat, répond l'enfant.

— Mais tes parents?

— Mon père et ma mère sont morts !

— Comment fais-tu?

— C'est M. le curé qui donne à ma tante de l'argent pour me nourrir. Je sers la messe ; on n'est guère content de moi ; M. le curé dit que je suis trop turbulent et que je casse toutes ses burettes.

— Ton nom ?

— François Chevert.

— Allons ! c'est marché conclu, te voilà des nôtres.

En 1741, l'orphelin de Verdun était lieutenant-colonel, maréchal de camp en 1744, lieutenant-général en 1748, commandeur de Saint-Louis en 1754, et grand'croix en 1758. Chevert mourut à Paris le 24 février 1769, et fut enterré dans l'église Saint-Eustache, où l'on peut lire encore son épitaphe composée par d'Alembert. — Cette épitaphe la voici :

> Sans aïeux, sans fortune, sans appui,
> Orphelin dès l'enfance,
> Il entra au service à l'âge de onze ans ;
> Il s'éleva malgré l'envie, à force de mérite,
> Et chaque grade fut le prix d'une action d'éclat.
> Le seul titre de maréchal de France
> A manqué non pas à sa gloire,
> Mais à l'exemple de ceux qui le prendront pour modèle.

CHOISEUL (rue de), c. rue Neuve-Saint-Augustin ; f. boulevard des Italiens. **Long. 243 m. — 2ᵉ arrond.** (anc. 2ᵉ).

Madame la comtesse de Choiseul, douairière, et M. le comte de Choiseul, son fils, propriétaires d'un hôtel dont le jardin s'étendait jusqu'au rempart, obtinrent, par arrêt du Conseil du 26 avril 1776, l'autorisation d'ouvrir un renfoncement ou impasse de 24 pieds de largeur. Cette impasse fut immédiatement construite. Le 19 juin 1779, ils obtinrent des lettres patentes ainsi conçues : — « Article 1er. Il sera ouvert et formé, » en continuité du renfoncement dont la permission a » été accordée à la dame comtesse de Choiseul, douai- » rière, et comte de Choiseul-Gouffier, son fils, une » nouvelle rue sur le terrain des jardins et bâtiments » de leur hôtel, et à leurs dépens, dont l'une des issues » sera sur le rempart, et l'autre rue Neuve-Saint- » Augustin ; ladite rue sera nommée rue de *Choiseul.* » Sa largeur sera de 24 pieds et son alignement droit » et parallèle dans toute sa longueur. — Art. 2. Le » nouveau pavé de la rue sera établi également aux » frais des sieur et dame de Choiseul, etc. » — Ces lettres patentes furent exécutées en août 1779. — Une décision ministérielle du 23 floréal an X, signée Chaptal, fixa la largeur de la rue de Choiseul à 8 m. En vertu d'une ordonnance royale du 27 mars 1831, cette largeur devra être portée à 10 m.

Choiseul-Gouffier (Marie-Gabriel-Auguste-Florent, comte de), né à Paris, le 27 septembre 1752, fit d'excellentes études u collége d'Harcourt ; les leçons de l'abbé Barthélemy ui inspirèrent le désir de visiter la Grèce. Il partit en 776 avec plusieurs artistes, fouilla tous les débris, recueillit les traditions et les usages, fit dessiner les costumes, les sites et les monuments, et les publia sous le itre de *Voyage pittoresque en Grèce* ; le premier volume arut en 1782, le second en 1809, et le troisième en

1820. — C'est un ouvrage intéressant et d'une clarté parfaite.

Nommé membre de l'académie des Inscriptions, en 1776, il remplaça d'Alembert, en 1784, à l'Académie Française. Nommé ambassadeur à Constantinople, il s'efforça d'introduire en Turquie la civilisation européenne. Par ses conseils, des officiers d'artillerie et du génie, des ingénieurs de la marine furent appelés par le sultan, à l'effet de créer des fonderies et de réparer les places fortes. En 1791, le comte de Choiseul fut nommé ambassadeur en Angleterre. Il refusa ce poste et resta à Constantinople. Des pièces saisies en Champagne, le firent décréter d'arrestation, le 22 novembre 1792. Ne pouvant rentrer en France ni demeurer à Constantinople, il partit pour la Russie et fut admis dans l'intimité de Catherine II.

Paul Ier le nomma conseiller privé et le fit directeur de l'académie des Beaux-Arts et de toutes les bibliothèques impériales. Rentré en France en 1802, le comte de Choiseul devint, sous la Restauration, ministre d'État puis pair de France, et mourut le 20 juin 1817.

CIMAROSA (rue), c. boulevard du roi de Rome ; f. rue du Bel-Air. Long. **115** m. — 16e arrond. (anc. Passy).

Cette voie a été ouverte, il y a quelques années sur le territoire de l'ancienne commune de Passy. On lui donna d'abord le nom de *rue Saint-André*.

Sa largeur a été fixée à **8** m. par un arrêté préfectoral du **16** février **1856**. Un décret impérial du **23** mai **1863** a confirmé le classement de cette rue au nombre des voies publiques.

En vertu d'un décret impérial du **24** août **1864**, elle a reçu le nom de Cimarosa.

Cimarosa (Dominique), célèbre compositeur de musique, naquit le 17 décembre 1749 à Aversa, près de Naples. Il était fils d'un pauvre maçon qui se tua en tombant d'un échafaud. La mère de Cimarosa recommanda son fils à un pauvre moine que la veuve avait pour confesseur; l'enfant n'avait que sept ans. Par un heureux hasard, le digne moine, qui était organiste de son couvent, s'aperçut du goût de son jeune protégé pour la musique; il le fit entrer au couvent de Sainte-Marie-de-Lorette. Ce fut là, sous la direction de Fenaroli, disciple de Durante, que le jeune Cimarosa étudia le contre-point et s'imprégna de cette pureté de style et de cette élégance qui distinguent les maîtres sortis des écoles de Naples au dix-huitième siècle.

Le nombre des ouvrages de Cimarosa dépasse la centaine. Tous les genres ont été abordés et illustrés par ce grand compositeur. Mais celui où brille son génie du plus vif éclat est celui de l'opéra bouffe. C'est là qu'il révèle l'abondance, la fraîcheur et l'originalité toujours jeune de ses idées. Son *Mariage secret* (*Matrimonio segreto*) est, dans ce genre, un modèle qu'on n'a pas surpassé. On a souvent comparé Cimarosa à Paesiello; si ce dernier charme par la suavité de ses mélodies et par une expression dramatique supérieure peut-être à celle de son émule, Cimarosa l'emporte par sa verve comique et sa franche gaieté. Son orchestre, sans avoir la variété et la plénitude de celui de Mozart, est rempli de charmants détails, de motifs spirituels et brillants qui relèvent la mélodie, sans nuire à sa fraîcheur. — Cimarosa mourut à Venise, le 11 janvier 1801.

COMBE (rue), c. rue Nicot; f. Malar. Long. 75 m. — 7e arrond. (anc. 10e).

Tracée sur le plan de Jaillot, on la dénomma d'abord rue de la *Triperie*. Elle s'étendait, il y a quelques années, jusqu'au quai d'Orsay. Une grande partie de cette communication a été supprimée pour l'établissement de l'*Entrepôt* du Gros-Caillou, affecté aujourd'hui au service militaire. Une ordonnance royale du 8 février 1848 a fixé la largeur de ce te voie publique à 10 m. Le côté droit est aligné.

Elle a reçu sa dénomination actuelle en vertu d'un décret impérial du 24 août 1864.

Combe (Michel), né à Feurs (Loire) en 1787, entra au service comme volontaire, passa par tous les grades inférieurs, et fut décoré en 1807, pour sa belle conduite pendant la campagne de Prusse et celle de Pologne. Il dut à sa réputation de bravoure son admission en qualité de lieutenant dans la vieille garde, fit les campagnes de Russie, de Saxe et de France, accompagna l'Empereur Napoléon à l'île d'Elbe, et combattit à Waterloo. Après nos désastres, Combe s'expatria et ne revint en France qu'après 1830. Colonel du 66e de ligne, ce fut lui qui s'empara de la forteresse d'Ancône, en 1832. Il passa ensuite au 47e, fit partie du corps expéditionnaire placé sous les ordres du général Bugeaud, et se couvrit de gloire au combat de la Sicka. Peu en faveur auprès du gouvernement, il allait demander sa retraite, quand eut lieu l'expédition de Constantine ; Combe fut blessé mortellement à l'assaut de cette ville, le 13 octobre 1837.

COMINES (rue de), c. rue de Turenne, f. boulevard des Filles-du-Calvaire. Long. 170 m. —3e arrond. (anc. 8e).

Cette rue a été ouverte sur une partie du *couvent des Filles-du-Calvaire*, dont nous rappelons l'origine. Nous aurons l'occasion de parler, à l'article de la rue de Vaugirard, de la création du premier couvent de cet ordre, établi à Paris en 1620. Ce fut le père Joseph, ce capucin si fameux par les négociations importantes auxquelles l'employa le cardinal de Richelieu, qui conçut le projet de fonder une seconde maison de cet ordre à Paris. Il choisit, à cet effet, une grande propriété qu'on appelait l'*hôtel d'Ardoise*. Cette demeure, située vers l'extrémité de la rue Vieille-du-Temple, fut achetée 37,000 livres par la congrégation des Bénédictines du Calvaire. L'établissement de ces religieuses, dans cette propriété, date de 1633. La première pierre de leur église fut posée en 1635, et douze religieuses, tirées de la maison du Calvaire, vinrent habiter leur nouveau couvent le 10 avril 1637. Cet établissement devait porter le nom de *Crucifixion*, pour le distinguer de celui de la rue de Vaugirard ; pour cette raison fut placée sur la porte cette inscription : *Jesus amor noster crucifixus est.* — Cependant l'église fut consacrée, en 1650, sous le titre de la *Transfiguration*. Supprimé en 1790, ce couvent, qui contenait une superficie de 14,407 m., devint propriété nationale, et fut vendu le 8 vendémiaire an V. Deux rues furent percées sans autorisation, en 1804, sur une partie de son emplacement. Le Ministre de l'Intérieur décida, le 23 août 1806, que ces deux rues seraient considérées comme voies publiques, et auraient une largeur uniforme de 10 m. Celle dont nous nous occupons ne fut exécutée que sur une moindre largeur de 9 m. 70 c., qui a été maintenue par une décision ministérielle du 1er décembre 1821, et par un arrêté du

Ministre de l'Intérieur, Ledru-Rollin, du 26 mars 1848.
Cette voie publique reçut d'abord la dénomination de
rue *Neuve-de-Ménilmontant,* parce qu'elle débouche
vis-à-vis de la rue de Ménilmontant, aujourd'hui Ober-
kampf. Elle ne fut entièrement bordée de constructions
que vers 1810.

En vertu d'un Décret Impérial du 24 août 1864, elle
a reçu le nom de *Comines.*

Comines (Philippe de la Clyte, sire de), seigneur d'Argenton, politique et historien, né à Comines (Flandre), vers
1445, passa toute sa jeunesse à la cour de Philippe le Bon,
duc de Bourgogne, et fut attaché à la personne du comte
de Charolais. Il suivit ce prince, lors de la guerre du
Bien public, se trouva à la bataille de Montlhéry, en 1465,
et revint en Bourgogne après le traité de Conflans. — On
sait que le comte de Charolais, devenu duc de Bourgogne,
irrité du manque de foi de Louis XI, retint le roi prison-
nier à Péronne. Comines essaya de calmer son maître,
tout en conseillant secrètement au Roi de France de faire
certaines concessions, pour conjurer un danger plus
grand. Louis XI n'oublia pas ce service, et tirant profit de
toutes les fautes de son ennemi, le Roi sut détacher de
ce prince les personnages les plus importants de la cour
de Bourgogne.

Comines ne sut pas résister aux séductions de Louis XI;
il passa, en 1472, au service du Roi, qui le nomma conseiller et chambellan, lui octroya la principauté de Tal_
mont, la terre d'Olonne et de Château-Gontier. — A ces
premières faveurs Louis XI ajouta 30,000 écus d'or pour
acquérir la terre d'Argenton, 400 pour *emmesnager* le château, plus une partie des biens confisqués sur le duc de
Nemours.

Après la mort du Roi, Comines fut admis dans les conseils de la Régence. Mais Anne de Beaujeu ayant découvert ses liaisons avec le duc d'Orléans, Comines fut ar-

rêté, conduit au château de Loches et enfermé dans une de ces cages de fer inventées par Louis XI. Un arrêt du Parlement à la date du 24 mars 1488, condamna Comines à perdre le quart de ses biens, à demeurer pendant dix ans confiné dans une de ses terres, de plus à fournir une caution de 10,000 écus. Bien qu'il l'employât plusieurs fois à des ambassades, Charles VIII n'accorda jamais une entière confiance à Philippe de Comines, qui languit également disgracié sous le règne de Louis XII, et s'éteignit dans l'isolement et l'abandon, en 1509, dans sa terre d'Argenton.

Tel fut l'homme politique ; quant à l'historien, ses mémoires offrent une transition heureuse à étudier, entre la langue du moyen âge et la langue française du seizième siècle. Sa diction n'a pas la naïveté de Froissart, mais elle est plus précise, plus claire et plus noble. On l'a trop exalté en le comparant à Tacite ; loin de s'indigner contre le vice, Comines expose froidement les fourberies et les machinations politiques, et ne flétrit que celles dont les résultats n'ont pas été lucratifs.

CONCORDE (place de la), située entre le jardin des Tuileries, les Champs-Élysées, le pont de la Concorde et la rue Royale. Long. 160 m. Côté des Tuileries (le mur), 1er arrond.; surplus, 8e arrondiss. (anc. 1er).

Paris, sous les premiers Valois, refluait vers l'orient de la ville, et le vieux Louvre de Philippe-Auguste était délaissé pour l'hôtel Saint-Paul. Alors le terrain occupé par cette place se trouvait perdu au milieu des bas-fonds marécageux livrés au hasard des débordements du fleuve. Catherine de Médicis ramena la royauté dans le palais du Louvre, et pour la sur-

veiller plus à son aise, elle bâtit à côté de la demeure
de son fils un nouveau palais dont la splendeur rayonna
bientôt sur tout ce qui l'entourait. Déjà, sous
Louis XIV, la ville débordait à droite et à gauche,
poussant en avant ses quais, ses rues, ses maisons de
plaisance. Le flot de cette marée montante atteignait
les terrains de la place au moment où le grand siècle
venait de finir. A la mort de Louis XIV, toute l'affection du peuple se portait avec ardeur sur le seul re-
jeton de la famille royale, échappé comme par miracle
au fatal destin des autres héritiers de la couronne. —
Louis XV débutait par des triomphes, lorsqu'il fut attaqué à Metz d'une fièvre putride. La douleur du peuple fut vive et sincère : les Parisiens décernèrent à
leur Roi mourant le surnom de *Bien-Aimé*. Quand il
fut rétabli, la joie de la nation parut aussi grande que
sa douleur avait été profonde. « Paris, dit un écrivain
» contemporain, n'était qu'une enceinte immense,
» pleine de fous. » Le Roi, vivement ému de ces mar-
ques d'affection, dit en versant des larmes : « Qu'ai-je
» donc fait pour être aimé ainsi? » Alors le Prévôt des
Marchands et les Échevins votèrent une statue équestre
en l'honneur du Bien-Aimé, et pour la recevoir le Roi
fit don à sa bonne Ville de Paris d'un vaste emplacement situé à l'extrémité du jardin des Tuileries. —
Voici un extrait des lettres patentes relatives à cette
donation :

« Louis, etc... Ayant agréé la délibération prise par
» nos chers et bien-amés les Prévost des Marchands
» et Échevins de notre bonne Ville de Paris, le 27 juin

» 1748, tendante à ce qu'il nous plût leur permettre de
» transmettre à la postérité leur zèle pour notre gloire,
» la reconnoissance et l'amour de nos sujets, par un
» monument décoré de notre statue équestre, en telle
» forme et dans tel emplacement de cette capitale qu'il
» nous plairoit d'ordonner, nous aurions en consé-
» quence déterminé comme le plus convenable à l'em-
» bellissement de notre dite Ville, au bien public et à
» la commodité de ses habitants, l'emplacement qui
» nous appartient entre le fossé qui termine le jardin
» de notre palais des Tuileries, l'ancienne porte et fau-
» bourg Saint-Honoré, les allées de l'ancien et nou-
» veau cours et le quai qui borde la rivière ; et permis
» à cet effet auxdits Prévost des Marchands et Éche-
» vins de faire établir les fondations et constructions
» du piédestal destiné à recevoir notre statue équestre
» dans le point dudit emplacement, etc...; voulons et
» nous plaît :

» Art. 1ᵉʳ. Que la place destinée à recevoir le monu-
» ment que nous avons bien voulu agréer, continuera
» d'être formée et construite jusqu'à son entière per-
» fection dans l'emplacement par nous désigné, etc., et
» que tous les ouvrages de constructions et décorations
» nécessaires pour la formation et perfection de ladite
» place seront faits par les ordres et par les soins des
» Prévost des Marchands et Échevins et exécutés par
» le maître général des bâtiments de la Ville, sous la
» conduite et inspection du sieur *Gabriel*, notre pre-
» mier architecte, etc.

» Art. 2. A l'effet de quoi, nous avons par ces pré-

» sentes cédé, abandonné, cédons et abandonnons,
» même faisons tous dons et délaissons auxdits Pré-
» vost des Marchands et Échevins de l'entier terrain à
» nous appartenant dans l'étendue de ladite esplanade
» et contenu dans l'espace de 183 toises de longueur ou
» environ, etc.

» Art. 3. Notre intention étant que les constructions
» des façades décorées des bâtiments qui termineront
» la place, ainsi que celles des maisons qui seront éle-
» vées, tant sur les faces des arrière-corps que sur
» celles des nouvelles rues, soient entièrement confor-
» mes aux dessins par nous approuvés et ci-attachés
» sous le contre-scel de notre chancellerie, nous or-
» donnons auxdits Prévost des Marchands et Échevins
» d'y tenir la main, d'y assujettir les propriétaires par-
» ticuliers des terrains auxquels ils jugeront à propos
» de permettre de construire eux-mêmes les façades de
» leurs maisons, tant sur la place que sur les rues y
» aboutissantes.

» Donné à Versailles, le 21ᵉ jour de juin, l'an de
» grâce 1757, et de notre règne le 42ᵉ.

Signé Louis, etc. »

Le 20 juin 1763, on découvrit la statue équestre de
Louis XV, modelée par Bouchardon. Elle avait été
fondue d'un seul jet par Gor, commissaire des fontes
de l'artillerie. Le Roi, couronné de lauriers et coiffé à
la moderne, portait le vêtement romain. Le cheval seul
se distinguait par la beauté et l'élégance de ses formes ; Bouchardon était mort avant d'avoir terminé son
œuvre. Pigalle, qui lui succéda, fut chargé d'exécuter

aux quatre angles du piédestal des figures en forme de cariatides représentant la Paix, la Prudence, la Force et la Justice. Cette statue était venue trop tard ! A madame de Châteauroux avait succédé la fille du boucher Poisson, la trop célèbre marquise de Pompadour. La luxure royale, en perdant toute pudeur, affligeait les mœurs et l'esprit public. Aussi le peuple, le vrai peuple, resta froid devant ce bronze. Les quatre vertus du piédestal attirèrent au Roi de malignes allusions.

La plus cruelle est celle-ci :

> O la belle statue ! ô le beau piédestal !
> Les vertus sont à pied, le vice est à cheval !

Cependant l'architecte Gabriel se mit à l'œuvre pour préparer à la statue son encadrement. L'imagination de l'ordonnateur avait beau jeu ; le champ était vaste. Gabriel entoura son plan d'une espèce de fossé de place forte, avec un revêtement en maçonnerie et une balustrade en pierre. Puis, de chacun des angles, il fit partir vers le centre une large bande coupant l'enceinte, qui se trouva fractionnée ainsi en huit petits fossés, terminés chacun par un pavillon. Ce plan n'était heureux que sur le papier. Lorsque les travaux furent achevés, en 1772, on entrevoyait à peine les fossés et les pavillons. Heureusement Gabriel vint rehausser ces décorations lilliputiennes en élevant au fond de la place deux magnifiques hôtels. Ces constructions, d'une rare élégance, reposent agréablement l'œil fatigué du vide.

Les ouvriers étaient encore à l'œuvre quand arriva

cette nuit fatale du **30** au **31** mai **1770**. La France ma-
riait son dauphin, et la Prévôté des marchands, ja-
louse d'égayer la fête, avait préparé des jeux publics
et commandé un magnifique feu d'artifice. La jeune
Archiduchesse arrivait confiante dans l'avenir, et se de-
mandait, toute joyeuse des applaudissements du peuple, ce qu'elle avait fait pour mériter tant d'amour. La
dernière étincelle venait de s'éteindre dans les airs,
lorsqu'une masse, composée de plus de deux cent
mille personnes, s'ébranla pour faire retraite. Un fossé
de la place qu'on n'avait pas comblé, des maisons en
construction dans la rue Royale, arrêtaient la foule qui
se porta dans cette rue et s'y entassa. L'encombrement
devint affreux. Un flot de curieux, qui arrivait des
boulevards, pour avoir sa part des débris de la fête,
vint tout à coup barrer le passage. La mêlée devint
horrible. Quiconque trébuchait était mort ! On vit des
furieux, l'épée à la main, frapper devant eux pour se
faire jour. Le lendemain, cent trente-trois cadavres
étaient étendus sur la place. — « J'ai vu, dit Mercier
» (l'auteur du *Tableau de Paris*), plùsieurs personnes
» languir pendant trente mois des suites de cette presse
» épouvantable, porter sur leur corps l'empreinte forte
» des objets qui les avaient comprimés. D'autres ont
» achevé de mourir au bout de dix années. Cette
» presse coûta la vie à plus de douze cents infortunés,
» et je n'exagère point. Une famille entière disparut.
» Point de maison qui n'eût à pleurer un parent, un
» ami. »

Les morts enterrés , la scène change. La place

Louis XV se peuple de danseurs de corde, d'avaleurs de sabres, de mangeurs de serpents, de marchands de pain d'épices, de pantins ; nous sommes à la foire Saint-Ovide. Les cris des saltimbanques [étourdissent les nobles propriétaires des hôtels voisins, qui adressent leurs plaintes à l'autorité. Il était question de débarrasser la place Louis XV de ces hôtes incommodes, lorsque, dans la nuit du 22 au 23 septembre 1777, le feu se mit aux baraques. Le lendemain la place était nette.

Quinze années se sont écoulées. Nous sommes sur la *place de la Révolution*. Le peuple est en train d'abattre la statue du *roi bien-aimé*. Un des pieds du cheval résiste à la destruction, et fait dire à un plaisant : *La royauté a encore un pied dans l'étrier*. La place a pris un aspect sombre et terrible. Le temps où l'on voyait la foire Saint-Ovide est bien loin : plus de danseurs, plus de pantins, mais une liberté assise, appuyée sur une haste antique et le bonnet phrygien sur la tête. Devant elle la guillotine et maître Sanson, le bourreau, qui exécute cet arrêté de la Commune :

« *Séance du* 23 *août* 1792. — Le procureur de la
» Commune entendu, le Conseil général arrête que la
» guillotine restera dressée jusqu'à ce qu'il en ait été
» autrement ordonné, à l'exception néanmoins du cou-
» telas que l'exécuteur des hautes œuvres sera autorisé
» d'enlever après chaque exécution. » (*Registre de la
Commune*, t. IX, p. 350.)

Que de force, de courage, de beauté, de génie même cette place a dévorés ! L'impulsion était donnée ; on administrait, on tuait avec un ensemble effrayant, et le soir la Commune réglait ses comptes avec l'exécuteur.

Cette place n'était pas au bout de ses métamorphoses patronimiques ; chaque révolution, chaque déplacement de pouvoir lui apportait un nouveau baptême. Une loi du 26 octobre 1795 lui donna le nom de *place de la Concorde*. Quelques jours après, des ouvriers, en restaurant la statue de la Liberté, trouvèrent dans le globe que tenait la déesse, un nid de tourterelles. L'augure parut favorable et confirma cette dénomination.

Il fut question sous le Consulat d'élever sur la place de la Concorde une colonne triomphale. Ce projet n'eut pas de suite. L'homme qui avait nivelé les Alpes comme Charlemagne, effacé les Pyrénées comme Louis XIV, qui chaque année avait reculé les frontières de son empire bien au delà des limites naturelles que Dieu a données à la France, ce colosse, à l'étroit dans un monde, vient d'être perfidement jeté sur une île de la Méditerranée. Son empire est morcelé, sa capitale violée. Sur un autel dressé au milieu de la place de la Concorde, des prêtres chantent un *Te Deum* dans un rite étranger. Les armées russe, prussienne et autrichienne défilent en poussant des hourra sauvages. Quelques jours après, l'inscription républicaine a disparu, et le nom de Louis XV est rendu à cette place.

En vertu d'une ordonnance royale du 27 avril 1826, cette voie publique prit le nom de *place Louis XVI*. La même ordonnance prescrivit l'érection sur cette place d'un monument en mémoire du roi-martyr. Ce monument ne fut point exécuté.

Enfin la propriété de cette place et des Champs-Élysées, qui avait été réunie au domaine national par la loi du 27 novembre 1793, a été concédée à la Ville de Paris à la charge de divers travaux et constructions, par la loi dont nous reproduisons un extrait :

« Au château de Saint-Cloud, le 20 août 1828.

» Charles, etc...

» Article unique. — Sont concédées à la Ville de » Paris, à titre de propriété, la *place Louis XV*, la pro-» menade dite des *Champs-Élysées*, telles qu'elles sont » désignées au plan annexé à la présente loi, y com-» pris les constructions dont la propriété appartient à » l'État, et à l'exception des deux fossés de la place » Louis XV qui bordent le jardin des Tuileries. Ladite » concession est faite à la charge par la Ville de Paris: » 1° de fournir aux frais de surveillance et d'entretien » des lieux ci-dessus désignés ; 2° d'y faire dans un » délai de cinq ans des travaux d'embellissement jus-» ques à concurrence de deux millions deux cent » trente mille francs au moins ; 3° de conserver leur » destination actuelle aux terrains concédés, lesquels » ne pourront être aliénés en tout ou en partie, etc.

» *Signé :* CHARLES. »

La révolution de 1830 a d'abord rétabli le nom de place de la *Concorde*. On allait se mettre à l'œuvre et commencer les embellissements, lorsque l'invasion du choléra vint retarder les travaux. Les sacrifices que la

Ville s'imposait alors ne lui permirent pas de consacrer plus tard à l'embellissement de la place de la Concorde la somme fixée par la loi de 1828. En 1834, fut promulguée une nouvelle loi qui réduisait la dépense. — Voici un extrait de cette loi :

« Au palais des Tuileries, le 31 mai 1834.

» Louis-Philippe, etc...

» Art. 1er. Il est accordé à la Ville de Paris un délai » de cinq ans, à partir du 20 août 1833, pour l'exécu-» tion des travaux d'embellissement qu'elle doit faire » aux Champs-Élysées et à la place de la Concorde, » conformément à la loi du 20 août 1828.

» Art. 2. La somme de deux millions deux cent » trente mille francs que la Ville devait employer à ces » travaux est réduite à quinze cent mille francs.

» Art. 3. Les travaux devront être exécutés annuel-» lement par cinquième, et il devra être employé an-» nuellement trois cent mille francs, etc.

» *Signé* : Louis-Philippe. »

Au milieu de la place de la Concorde s'élève l'obélisque de Louqsor, présent du pacha d'Égypte. Au mois d'avril 1831, un bâtiment fut envoyé à Alexandrie, sous le commandement de M. Verninhac-Saint-Maur, pour amener en France le monolithe égyptien. M. Lebas, ingénieur de la marine, fut chargé des opérations d'abattage et d'embarquement. Après des travaux et des difficultés sans nombre, on parvint à embarquer le monolithe, qui arriva à Paris le 23 décembre 1833. Trois années s'écoulèrent avant que l'obélisque fût dressé. On construisit dans l'intervalle les fondations, et l'on prépara le piédestal, qui est formé d'un seul bloc de granit ayant 5 mètres de hauteur sur 3 de largeur et pesant cent mille kilogrammes. Le 25 décembre 1836, au milieu d'un immense concours de spectateurs, en présence de la famille royale, M. Lebas procéda à l'érection de l'obélisque. Cette opération, conçue avec toute l'habileté qu'on devait attendre du célèbre ingénieur, fut exécutée avec une merveilleuse précision.

L'obélisque décorait à Thèbes le palais de Loupsor. Il a 23 mètres de hauteur, et pèse à peu près 250 mille kilogrammes. Trois rangées verticales d'hiéroglyphes couvrent ses faces. La rangée du milieu est creusée à la profondeur de 15 c.; les deux autres sont à peine taillées. Les cartouches multipliés sur les quatre faces présentent toutes le nom et le prénom de Rhamessès ou Sésostris, premier roi de la 19e dynastie de Manéthon, et contiennent les louanges et le récit de ses exploits.

Les travaux d'embellissement de la place de la Concorde et des Champs-Élysées, commencés en 1836, ont été terminés en 1840. Ils ont coûté 1,500,000 francs environ.

La place de la Concorde est une des plus belles de l'Europe. Toutefois, sa principale grandeur, sa véritable richesse, sont dues à son splendide entourage. Au midi, la chambre des représentants ; au nord, deux palais jumeaux; puis la Madeleine, avec sa voie romaine ; à l'est, les arbres centenaires du jardin tracé

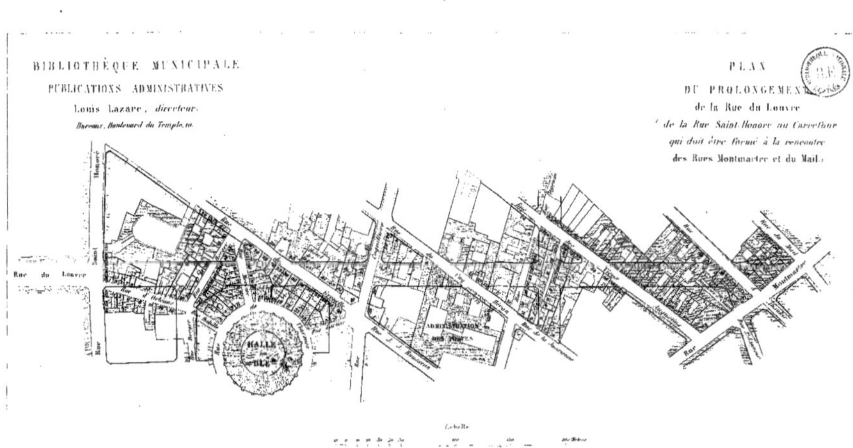

BIBLIOTHÈQUE MUNICIPALE
PUBLICATIONS ADMINISTRATIVES
Louis Lazare, directeur.
Bureaux, Boulevard du Temple, 10.
PLAN
DU PROLONGEMENT
de la Rue du Louvre
de la Rue Saint-Honoré au Carrefour
qui doit être formé à la rencontre
des Rues Montmartre et du Mail.
Rue du Louvre
HALLE au BLÉ
ADMINISTRATION DES PONTS
Échelle
Mètres

par Le Nôtre, puis au fond le palais des Tuileries, sur lequel le temps a répandu cette teinte sombre et sévère qui fait de la vieillesse des monuments l'âge de leur beauté; enfin, à l'ouest, cette magnifique avenue si heureusement complétée par l'Arc de Triomphe. Toutes ces magnificences si heureusement groupées autour de la place de la Concorde offrent aux regards de l'étranger le plus magnifique panorama du monde!

COUSIN (rue Victor), c. rue Gerson et place Sorbonne; f. rue Soufflot. Long. 144 m. — 5ᵉ arrond. (anc. 11ᵉ).

Première partie, comprise entre la place Sorbonne et la rue des Grés. — Yves de Vergy, abbé de Cluny, fonda en 1269 un collége en faveur des religieux de Cluny. La voie publique qui longeait le côté à l'est de cet établissement prit alors le nom de rue de *Cluny.* — Guillot l'appelle, vers l'année 1300, *rue à l'abbé de Cligny.* — Une décision ministérielle du 8 nivôse an XIII, signée Champagny, et une ordonnance royale du 13 septembre 1846, ont fixé la largeur de cette voie publique à 10 m.

Deuxième partie, comprise entre la rue des Grés et la rue Soufflot. — L'ouverture en fut prescrite par une décision ministérielle du 24 frimaire an XIII, puis par une ordonnance royale du 9 août 1826, qui n'a reçu sa complète exécution qu'en 1849.

En vertu d'un décret impérial du 24 août 1864, la rue de Cluny a reçu le nom de Victor Cousin.

Cousin (Victor), né à Paris, le 28 novembre 1792, montra dès sa jeunesse le germe du talent qui devait l'illustrer plus tard. Élève distingué du lycée Charlemagne, il fut reçu le premier à l'école Normale comme prix d'honneur au concours général de 1811. A vingt ans il était nommé répétiteur de littérature ancienne à la même école. De 1815 à 1821, il suppléa Royer-Collard à la Sorbonne. A la suite de la réaction gouvernementale qui fit sortir Royer-Collard du conseil général de l'Université, le cours du jeune professeur fut suspendu, en même temps que celui de son collègue M. Guizot. Profitant des loisirs qu'on lui faisait subir, M. Cousin entreprit la traduction de Platon, et visita l'Allemagne. Suspect de libéralisme, il fut emprisonné à Berlin en 1824. Mis en liberté après une courte détention, il revint en France et reparut en 1828 dans sa chaire de la Sorbonne. Un intérêt tout particulier s'attachait à sa personne. L'éloquence de M. Cousin présentait ce caractère de vigueur croissante, obstinée, irrésistible.

Une heureuse alliance de la sensibilité, de l'imagination et de la raison, formait un ensemble au-dessus duquel on ne saurait trouver de comparaison dans l'histoire de la haute éloquence que la majestueuse et forte parole de Bossuet.

Après la révolution de 1830, M. Cousin fut nommé successivement Conseiller d'État, membre de l'Académie Française et de l'Académie des Sciences morales et politiques, directeur de l'École Normale et pair de France. Le 1er mars 1840, il entra comme ministre de l'instruction publique dans le cabinet de M. Thiers.

Les livres de M. Cousin sont nombreux et attestent cette préoccupation constante de l'histoire et cette prédilection croissante pour les sujets d'art et de littérature qui ont fini par l'absorber. Comme Cicéron, M. Cousin s'est attaché à toutes les doctrines qui portent en elles le sentiment moral et religieux, et il les a fécondées avec une puissance de talent qui le place au premier rang des écrivains philosophiques de notre époque.

DUPETIT-THOUARS (rue), c. à la place de la Rotonde ; f. rue du Temple. Long. 184 m.—3ᵉ arrond.
(anc. 6ᵉ).

Cette voie, qui longe un des côtés du nouveau marché du Temple, a été ouverte en 1809, sur l'enclos
du Temple.

Aristide *Dupetit-Thouars,* capitaine de vaisseau, né en
1760, au château de Boumois, près de Saumur. En 1792,
il s'embarque à Brest pour aller à la recherche de La
Pérouse; ses efforts sont sans résultat. Plus tard, il fait
partie de l'expédition d'Égypte. Au combat naval d'Aboukir (1ᵉʳ août 1798), où la France perdit du sang, non de
la gloire, Dupetit-Thouars commandait le vaisseau *le Ton-*
nant, et reçut une mort sublime. Criblé de blessures, il
continue de son poste à diriger le combat. Au milieu de
l'ouragan de fer qui renverse son équipage, il reste
calme. Placé dans un baril de son, il parvient ainsi en
arrêtant la perte de son sang, à prolonger de quelques
instants sa vie. Il fait promettre à son état-major de ne
point rendre son vaisseau. « Et si l'ennemi, ajoute-t-il,
tente enfin de l'enlever à l'abordage, jurez-moi, mes
amis, de jeter à la mer notre pavillon et mon cadavre. »
Ceux-ci ont juré, il expire.

Au général Berthier, pour être mis à l'ordre de l'armée.

Quartier général au Caire, 5 fructidor an VI
(22 août 1798).

Dans le combat naval qui a eu lieu entre l'escadre an-
glaise et française, le vaisseau *le Tonnant* s'est couvert de
gloire ; il s'est battu seul trente-six heures contre toute
l'escadre. Le brave capitaine Dupetit-Thouars a été tué
d'un coup de canon. Gloire à sa mémoire, gloire à tout
l'équipage du *Tonnant.*   Bonaparte.
(*Correspondance de Napoléon Iᵉʳ*, vol. IV, p. 531.)

NOTE

SUR

LES COMMUNES

Dictée par Bonaparte à son frère Lucien, Ministre de l'Intérieur, le 4 nivôse an VIII.

(Extrait de la Correspondance de Napoléon Ier, tome VI, p. 64.)

Si la guerre ne m'était nécessaire, je commencerais la prospérité de la France par les communes. Il est beaucoup plus simple, pour le reconstructeur d'une nation, de s'occuper de mille de ses habitants à la fois que de poursuivre le roman du bien-être individuel de chacun.

Chaque commune représente, en France, mille habitants.

Travailler à la prospérité des **36** mille communautés, c'est travailler au bonheur des 36 millions d'habitants en simplifiant la question, en diminuant la difficulté de tout ce qu'établit de différence le rapport de 36 mille à 36 millions.

C'est ainsi que Henri IV entendait faire lorsqu'il parlait de sa *poule au pot*, autrement il n'eût dit qu'une sottise.

Le Ministre de l'intérieur portera une attention particulière aux idées suivantes :

Avant la révolution, la commune appartenait aux

seigneurs et aux prêtres, le vassal et le paroissien n'avaient point de chemins de communication, leurs vaches ou leurs moutons point de fossés ni de prés pour pâturer.

Depuis 1790, qui a brusquement et justement arraché de la propriété du seigneur féodal ce droit commun de marcher et de paître, chaque municipalité est devenue sous la protection, des lois générales, une véritable personne, ayant droit de posséder, d'acquérir, de vendre et de faire au profit de la famille municipale tous les actes de nos codes. Ainsi, par cette grande et nationale pensée, la France s'est trouvée subitement divisée en 36 mille individualités, dont chacune s'est trouvée appelée à éprouver tous les besoins du propriétaire, qui consistent à agrandir son domaine, à améliorer ses produits, à accroître ses revenus, etc.

Le germe de la prospérité de la France était donc là.

Voici comment il n'y a pas eu, pour ce germe, de développement possible : c'est que l'intérêt personnel de propriétaire veille sans cesse, fait tout fructifier ; au contraire, l'intérêt de communauté est de sa nature somnifère et stérile : l'intérêt personnel n'exige que de l'instinct ; l'intérêt de la commune exige de la vertu : elle est rare.

Depuis 1790, les 36 mille communes représentent en France 36 mille orphelines, héritières des vieux droits féodaux, filles délaissées ou pillées depuis dix ans par les tuteurs municipaux de la Convention et du Directoire.

En changeant de Maires, d'Adjoints et de Conseillers

de communes, elles n'ont guère fait, en général, que changer de mode de brigandage : on a volé le chemin vicinal, on a volé le sentier, on a volé les arbres, on a volé l'église, on a volé le mobilier de la commune, et on a volé encore sous le flasque régime municipal de l'an VIII.

Que deviendraient les communes si un tel régime subsistait dix ans encore? Ce ne seraient plus que des héritières endettées, obérées, sollicitant l'aumône de l'habitant, au lieu de la protection et du secours qu'elles lui doivent, ayant vendu ou engagé, comme les mauvais sujets de famille, jusqu'à leurs dernières hardes, et ne pouvant plus même vivre d'emprunts qu'on leur refuserait.

Chacun craindrait d'aller établir son domicile dans la commune endettée, où il n'aurait à attendre que charges et impôts de toute nature, sous la forme de mendicité, de souscriptions, de cotisations, de contributions extraordinaires, etc.

La commune doit être attractive de la population ; elle en serait répulsive.

Le premier devoir d'un Ministre de l'intérieur est d'arrêter un tel mal, qui porterait la gangrène dans ces 36 mille membres du grand corps social.

La première condition, lorsqu'on veut arrêter un grand mal, c'est d'en bien constater la gravité et les circonstances.

Ainsi, le Ministre de l'intérieur commencera par faire établir un inventaire général de la situation des

36 mille communes en France ; cet inventaire a toujours manqué.

Voici les principaux faits qu'on *inventoriera*.

On fera trois classes : communes endettées, communes au courant, communes ayant des ressources disponibles.

Les deux dernières classes formeront le plus petit nombre ; il n'est point pressé de s'occuper de celles-là.

La question est de mettre au courant les communes endettées.

L'inventaire donnera :

1° Le détail des biens échéant à la commune, à la suite de l'ancien partage des biens communaux ;

2° Le détail des emprunts et de ce qui reste à payer, avec les échéances ;

3° L'estimation des revenus par nature d'objets, comme locations, rentes, etc. ;

4° L'état des charges autres que celles de la commune proprement dites, comme rentes à des hospices, à des établissements de bienfaisance, etc. ;

5° Le détail des chemins avec indication très-large de ceux qui sont utiles et de ceux qu'on peut vendre.

6° L'état des presbytères, églises et annexes de ces églises maintenant sans desservant (car il y a une multitude d'églises, annexes des anciennes paroisses, qui tombent en ruines et où des paysans jettent leur paille et leur foin, sans autorisation et sans prix de loyer) ; on exprimera ce qui peut être vendu et utilisé par l'intérêt particulier ;

7° Le détail des reprises à faire sur les riverains qui ont volé la commune ;

8° Des arbres qui pourraient être vendus avantageusement, et quelle nature d'arbres ;

9° On indiquera s'il y aurait lieu d'augmenter le prix des beaux, etc., d'affermage des droits de pêche, de pâturage, etc. ;

10° Dans un développement à l'appui de ce grand tableau, les résultats principaux d'une enquête ordonnée par le Ministre, pour faire établir par les notables de la commune et au besoin du canton, quels sont les meilleurs moyens de reconstituer le plus promptement la fortune matérielle de la commune.

J'estime que cet inventaire comprendra plus de la moitié des communes ; car toute municipalité qui est obligée de s'imposer extraordinairement est une commune endettée.

Cet inventaire étant une fois établi, on préviendra les préfets et sous-préfets, que toute l'action de la force administrative doit se porter sur ces communes endettées ; qu'il faut changer sur-le-champ les Maires et Adjoints qui n'entreraient pas dans les vues d'amélioration et de régénération communales.

Le Préfet devra visiter ces communes au moins deux fois l'année, et le Sous-Préfet quatre fois l'année, sous peine de destitution.

Chaque mois il sera fait un rapport au ministre, sur chaque commune, des résultats de ce qui aura été entrepris et de ce qu'il y aurait à faire.

On me proposera un prix pour les Maires qui auront

libéré leur commune dans le délai de deux ans, et le gouvernement nommera un commissaire extraordinaire préposé à l'administration de la commune qui, dans le délai de cinq années, ne sera pas libérée. (Ceci devra donner lieu à un projet de la loi.)

Après cinq ans, la France ne comptera donc plus que deux classes de communes : communes ayant des ressources disponibles, communes au courant.

Nous aurons déjà effacé de la carte de France les municipalités endettées, dont la communauté tombe en dissolution et pèse à l'habitant.

Arrivé à ce premier nivellement, les efforts du Ministre et des communes tendront à faire que, dans un nouveau délai, les communes au courant s'élèvent à la classe des communes ayant des ressources disponibles ; de telle sorte qu'avant dix ans, la France ne compte plus que de celles-là.

Alors le mouvement général de prospérité, imprimé au pays par 36 millions d'efforts particuliers, se trouvera multiplié par la puissance améprioratrice de 36 mille individualités communales, agissant toutes sous la haute direction du gouvernement, dans un but de continuels perfectionnements.

Chaque année, les cinquante Maires qui auront le plus contribué à ramener leur commune à l'état de libération ou de ressources disponibles, seront appelés à Paris, aux frais de l'État, et présentés en séance solennelle aux trois Consuls.

Une colonne élevée au frais du gouvernement, et

placée à l'entrée principale de la ville ou du village, dira à la postérité le nom du Maire ; on y verra, en outre, ces mots :

Au tuteur de la Commune la Patrie reconnaissante.

BONAPARTE.

(*Correspondance de Napoléon Ier — Vol. VI. P. 64.*

Cette note devrait avoir pour nos édiles une haute signification, tant les idées qu'elle exprimé sont empreintes d'une véritable sagesse.

La Ville de Paris est-elle administrée, de nos jours, d'après les principes posés par Napoléon Ier ?

Certainement non.

Et cependant ces principes devraient être plus rigoureusement appliqués, en ce qui concerne la Capitale, que s'il s'agissait d'une commune ordinaire.

Pourquoi ?

Parce que l'administration d'une ville comme Paris réagit sur le pays tout entier.

Quelles ont été les conséquences de l'immensité des travaux exécutés dans Paris, travaux alimentés par un budget énorme et toujours renforcé par des emprunts se succédant sans cesse ?

Une augmentation instantanée, foudroyante des classes pauvres de la province aux dépens de la Capitale envahie par elles.

Pourra-t-on continuer ces travaux, toujours avec la même exagération ?

Évidemment non.

Alors, dans quelle situation aurez-vous donc placé l'Autorité, en présence d'une population ouvrière toujours grossissante et inoccupée? qu'adviendra-t-il?

C'est le secret de l'avenir : ce devrait être la réflexion du présent.

Louis Lazare.

GRANDS TRAVAUX

20ᵉ Arrondissement.

Paris, 21 août 1866.

A Monsieur le Maire du 20ᵉ Arrondissement.

Monsieur le Maire,

Un certain nombre d'habitants du quartier de Ménilmontant demandent, par une pétition en date du 9 juillet dernier, l'achèvement de *l'église de Notre-Dame-de-la-Croix*, l'établissement d'un *marché* et le percement de la *rue* désignée par la *lettre C* dans le décret Impérial du 28 juillet 1862.

J'ai examiné avec la plus grande attention les divers

objets sur lesquels porte cette pétition, et je serai heureux de donner en temps utile une entière satisfaction aux vœux légitimes qui m'ont été exprimés.

Des crédits suffisants sont prévus pour le complet achèvement de l'église de Notre-Dame-de-la-Croix, et des ordres ont été donnés aux architectes pour que les travaux soient poussés avec activité.

Au point de vue de l'alimentation, le quartier de Ménilmontant ne se trouve pourvu que d'une manière insuffisante par le marché qui se tient sur l'ancien boulevard extérieur, c'est-à-dire dans la partie basse de ce quartier.

Depuis longtemps mon administration s'était préoccupée de cet inconvénient, et d'après un traité récemment passé entre la Ville et une Compagnie, celle-ci doit construire en façade sur la rue de Puebla, près de la rue de l'Ermitage, un marché couvert et permanent qui est destiné à desservir la partie haute du quartier; des mesures sont prises pour que les travaux exécutés avec célérité soient terminés au printemps prochain.

Dans le cas où l'expérience démontrerait que par cette création les besoins du quartier ne seraient pas complétement satisfaisants, j'aviserais aux moyens d'obtenir ce résultat.

Quant à l'ouverture de la rue C, qui se relie aux grands travaux de voierie projetés pour le 20ᵉ arrondissement, je ne saurais, pour aujourd'hui, préciser l'époque de son exécution, mais tout me porte à espérer qu'elle ne se fera pas longtemps attendre.

Je vous prie, Monsieur le Maire, de vouloir bien

donner connaissance de la présence lettre aux principaux signataires de la pétition que j'ai l'honneur de
vous communiquer.

Recevez, Monsieur le Maire, etc.

Le Sénateur Préfet de la Seine,
HAUSSMANN.

Paris, le 5 octobre 1866.

A Monsieur le Sénateur, Préfet de la Seine.

Monsieur le Préfet,

Permettez-moi de vous exprimer toute notre reconnaissance pour la bienveillance avec laquelle vous avez
daigné accueillir plusieurs demandes faites par les
soussignés dans l'intérêt du 20ᵉ arrondissement de
Paris.

Ces demandes s'appliquaient :

1° A l'achèvement aussi prompt que possible de
l'église Notre-Dame-de-la-Croix de Ménilmontant;

2° A *l'ouverture de la rue C*, devant partir de la
place en face de ladite église, pour aboutir au rond-
point à établir derrière le Père-Lachaise ;

3° Enfin, à *l'édification d'un Marché.*

En ce qui concerne *l'église*, vous avez daigné, Monsieur le Préfet, nous annoncer que « des crédits suffi-
» sants avaient été prévus pour l'achèvement de cet
» édifice religieux; »

Pour ce qui avait rapport à la *rue C*, « qu'elle se re-

» liait aux grands travaux de voierie, et que tout fai-
» sait espérer que son exécution ne se ferait pas long-
» temps attendre. »

Enfin, au sujet de la demande s'appliquant *au Marché*, « qu'un traité avait été récemment passé entre la
» Ville et une Compagnie, et que cette dernière allait
» construire sur la rue de Puebla, près de la rue de
» l'Ermitage, un Marché couvert et permanent pour
» desservir la *partie haute* de Ménilmontant. »

Au sujet du Marché seulement, veuillez, Monsieur le
Préfet, nous accorder la permission de vous soumettre
les réflexions suivantes :

Comme vous le dites, cet établissement est appelé à
desservir la partie *haute* de Ménilmontant, mais c'est
en faveur de la partie basse et médiocre de l'arrondissement que nous réclamons.

Dès le commencement de ce siècle, deux groupes de
population, complétement distincts, se sont formés
dans la partie de l'ancienne commune de Belleville,
composant aujourd'hui le 20e arrondissement.

Le premier groupe au nord-ouest et sur des terrains
dépendant de l'ancien parc de Ménilmontant, se compose aujourd'hui principalement de petits propriétaires
et fabricants ; c'est ce groupe que le nouveau Marché
de la rue de Puebla va desservir.

Quant au deuxième groupe, il s'est formé principalement d'ouvriers et artisans qui, enjambant l'ancien
mur d'enceinte, se sont fixés un peu au delà du boulevard extérieur pour échapper à l'octroi de Paris. Cette
seconde agglomération se compose maintenant de plus

de vingt mille habitants. C'est ce deuxième groupe qui sollicite par notre organe la création d'un Marché.

Celui que vous avez ordonné, Monsieur le Préfet, peut-il desservir ces deux agglomérations? Nous ne le pensons pas. Pourquoi? Parce qu'une montagne les sépare. La population de la partie *basse* ne subira pas les 3 ou 400 mètres de la chaussée de Ménilmontant, si pénibles à gravir pour aller s'approvisionner sur la partie *haute* de ce territoire.

Cette vérité s'est déjà manifestée. L'ancien marché de la rue Levert, à Belleville, que l'exécution de la rue de Puebla vient de supprimer, n'avait pas empêché l'établissement d'un marché banal sur le boulevard de Ménilmontant. Mais ce marché en plein vent est mal approvisionné, et ne se tient d'ailleurs que deux fois par semaine.

C'est un marché fixe, permanent, convenable, que nous sollicitons de votre bienveillance, et nous estimons qu'il serait parfaitement placé au centre du groupe de population dont nous faisons partie.

Nous ajoutons que la Compagnie qui le construirait ferait une excellente opération, en raison du grand nombre d'habitants qui viendraient s'y approvisionner.

Nous sommes heureux, Monsieur le Préfet, d'insister, en terminant, sur l'excellent effet produit sur notre population par l'accueil tout paternel que vous avez daigné faire à nos demandes.

Cet accueil témoigne hautement de cette vérité que nous serons toujours désireux de propager : si, d'un côté, votre haute intelligence a produit tant de belles créations dans l'intérêt de la splendeur de Paris, de l'autre votre humanité se complaît chaque jour à faire disparaître autant que possible les contrastes fâcheux, les inégalités choquantes que présentaient les anciennes communes de la banlieue, par rapport à la Capitale. Dans quelques années, grâce à vous, leur assimilation à la grande Cité sera complète.

Daignez agréer, Monsieur le Préfet, l'expression de notre respect et de notre reconnaissance.

(Suivent les signatures.)

PROJET

DE

CRÉATION D'UN MARCHÉ DANS LE 20ᵉ ARRONDISSEMENT

(ANCIEN MÉNILMONTANT)

DÉSIGNATION D'UN EMPLACEMENT.

L'Administration Municipale a daigné accueillir avec bienveillance la demande adressée par un certain nombre d'habitants du 20ᵉ arrondissement, au sujet de la création d'un Marché qui serait appelé à desservir la partie basse médiane de l'ancien Ménilmontant.

Ayant eu connaissance des généreuses et paternelles

intentions de l'Autorité Municipale, plusieurs des pétitionnaires nous ont engagé à poursuivre le cours de nos études, dans le but de soumettre à l'appréciation éclairée de l'Autorité Municipale nos idées concernant l'emplacement sur lequel il conviendrait d'édifier le nouveau Marché.

Quelle est la grande voie du 20e arrondissement? La chaussée ou rue de Ménilmontant. Elle se trouve à peu près à égale distance de la rue de Paris-Belleville et de la rue de Paris-Charonne.

La population agglomérée de l'ancien Ménilmontant, dans sa partie basse et médiane, se trouve maintenant, limitée au sud par l'ancien boulevard extérieur, au nord par le chemin de fer de ceinture.

A l'ouest de la grande voie, cette population s'étend jusqu'à la rue de Paris–Belleville, à l'est jusqu'au Père-Lachaise.

Elle forme deux groupes à peu près égaux, l'un à droite de la grande artère, l'autre à gauche; le premier, nous l'appellerons *groupe des Amandiers*, parce que la rue ainsi désignée en est la voie principale.

Le second, *groupe des Couronnes*, la rue la plus importante portant cette dénomination.

La rue des Couronnes et la rue des Amandiers sont deux voies longues et sinueuses, comme toutes celles qui se sont formées sur ce territoire dominant Paris. L'une plonge jusqu'à la rue de Paris-Belleville, l'autre se dirige après bien des détours vers le Père-Lachaise.

A ces deux voies se sont soudés successivement des sentiers mal contournés et qui sont aujourd'hui des ruelles difformes, toutes bâties en haine de l'alignement, en dépit de la salubrité.

Enfin, ces deux groupes, que sépare la chaussée de Ménilmontant, renferment vingt mille habitants au moins.

Cette exposition bien comprise, où doit-on établir le nouveau Marché?

A droite, dans le groupe des Amandiers?

Mais le groupe des Couronnes réclamera, et avec raison, car il n'aura aucune voie d'accès pour s'y rendre.

A gauche, dans le groupe des Couronnes?

Même opposition, inconvénient semblable.

Voici encore d'autres raisons pour rejeter le projet de construire un Marché dans l'un ou l'autre de ces deux groupes :

Comme il n'existe aucune rue viable, d'une largeur suffisante, le Marché se trouverait pour ainsi dire bloqué au milieu de ruelles étroites qui s'enchevêtrent à droite et à gauche de la montagne. — Si, d'un côté, l'on trouvait des terrains relativement à bon marché, il y aurait, de l'autre, des dépenses assez considérables pour la création de voies d'accès. En supposant cette combinaison possible, on ne donnerait satisfaction qu'à l'un des deux groupes de population à l'exclusion de l'autre. Si l'on voulait faire cesser cette préférence, il faudrait un second Marché, une double dépense.

Où donc alors établir le nouveau Marché?

A mi-côte de la chaussée de Ménilmontant, en bordure ou à proximité de cette grande artère, entre l'ancien boulevard extérieur et le chemin de fer de ceinture.

Voici les raisons qui militent en faveur de cet emplacement :

1° Le Marché est là bien apparent ;

2° Les deux groupes en profiteront également ;

3° Il est dans une position centrale, en plein cœur de population ;

4° L'accès en est facile ;

5° Enfin, il est le complément des idées de l'Administration en cours de réalisation.

En effet, lorsqu'il s'est agi de construire une nouvelle église pour Ménilmontant, en remplacement de la pauvre et chétive chapelle devenue insuffisante, l'Administration n'en a-t-elle pas décidé la construction de l'édifice au milieu de la population ?

Eh bien ! ce que l'Administration a décidé en faveur de l'église, elle le fera pour le Marché.

L'édifice religieux s'élève à gauche de la grande voie, en face de la rue des Amandiers.

Il faut construire le Marché à droite, vis-à-vis la rue des Couronnes.

C'est l'emplacement qui répond le mieux aux besoins de cette localité, ainsi qu'aux intérêts généraux de cette partie du 20ᵉ arrondissement.

Louis Lazare.

PARIS
SOUS LE PREMIER EMPIRE

DISTRIBUTION DES EAUX

DÉCISIONS DICTÉES EN CONSEIL D'ADMINISTRATION

Paris, 17 mars 1806

Ce Conseil a pour objet l'examen des mesures à prendre pour améliorer la navigation de la Seine dans l'intérieur de Paris.

La première question mise en discussion est celle de la destruction ou de la conservation de la pompe Notre-Dame et de celle de la Samaritaine, considérées, la première comme rendant difficile la navigation descendante et faisant obstacle à la navigation ascendante; la seconde, comme présentant des inconvénients qui sont moindres, et auxquels on ne devrait s'arrêter que si l'on reconnaissait que cette machine est inutile au service de la ville de Paris.

Sa Majesté, avant d'arrêter son opinion à cet égard, charge le Ministre de lui faire un rapport sur les questions suivantes :

1° Quelle est la quantité d'eau que fournissent les pompes à vapeur qui sont annoncées comme pouvant satisfaire en même temps au service dont elles sont actuellement chargées et à celui que font les machines établies sur la rivière? — Quel est le maximum de la quantité d'eau que ces pompes peuvent fournir, et quelle serait la dépense calculée d'après les prix de l'an XIII ?

2° Quelle est la quantité d'eau produite par la pompe du pont Notre-Dame et par la Samaritaine ? Quelle est la dépense d'entretien, réparations, canaux, garde, etc.?

3° Si ces usines embarrassent la navigation, quelle est la perte qui en résulte en temps ou en argent, pour la remonte d'un bateau chargé et pour celle d'un bateau vide ?

4° Quel est le produit en argent de l'établissement des eaux de Chaillot ou des pompes à vapeur, en distinguant ce que valent les abonnements ou les services d'eau aliénés, et ce qu'on retire du droit payé aux fontaines publiques par les porteurs d'eau qui s'y approvisionnent dans des tonneaux ?

5° Quel est le produit des machines du pont Notre-Dame et de la Samaritaine, en distinguant les intérêts des capitaux versés par des particuliers pour avoir des eaux dans leurs maisons et la rétribution qui se paye aux fontaines publiques ?

6° Combien y a-t-il de fontaines alimentées par la machine du pont Notre-Dame et de la Samaritaine, par les pompes à vapeur, par les eaux d'Arcueil et pour les autres moyens qui peuvent exister dans Paris ?

7° Quels sont les obstacles qui s'opposent à ce que toutes les fontaines alimentées soit par le pont Notre-Dame, soit par la Samaritaine, soit par les pompes à vapeur, soit par les eaux d'Arcueil, etc., coulent sans interruption jour et nuit ?

8° Que faut-il faire pour parvenir à ce but, et quelles

seraient les pertes qui en résulteraient pour la commune? Et ne pourrait-on pas en trouver le dédommagement dans la conservation des abonnements particuliers et dans la rétribution à laquelle les porteurs d'eau en tonneau peuvent être justement soumis, puisqu'ils profitent des dépenses faites pour rapprocher d'eux les eaux qu'ils distribuent aux consommateurs?

9° Enfin, en supposant que toutes les eaux actuelles soient conservées et que les pompes à vapeur produisent leur maximum, quel serait le nombre de fontaines versant de l'eau jour et nuit que l'on pourrait répartir dans les différents quartiers de Paris?

Ce n'est qu'après avoir réuni toutes ces données qu'on pourra décider s'il est prudent et convenable de supprimer un des agents quelconques qui fournissent de l'eau à Paris, en quelque quantité que ce soit.

Le Ministre de l'Intérieur est invité à présenter son rapport dans la semaine.

Le Ministre de l'Intérieur présente à Sa Majesté les renseignements qu'il a recueillis sur la valeur des maisons qui couvrent le pont Saint-Michel, etc., les bords de la rivière aux rues Saint-Louis, de Hurepoix et de la Huchette.

Sa Majesté désire qu'on recueille, comme élément indispensable d'une juste appréciation, des renseignements sur les titres originaires de propriété des possesseurs actuels de ces maisons.

(*Correspondance de Napoléon I*er, vol. XII, p. 239.)

A M. CRETET

La Malmaison, 10 avril 1806.

Monsieur Cretet,

Je vous envoie le rapport de M. de Champagny, sur les eaux de Paris; je désire que vous me fassiez un petit travail là-dessus. Le but où je voudrais arriver avant tout *serait de faire couler jour et nuit l'eau dans le plus de fontaines possibles.*

Il me semble qu'il n'est pas bien dit dans le mémoire de M. de Champagny ce qu'il en coûterait pendant quatre mois de l'été, cela est indispensable à Paris. On ne peut regarder à 100,000 francs, lorsqu'il est question de l'agrément et de la santé d'une si immense ville. Faites-moi un rapport concis là-dessus, et présentez-moi un projet de décret pour augmenter le nombre des fontaines actuellement existantes, si cela peut se faire sans de trop grandes dépenses. Joignez-y une carte de Paris sur laquelle vous indiquerez par un signe le lieu où sont les cinquante-six fontaines actuelles.

Faites-moi un autre rapport sur les avantages ou les inconvénients qu'il y aurait à supprimer la pompe de Notre-Dame. Cela est-il urgent, ou peut-on attendre que les eaux du canal de l'Ourcq soient arrivées et que la navigation de la Seine soit terminée jusqu'à Troyes? Je désire que vous m'apportiez ces différents rapports mercredi au Conseil d'État. *Il est honteux, dans mon opinion, qü'on vende de l'eau aux fontaines de Paris. Faites-moi connaître ce que perdrait la commune de Paris par la suppression de ce droit.*

Enfin, le but auquel je veux arriver est : 1° que les cinquante-six fontaines de Paris actuelles *coulent jour et nuit,* depuis le 1er mai prochain ; qu'on cesse d'y vendre l'eau, et que chacun puisse en prendre autant qu'il en veut ; 2° que les autres fontaines qui existent à Paris soient le plus tôt possible mises en état de fournir de l'eau. Il me semble que ce sera un beau réveil pour Paris, si cela peut s'exécuter aussi facilement que je commence à le concevoir et avec aussi peu de sacrifices.

Napoléon.

(*Correspondance de Napoléon Ier*, vol. XII, p. 322.)

L'Administration municipale actuelle a fait de louables efforts pour assurer à Paris une abondante distribution d'eau, toujours si précieuse à la salubrité d'une grande ville. Si considérables que soient les dépenses, elles se justifieront par des résultats profitables à Paris.

Au point de vue de la décoration de la Capitale, il faut espérer que nos fontaines monumentales, parmi lesquelles il en est qui sont des œuvres d'art remarquables, ne resteront pas plus longtemps muettes et inanimées.

La richesse de leurs décorations contraste péniblement avec l'indigence à laquelle on les condamne. On ne leur laisse même pas de quoi pleurer leur abandon.

Il est une autre observation qu'il nous faut encore adresser à l'Administration,

D'où vient cette manie de placarder les fontaines monumentales sur des maisons platement vulgaires, sur des constructions cruellement bourgeoises?

Dressez donc fièrement, au contraire, vos fontaines au beau milieu de nos places publiques; que les eaux leur soient prodiguées, et vous verrez alors que le soleil sera leur plus habile décorateur.

Nos Ediles actuels semblent n'avoir de tendresse que pour les fontaines qu'ils ont procréées; l'affection qu'ils leur témoignent est sans doute pour les consoler de leur laideur.

Tandis que la fontaine Saint-Michel se mire dans la Seine, qui reproduit les imperfections de ce monument, les charmes de la fontaine de Grenelle, ce chef-d'œuvre de Bouchardon, ne sont caressés que par des porteurs d'eau et des palefreniers.

D'un côté, nos Ediles dépensent princièrement des millions à des créations de boulevards souvent inutiles et multiples, lesquels n'enrichissent que les capitalistes qui obtiennent ces concessions sans concurrence pour les justifier, sans publicité pour les consacrer; de l'autre, on les voit refuser le nécessaire à ces petits monuments, à de charmantes fontaines qui révendiquent, par leur beauté, une part dans l'estime des artistes et dans l'admiration des étrangers. On leur dispute quelques filets d'eau, et on les réduit ainsi à l'état de monuments funéraires.

Abordons maintenant la question d'utilité publique.

Nous voudrions que les propriétaires fussent astreints à faire monter l'eau à tous les étages, à cette fin de la voir assainir l'unique chambre du pauvre, comme elle égaye l'appartement du riche.

Dans notre pensée, l'abonnement devrait être obligatoire. Il ne saurait y avoir de salubrité complète dans Paris tant que l'eau ne sera pas à la disposition de la bonne ménagère, de la femme de l'ouvrier.

Il serait peut-être utile et sage que le prix de la concession fût moins élevé dans les quartiers pauvres que dans les riches. Cette distinction ne serait pas aussi difficile d'application qu'on pourrait le supposer. Sauf Auteuil et Passy, toute l'ancienne banlieue annexée pourrait profiter justement d'une baisse de prix.

On nous fera cette objection :

— « Mais cet impôt de salubrité, qui pèsera tout d'abord sur les propriétaires, retombera bientôt en réalité sur les locataires, c'est-à-dire que la chambre du pauvre subira l'augmentation en ce que l'abonnement sera obligatoire. »

A cette objection nous répliquons :

Cette augmentation de loyer sera toujours moins onéreuse à l'ouvrier ou au petit rentier que la dépense que le porteur d'eau lui fait subir.

Supposons le prix de l'abonnement fixé à 60 fr. par an, et pour une maison ordinaire, dans la zone annexée. Admettons ensuite que cette maison renferme douze ménages d'ouvriers, et que la concession ci-dessus leur distribue l'eau nécessaire ; ce sera donc un impôt annuel de 5 fr. par chaque ménage, et en sus du loyer.

Ensuite, s'il est reconnu que chaque ménage consomme chaque jour une voie d'eau à 10 centimes, cela fait 3 fr. par mois, et 36 fr. par an ; il y aurait donc une différence énorme de 31 fr. par an, en faveur du petit locataire.

La vérité est là.

Louis Lazare.

CONSTRUCTION DE QUATRE MARCHÉS

DANS

LES 8ᵉ, 10ᵉ, 13ᵉ & 14ᵉ ARRONDISSEMENTS

DOCUMENTS ADMINISTRATIFS

RAPPORT fait au Conseil Municipal, au nom du Comité nº **4** (1), par **M. Onfroy**, membre du Conseil, dans la séance du **26 mai 1865**.

Vous savez, Messieurs, que l'Aministration Municipale se préoccupe avec une sollicitude constante de

(1) Ce Comité est composé de MM. Devinck, *Président* ; Billaud, *Vice-Président* ; Onfroy, *Secrétaire* ; Teissonnière, *Vice-Secrétaire* ; Bayvet, Ducloux, Garnier, Gautier de Charnacé, Kœnigswarter, Legendre, Mancel et Thiboumery.

doter chacun des arrondissements un peu éloignés du centre de la ville de marchés couverts et permanents destinés à remplacer, au plus grand avantage des étalagistes et des consommateurs, aussi bien qu'au profit de l'assainissement et du dégagement de la voie publique, les stationnements sans abri concédés à certains jours de la semaine pour la vente des comestibles.

Le Service d'architecture a dressé les plans et devis des constructions qui seraient à élever pour l'établissement de marchés de cette nature, sur des terrains appartenant à la Ville de Paris dans les 8e, 10e 13e et 14e arrondissements.

Après avoir pris connaissance de ces plans et devis, MM. P. Ferrère et Cie, banquiers à Paris, déjà concessionnaires du marché du Temple et du marché Saint-Honoré, ont offert de se charger de la construction et de l'exploitation de ces quatre nouveaux marchés à des conditions analogues à celles qui ont été admises pour le marché Saint-Honoré.

L'examen de cette proposition et des questions qui s'y rattachent a été confié, par M. le Préfet de la Seine, à une Commission administrative (1), présidée par notre honorable collègue M. Billaud, et cette Comission après un grand nombre de conférences, s'est mise d'accord avec MM. Ferrère et Ce sur les conditions de la soumission à présenter par eux.

(1) Cette Commission est composée de MM. Billaud, *Président*; Bayvet, Legendre, Fère, Picard, Auger, Possoz et Thiboumery.

Le projet de traité, ainsi élaboré, a été remis par la Commission administrative à M. le Préfet de la Seine, qui en a saisi le Conseil municipal par un mémoire en date du 19 du mois courant.

Votre 4ᵉ Comité, Messieurs, a étudié avec soin les différentes clauses de ce traité, et il a chargé son rapporteur de le soumettre à votre approbation.

D'après les plans joints au dossier, voici quels doivent être l'emplacement, la superficie et la disposition intérieure des quatre marchés dont il s'agit :

Le marché destiné à remplacer dans le 8ᵉ arrondissement le marché non couvert de la place Laborde, sera situé sur partie des terrains de l'ancien abattoir de Beaujon ; il occupera une superficie de 2,652 mètres, non compris les trottoirs extérieurs ; il contiendra, outre le bureau de l'agent de l'Administration chargé de l'inspection :

  40 places de 6 mètres superficiels,

  260 idem de 4 idem,

et 296 mètres superficiels de caves ou resserres.

Le marché destiné à remplacer, dans le 10ᵉ Arrondissement, le marché non couvert dit de Saint-Quentin, en bordure sur le boulevard Magenta, sera construit sur le même emplacement, légèrement augmenté et régularisé ; il occupera une superficie de 2,420 mètres, non compris les trottoirs extérieurs, et il contiendra, outre le bureau de l'agence :

  43 places de 6 mètres superficiels,

  207 idem de 4 idem,

et 406 mètres de caves ou resserres.

Le marché destiné à remplacer, dans le 13ᵉ arrondissement, les marchés non couverts de la Maison-Blanche et du boulevard de la Gare, sera construit sur la place d'Italie ; il occupera une superficie de 2,693 mètres, non compris les trottoirs extérieurs, et il contiendra, outre le bureau de l'agence :

54 places de 6 mètres superficiels,
244 idem de 4 idem,
et 542 mètres de caves ou resserres.

Enfin, le marché destiné à remplacer, dans le 14ᵉ arrondissement, le marché non couvert du Petit-Montrouge, sera construit sur le même emplacement en face de la Mairie ; il occupera une superficie de 1,850 mètres, non compris les trottoirs extérieurs, et il contiendra, outre le bureau de l'agence :

24 places de 6 mètres superficiels,
168 idem de 4 idem,
et 194 mètres de caves ou resserres.

Les marchés seront construits en fonte de fer, suivant le type des Halles centrales, et devront être terminés dans le délai d'un an et demi.

Quant aux dispositions financières, elles sont, dans leur principe, les mêmes que celles qui ont été adoptées pour le marché Saint-Honoré ; c'est-à-dire que toutes les dépenses relatives à la construction des bâtiments et à l'installation intérieure des boutiques ou étaux, sont à la charge du concessionnaire, ainsi que celles qui ont pour objet le mobilier des bureaux de l'inspecteur ; le concessionnaire supporte, en outre, la moitié des dépenses des travaux nécessaires pour la mise en état de viabilité des rues bordant les marchés, et la totalité des dépenses relatives à la construction des branchements d'égouts et des trottoirs extérieurs ; il paie les frais d'enregistrement d'acte et les frais d'agence pendant la durée des travaux. La dépense que doit occasionner la démolition du marché actuel du 10e arrondissement est également mise à la charge du concessionnaire ; ceux des matériaux à en provenir, qui n'appartiendront pas aux étalagistes, lui sont abandonnés en compensation des frais de démolition.

Pendant toute la durée de la concession, le concessionnaire est tenu des dépenses ayant pour objet :

1° L'entretien en bon état des bâtiments et du mobilier des marchés, et leur reconstruction en cas de sinistre ou de destruction ;

2° L'éclairage du marché (aux conditions réservées aux établissements municipaux) ;

3° L'approvisionnement d'eau ;

4° L'assurance contre l'incendie ;

5° Le balayage et la propreté des marchés et de leurs dépendances, notamment des lieux d'aisances et urinoirs ;

6° La vidange des fosses d'aisances,

7° Les contributions de toute nature auxquelles les marchés et leurs emplacements seront assujettis.

Ces obligations, en y ajoutant celle de la redevance annuelle à recevoir par la Ville, et dont il va être parlé ci-après, sont la reproduction des obligations qui ont été imposées au concessionnaire du marché Saint-

Honoré. Le traité nouveau va plus loin; il met à la charge de MM. Ferrère et Ce le remboursement à la Ville des terrains sur lesquels les nouveaux marchés vont être construits. Dire que ce remboursement s'élève à la somme de 660,000 fr., c'est indiquer de quelle importance il est pour les finances de la Ville, et nous croyons devoir remercier l'Administration et la Commission administrative qui sont parvenues à le faire consentir par MM. Ferrère et Cie.

Enfin, pendant la durée de la concession, qui est fixée à 50 années, et à l'expiration de laquelle la Ville rentre, sans indemnité, dans la possession de ses terrains et des immeubles construits, MM. Ferrère et Ce devront verser dans la Caisse municipale, par trimestre et d'avance, une redevance annuelle de 60,000 fr., soit 15,000 fr. par marché; et cette redevance sera portée à 70,000 fr. du jour où les produits des quatre marchés auront couvert la contribution directe d'une part, et d'autre part les dépenses annuelles, qui sont fixées à forfait au chiffre de 316,996 fr., y compris les intérêts à 5 p. % du capital engagé et l'amortissement de ce capital. Cette redevance a paru à votre Comité un peu faible : sans vouloir établir une analogie rigoureuse entre le produit des marchés à construire, qui auront des dimensions limitées et un nombre de places déterminé, et le produit des marchés actuellement existants qui ont généralement un nombre de places illimité, comme à la Maison-Blanche et au boulevard de la Gare, le Comité aurait désiré que l'écart fût un peu moins grand entre la redevance consentie par les concessionnaires des nouveaux marchés et la somme des droits perçus par la Ville dans les marchés qui vont être supprimés. Il ne nous a cependant paru ni possible ni juste d'exiger davantage des concessionnaires, en tenant compte des charges qui leur sont imposées et des produits annuels qu'ils peuvent avoir en perspective : le Comité a cru voir, d'ailleurs, dans le fait du remboursement à la Caisse municipale du prix des terrains sur lesquels les nouveaux marchés seront construits, une compensation pour la Ville à la légère réduction consentie sur la redevance annuelle.

Voici, en résumé, le chiffre des dépenses de premier établissement et des dépenses annuelles à la charge du concessionnaire :

Dépenses de premier établissement.

Valeurs des emplacements à rembourser à la Ville..................	660,000	»
Montant des devis des travaux.....	2,553,982	»
Moitié des travaux de viabilité.....	224,273	»
Honoraires de l'architecte du concessionnaire.....................	50,000	»
Agence des travaux.............	25,000	»
Intérêts d'argent pendant l'exécution des travaux...................	63,953	»
Droits d'enregistrement.........	41,137	»
	3,618,345	»

Dépenses annuelles.

Intérêts du capital dé-
boursé à 5 p. %...... 180,917 »

Amortissement 47°1/2
p. % par an environ.. 17,187 »

Frais de personnel à
forfait.............. 25,000 »

Redevance annuelle à
la Ville............. 60,000 »

Approvisionnement
d'eau, éclairage, entre-
tien, assurances, vidan-
ges, etc., approximati-
vement, à forfait...... 33,079 »

316,183

Contribution annuelle (chiffre ap-
proximatif)........................ 28,000 »

344,183 »

Il nous reste à indiquer les produits au moyen desquels MM. Ferrère et Cie feront face à ces 344,183 fr.
de dépenses annuelles dont les éléments ont été calcu-
lés et contrôlés avec le plus grand soin.

Pendant la durée de la concession, MM. Ferrère et Cie
auront le droit de percevoir le prix de la location des
places et des caves de chacun des quatre marchés à des
prix qui ne pourront excéder, par jour, savoir :

40 c. par mètre pour chacune des 161 places ayant
une superficie de 6 mètres.

40 c. par mètre pour **169** places ayant une superficie de 4 mètres, et réparties comme suit :

60 places dans le marché du 8e arrondissement.
37 idem 10e idem.
46 idem 13e idem.
26 idem 14e idem.

30 c. par mètre pour **340** places ayant une superficie de 4 mètres, et réparties comme suit :

100 places dans le marché du 8e arrondissement.
80 idem 10e idem.
100 idem 13e idem.
60 idem 14e idem.

25 c. par mètre pour **370** places ayant une superficie de 4 mètres, et réparties comme suit :

100 places dans le marché du 8e arrondissement.
90 idem 10e idem.
98 idem 13e idem.
82 idem 14e idem.

Enfin 10 c. par chacun des **1,438** mètres superficiels de caves ou resserres contenus dans les quatre marchés.

Aucune modification à ces tarifs ne peut être faite sans le consentement du Conseil municipal.

La somme de ces produits présente un chiffre de 518,000 fr. environ, après la déduction d'un dixième représentant le chiffre proportionnel des non-valeurs constatées dans tous les marchés publics où la totalité des places n'est jamais occupée pendant toute l'année; mais, de ce chiffre, la Commission administrative, d'accord en cela avec votre 4e Comité, a pensé qu'il

était convenable de prévoir une nouvelle réduction de 15 à 20 p. %, motivée par cette considération que les marchands étalagistes qui sont habitués à payer leurs places dans les marchés actuels à raison de 10 c. seulement du mètre, se décideront peut-être lentement à payer les prix de 25, 30 et même 40 c. le mètre dans les marchés nouveaux. Cette réduction, calculée à 20 p. %, ramènerait de 518,000 fr. à.....   414,000 »
le produit annuel des quatre marchés.

Comparé à la dépense annuelle, qui est de.................................   345,000 »
en somme ronde,

Ce serait une somme d'environ.....   69,000 »

qui ressortirait comme bénéfice annuel probable, soit près de 2 p. % du capital dépensé.

Enfin il est convenu que, si, après l'acquittement : 1° du montant des contributions telles qu'elles seront fixées annuellement ; 2° de la somme de 17,187 fr. montant de l'amortissement à 47 c. 1/2 p. % de la dépense totale de premier établissement fixée elle-même à forfait au chiffre de 3,618,345 fr.; 3° des frais de personnel fixés à forfait à 25,000 fr.; 4° des frais d'approvisionnement d'eau, d'éclairage, d'entretien, d'assurance, de vidange, fixés à forfait à 33,079 fr.; et 5° de la redevance de 70,000 fr. à payer à la Ville, le bénéfice annuel excède 8 %, le concessionnaire comptera la moitié de cet excédant à la Ville de Paris à titre de supplément de redevance.

Telles sont, Messieurs, les dispositions fondamentales du traité qui vous est présenté. Nous avons à peine besoin d'ajouter qu'il stipule, en outre, toutes les garanties que la Ville a l'habitude de prendre pour sauvegarder sa responsabilité vis-à-vis des entrepreneurs des travaux, pour assurer la bonne gestion de l'entreprise, et pour réserver à l'Administration une indépendance complète en vue de la création d'autres marchés analogues au delà d'un périmètre déterminé.

Un cautionnement de 40,000 fr. imposé au concessionnaire, et qui doit rester dans la Caisse municipale pendant toute la durée de la concession, le droit réservé à la Ville de résilier ou de racheter l'entreprise suivant les cas spécifiés et nettement définis, sont des mesures de précaution qui sont de nature à compléter notre sécurité.

C'est avec confiance, Messieurs, que le Comité n° 4 vous propose de donner votre approbation au traité dont il s'agit.

DÉLIBÉRATION DU CONSEIL MUNICIPAL.

Séance du 26 mai 1865.

Présents : MM. Auger, Avril, Bayvet, Billaud, Boulatignier, Chaix d'Est-Ange, C. de Baudicour, Decaux, Denière, Desfossé, Devink, Dillais, Du Barle, Ducloux, Dumas, Dumont, Fère, Firmin-Didot, V. Foucher, Gouin, E. Lamy, Lebaudy, Lemoine, Lenoir, Lozouet, Merruau, Baron Michel de Trétaigne, E. Moreau, Onfroy, Oudot, Paillard de Villeneuve, Pelouze, Périlleux, Picard, Baron Poisson, Possoz, Ségalas, Tardieu, Teissonnière, G. Thibaut, Thiboumery, Varin, Winnerl.

Le Conseil,

Vu la soumission présentée par MM. Ferrère et Cⁱᵉ, pour la construction et l'exploitation de quatre marchés à établir dans les 8ᵉ, 10ᵉ, 13ᵉ et 14ᵉ arrondissements de la Ville de Paris, ensemble les plans et devis;

Vu le cahier des charges et conditions sous lesquelles ils proposent de se charger de cette construction et de cette exploitation;

Vu le rapport de la Direction des Affaires municipales ;

Vu le mémoire de M. le Sénateur, Préfet de la Seine, en date du 19 mai présent mois ;

Après avoir entendu le rapport présenté par M. Onfroy, au nom du Comité spécial ;

Délibère :

Il y a lieu d'accepter la soumission présentée par MM. Ferrère et Cⁱᵉ, pour la construction et pour l'exploitation de quatre marchés à établir dans les 8ᵉ, 10ᵉ, 13ᵉ et 14ᵉ arrondissements, et ce d'après les plans susvisés, sous les clauses et conditions du cahier des charges ci-après transcrit.

Nota. Ce cahier des charges est inséré littéralement dans le traité transcrit plus loin.

Signé : Dumas, Président.

E. Moreau, Secrétaire.

ARRÊTÉ APPROBATIF.

—

Le Sénateur, Préfet du Département de la Seine, Grand'Croix de l'Ordre impérial de la Légion d'honneur,

Vu la délibération prise le 26 mai 1865, par le Conseil municipal de la Ville de Paris, et portant qu'il y a lieu d'accepter la soumission présentée par les sieurs Ferrère et Cie, pour la construction et pour l'exploitation de quatre marchés à établir dans les 8e, 10e, 13e et 14e arrondissements, et ce d'après les plans et devis dressés en vue de cette construction et sous toutes les clauses et conditions du cahier des charges transcrit à la suite de ladite délibération ;

Vu ledit cahier de charges et conditions accepté par les soumissionnaires ;

Vu la soumission des sieurs Ferrère et Cie, ensemble les plans et devis dressés pour la construction des marchés dont il s'agit ;

Vu l'ordonnance royale du 14 novembre 1837 ;

Vu le rapport du Directeur des Affaires municipales ;

Vu les décrets des 25 mars 1852 (tableau A, n°s 48 et 55, et tableau B, n° 1er) et 9 janvier 1861, sur la décentralisation administrative ;

Arrête :

Art. 1er. Est autorisée l'acceptation de la soumission souscrite par les sieurs Ferrère et Cie, pour la construction et l'exploitation de quatre marchés à établir dans les 8e, 10e, 13e et 14e arrondissements, et ce conformément aux plans et devis ci-dessus visés, et sous toutes les clauses et conditions du cahier des charges transcrit à la suite de la délibération susvisée.

Art. 2. Ampliation du présent arrêté sera adressée à la Direction des Affaires municipales.

Fait à Paris, le 16 juin 1865.

Signé : G.-E. HAUSSMANN.

Pour ampliation :

Le Conseiller d'État, Secrétaire général de la Préfecture.

Pour le Secrétaire général empêché :

Le Conseiller de Préfecture.

SEBIRE.

TRAITÉ.

-oo-

Les soussignés, M. LE SÉNATEUR, PRÉFET DU DÉPARTEMENT DE LA SEINE, Grand'Croix de l'Ordre impérial de la Légion d'honneur, demeurant à Paris, à l'Hôtel de Ville, et MM. P. FERRÈRE et Cie, banquiers, demeurant à Paris, rue Lafayette, n 37,

Ont fait et arrêté entre eux le traité qui suit :

I

Il sera construit un marché quotidien pour la vente des comestibles dans chacun des 8e, 10e, 13e et 14e arrondissements, sur les emplacements indiqués aux plans ci-annexés, lesquels emplacements appartiennent à la Ville de Paris.

Ces marchés occuperont, non compris leurs trottoirs extérieurs, une superficie :

Le premier, de 2,652 mètres ;

Le second, de 2,420 mètres ;

Le troisième, de 2,693 mètres ;

Le quatrième, de 1,850 mètres.

II

Les marchés comprendront, outre le bureau de l'agent de l'Administration chargé de l'inspection, savoir :

Celui du 8ᵉ arrondissement, 40 places de 6 mètres superficiels chacune, 260 places de 4 mètres superficiels chacune, et 296 mètres superficiels de caves ou resserres ;

Celui du 10ᵉ arrondissement, 43 places de 6 mètres superficiels chacune, 207 places de 4 mètres superficiels chacune et 406 mètres de caves ;

Celui du 13ᵉ arrondissement, 54 places de 6 mètres superficiels chacune, 244 places de 4 mètres chacune et 542 mètres de caves ;

Celui du 14ᵉ arrondissement, 24 places de 6 mètres superficiels chacune, 168 places de 4 mètres superficiels chacune, et 194 mètres de caves.

Ils devront être entièrement terminés dans le délai d'un an et demi, à partir de ce jour, et livrés au fur et à mesure de leur achèvement.

Après leur achèvement, il sera dressé par l'un des

architectes de la Ville, contradictoirement avec le concessionnaire, un procès-verbal descriptif des constructions et du mobilier de chaque marché.

La Ville de Paris aura la propriété des constructions
au fur et à mesure de leur exécution.

III

Les quatre marchés seront construits aux frais et
risques de MM. P. Ferrère et Cie, sous la surveillance
des architectes de la Ville, désignés par le Préfet de la
Seine, et suivant les alignements, nivellements, plans
et devis descriptifs annexés au présent.

Avant le commencement des travaux, le concessionnaire devra remettre à l'Administration une déclaration
de l'entrepreneur général et des entrepreneurs particuliers reconnaissant que, dans aucun cas, ils n'auront
de recours à exercer contre la Ville, propriétaire, pour
quelque cause que ce puisse être, ledit concessionnaire
étant leur seul débiteur.

Il payera, à la décharge de la Ville, toutes les dépenses
de construction et d'installation, y compris les boutiques ou étaux, et le mobilier du bureau de l'inspecteur, lequel se composera, pour chaque marché, des
objets suivants :

1° Un bureau avec tiroir ;
2° Un fauteuil garni en cuir noir ;
3° Une armoire à deux battants garnie de rayons ;
4° Un casier pour douze cartons ;
5° Une table ;

6° Six chaises.

Il produira à l'Administration municipale les quittances des entrepreneurs et fournisseurs lors de la réception qu'elle fera faire des travaux.

Aucune modification de détail ne pourra être apportée en cours d'exécution aux plans et devis ci-annexés sans l'autorisation écrite et formelle du Préfet de la Seine.

L'Administration se réserve le droit d'apporter dans l'exécution des travaux, tels changements, modifications ou additions qu'elle croira utiles et qui auront reçu l'approbation du Conseil municipal, sauf à tenir compte des augmentations de dépense que ces modifications, changements ou additions pourraient entraîner. Ces augmentations seront réglées par l'architecte de la Ville, suivant les prix portés aux devis, et pour les travaux qui n'y seraient pas compris, par analogie avec les prix de ces devis.

IV

Les dépenses de construction des marchés sont fixées à forfait, sauf le cas prévu au dernier paragraphe de l'article précédent, savoir :

Pour le marché du 8ᵉ arrondissement, à			690,950	»
Idem	10ᵉ	idem	598,372	»
Idem	13ᵉ	idem	775,717	»
Idem	14ᵉ	idem	488,943	»
Et pour l'ensemble des 4 marchés à.			2,553,982	»

Le marché actuel du 10ᵉ arrondissement sera démoli par le concessionnaire et à ses frais. Les matériaux en provenant, qui n'appartiendront pas aux étalagistes, seront abandonnés en compensation des frais de démolition.

Les travaux ayant pour objet la mise en état de viabilité des rues bordant les marchés, à l'exception des branchements d'égout et des trottoirs extérieurs, dont la dépense est comprise dans la somme précitée de 2,552,982 fr., et sera, en conséquence, supportée par le concessionnaire, seront exécutés par les ingénieurs de la Ville de Paris, et à ses frais, dans le délai fixé en l'art. II pour l'achèvement des marchés.

L'entretien de ces rues sera à la charge de la Ville de Paris pendant la durée de la concession.

V

Le concessionnaire versera, savoir :

A la Caisse municipale :

1° La somme de 50,000 fr. formant la valeur de l'emplacement du marché du 14ᵉ arrondissement : ce versement aura lieu dans le mois qui suivra l'ouverture du marché ;

2° La somme de 25,000 fr. à forfait pour les frais de la surveillance de la construction des quatre marchés par les architectes de la Ville : ce versement s'effectuera par quart et par trimestre à dater du commencement des travaux.

3° La somme de 224,273 fr., à titre de concours aux

travaux ayant pour objet la mise en état de viabilité des rues d'isolement de ces marchés : ce versement aura lieu au fur et à mesure de l'exécution desdits travaux, et après un avis préalable de quinze jours donné au concessionnaire.

A la Caisse des Travaux de Paris :

La somme de 610,000 fr., formant le solde des avances faites par cette Caisse pour le payement en capital, intérêts et frais, de l'emplacement des Marchés des 8e, 10e et 13e arrondissements, et se décomposant comme suit :

Marché du 8e arrondissement........	265,200 »
Idem du 10e idem.	205,360 »
Idem du 13e idem.	139,440 »

Le concessionnaire versera la somme afférente à chacun de ces marchés au fur et à mesure de leur achèvement, et dans le mois qui en suivra l'ouverture.

Le concessionnaire supportera, en outre, les frais d'enregistrement et de timbre du présent, ainsi que les honoraires de son architecte, évalués ensemble, à forfait, à 91,137 fr.

VI

Pendant toute la durée de la concession, le concessionnaire versera dans la Caisse municipale, par trimestre et d'avance, une redevance annuelle de 60,000 fr., soit 15,000 fr. par marché.

Cette redevance sera portée à 70,000 fr. du jour où les produits des marchés auront couvert les dépenses des contributions, ainsi qu'elles seront annuellement fixées, et toutes les dépenses annuelles fixées à forfait au chiffre de 316,996 fr., y compris les intérêts à 5 p. % du capital engagé et l'amortissement.

Il sera, en outre, tenu des dépenses ayant pour objet:

1° L'entretien en bon état des bâtiments et du mobilier des marchés, et leur reconstruction ou remplacement en cas de sinistre ou de destruction;

2° L'éclairage des marchés;

3° L'approvisionnement d'eau;

4° L'assurance contre l'incendie;

5° Le balayage et la propreté des marchés et des dépendances, notamment des lieux d'aisances et des urinoirs;

6° La vidange des fosses d'aisances;

7° Les contributions de toute nature auxquelles les marchés et leur emplacement seront assujettis.

VII

Si, après l'acquittement : 1° du montant des contributions tel qu'il sera fixé annuellement; 2° de la somme de 17,187 fr., montant de l'amortissement de la dépense totale de premier établissement, fixée elle-même à forfait au chiffre de 3,618,345 fr.; 3° des frais de personnel, fixés à forfait à 25,000 fr.; 4° des frais d'approvisionnement d'eau, d'éclairage, d'entretien des bâtiments, d'assurance contre l'incendie, de vidange des fosses d'aisances, fixés à forfait à 33,079 fr.; 5° de la redevance de 70,000 fr. à payer à la Ville, le bénéfice annuel excède 8 p. %, le concessionnaire comptera la moitié de cet excédant à la Ville de Paris à titre de supplément à ladite redevance de 70,000 fr.

VIII

Pour se rédimer des déboursés énumérés aux deux articles précédents, ainsi que des autres obligations qui lui sont imposées par le présent traité, le concessionnaire percevra à son profit, pendant 50 années consécutives, qui commenceront à courir le jour de l'ouverture des marchés, le prix de la location des places et des caves de chacun d'eux. Ce prix ne pourra excéder par jour, savoir :

40 c. par mètre pour chacune des 161 places ayant une superficie de 6 mètres ;

40 c. par mètre pour				
60	places du marché du	8e	arrondissement;	
37	idem	10e	idem	
46	idem	13e	idem	
26	idem	14e	idem	

30 c. par mètre superficiel pour				
100	places de 4 mèt. du marché du	8e	arr.	
80	idem	10e	id.	
100	idem	13e	id.	
60	idem	14e	id.	

25 c. par mètre superficiel et par jour pour				
100	places de 4 mèt. du marché du	8e	arr.;	
90	idem	10e	id.	
98	idem	13e	id.	
82	idem	14e	id.	

10 c. par jour et par mètre superficiel pour les caves que les étalagistes voudront occuper.

Le concessionnaire percevra en outre, sur les étalagistes ou locataires des places, une contribution de 25 c. par semaine et par place pour le balayage des marchés, lequel sera effectué à ses frais et par ses soins aussi souvent que le besoin l'exigera.

Aucun changement dans la répartition ci-dessus du nombre de places ne pourra être opéré par le concessionnaire qu'après l'avis du Conseil municipal et avec l'autorisation du Préfet de la Seine.

Un 10e des places pourra être affecté à des industries autres que la vente des comestibles.

Le concessionnaire pourra d'ailleurs, tous les cinq ans, solliciter une révision du présent tarif. L'Administration, de l'avis du Conseil municipal, aura toute liberté d'approuver les modifications qu'il pourrait être utile d'y apporter.

IX

Le concessionnaire sera tenu de faire agréer, par le Préfet de la Seine, le choix de la compagnie d'assurances des bâtiments contre l'incendie.

X

Le choix des marchands et la désignation de leurs places dans le marché appartiendront au concessionnaire. Il devra congédier les employés et les locataires dont le renvoi lui serait demandé, soit par le Préfet de la Seine, soit par le Préfet de Police.

XI

A raison du caractère municipal des marchés, le gaz
consommé pour leur éclairage sera livré par la Compagnie Parisienne de l'éclairage et du chauffage par le
gaz, à raison de 15 c. par mètre cube de gaz.

Le montant du mémoire du gaz consommé sera réglé
et arrêté tous les mois par le Préfet de la Seine, et remboursé immédiatement, par le concessionnaire, à la
Caisse municipale, qui en aura fait l'avance.

XII

La gestion du concessionnaire sera soumise au contrôle et à l'inspection des délégués que le Préfet de la
Seine se réserve de nommer. Il sera tenu de communiquer ses livres et comptes à ces délégués, à toute réquisition de leur part.

XIII

Il devra se conformer à tous les règlements de police
faits ou à faire, en ce qui touche le marché, les jours
et heures où il restera ouvert, ainsi qu'aux règlements
concernant le commerce des comestibles exposés en
vente dans le marché.

XIV

Il ne pourra, à peine de résiliation immédiate,
transporter, en totalité ou en partie, les droits résultant pour lui de la présente autorisation, sans le con-

sentement formel et par écrit de l'Administration municipale. Il ne pourra, sous la même peine, s'immiscer directement ou indirectement dans le commerce des marchandises exposées en vente dans l'établissement.

XV

Le concessionnaire devra, dans la huitaine du présent, déposer à la Caisse municipale un cautionnement de 40,000 fr., dont les intérêts lui seront comptés au taux de 3 p. %. Cette somme restera à la Caisse municipale jusqu'à la fin de la concession, en garantie de l'exécution de toutes les clauses du présent cahier des charges.

Au besoin, il sera fait emploi de ce cautionnement pour les travaux d'entretien, de réparation et de reconstruction que l'Administration serait obligée d'exécuter d'office. Dans ce cas, le concessionnaire devra remplacer, à la Caisse municipale, dans le délai de quinze jours, les sommes ainsi employées, sur l'invitation qui lui en sera faite sous peine de déchéance de son entreprise.

XVI

La concession, quoique faite pour cinquante années, pourra être résiliée avant l'expiration de ce temps :

1° En cas d'infraction aux clauses du présent, ou d'inexécution de ces clauses ;

2° Dans le cas où l'exploitation du marché donnerait

lieu à des abus graves et déclarés tels par le Conseil municipal.

Dans ces deux cas, la résiliation sera prononcée par le Préfet de la Seine, sur l'avis du Conseil municipal, après une mise en demeure restée infructueuse pendant un mois. Elle ne pourra donner lieu, en faveur du concessionnaire, à aucune répétition ni recours contre la Ville, à raison des dépenses de construction et autres qu'il aura faites.

XVII

Si le concessionnaire abandonnait l'exécution de son entreprise, ou suspendait pendant plus de six mois les travaux commencés, il encourrait, sauf le cas de force majeure, la déchéance.

Dans l'un et l'autre cas, le cautionnement versé, les constructions commencées et les matériaux déposés sur les lieux resteraient acquis à la Ville de Paris à titre de dommages-intérêts.

XVIII

En cas de résiliation, comme dans le cas de l'expiration de la concession, les marchés et les objets mobiliers en dépendant seront remis en toute propriété à la Ville de Paris, en bon état. Il sera dressé contradictoirement procès-verbal de cette remise.

XIX

Après trente années au moins de jouissance par le concessionnaire, la Ville de Paris pourra se substituer à lui, à la condition de verser annuellement entre ses mains, pour chacune des années de jouissance restant à courir, une somme égale à la moyenne du bénéfice net de l'exploitation des marchés pendant les trois années qui précéderont immédiatement celle du rachat.

X X

La Ville de Paris se réserve la faculté, soit de créer directement ou d'accorder l'autorisation de créer, sur les points de son enceinte, et suivant le mode qu'elle jugera convenable, un ou plusieurs marchés couverts de la nature de ceux qui font l'objet du présent traité, soit de maintenir les marchés existants.

Toutefois, la Ville supprimera, à partir de l'ouverture des marchés qui font l'objet du présent, les marchés permanents qui se tiennent actuellement sur la voie publique, dans un rayon moindre d'un kilomètre des marchés, et s'interdit d'en établir de semblables dans l'étendue de ce même rayon.

Dans le cas où la Ville userait de la faculté réservée par le premier paragraphe du présent article, le concessionnaire ne pourrait réclamer d'elle aucune indemnité à raison du préjudice qui en résulterait pour lui.

XXI

Toutes les difficultés qui pourront s'élever entre l'Administration municipale et le concessionnaire, concernant le sens le sens et l'exécution du présent cahier des charges seront portées devant le Conseil de Préfecture, sauf recours au Conseil d'État.

Fait double entre les parties.

Paris, le 24 juin 1865.

Approuvé l'écriture,

Signé : P. FERRÈRE.

Approuvé l'écriture,

Signé : G.-E. HAUSSMANN.

Enregistré à Paris, le 11 juillet 1865, f° 72 v°, c. 1. Reçu 34,632 fr. 60 c., décime 5,194 fr. 89 c.

Signé : BADEREAU.

⁂

CONSTRUCTION DE SEPT MARCHÉS

DANS LES

15°, 16°, 17°, 18°, 19° ET 20° ARRONDISSEMENTS

DOCUMENTS ADMINISTRATIFS

RAPPORT du Directeur des Affaires Municipales, à M. le Sénateur, Préfet de la Seine.

Paris, 15 septembre 1865.

MONSIEUR LE PRÉFET,

MM. P. Ferrère et Cᵉ, banquiers à Paris, rue Lafayette, n° 37, offrent de construire dans le délai de

18 mois, et suivant le type déjà adopté, sept marchés aux comestibles, savoir :

1 dans le 15e arrondissement ;
2 dans le 16e   id.
1 dans le 17e   id.
1 dans le 18e   id.
1 dans le 19e   id.
1 dans le 20e   id.

Il s'engage :

1° A subvenir à la dépense de cette construction, s'élevant, d'après les devis dressés par le Service d'architecture, à.................... 3,104,275   »

2° A compter à la Ville de Paris, 1 million de francs, formant la valeur à forfait de l'emplacement de ces sept marchés et des rues d'isolement à créer, ici.......... 1,000,000   »

152,000 fr., somme à laquelle MM. les Ingénieurs du Service municipal ont évalué la moitié de la dépense à faire pour la mise en état de viabilité des rues d'isolement (l'autre moitié devant être supportée par les propriétaires riverains), ci...................... 152,000   »

22,000 fr. pour les frais de l'agence chargée de la surveillance des travaux, ci................ 22,000   »

A reporter............. 4,278,275   »

Report................   4,278,275   »

3° **A** acquitter les honoraires de son architecte et les frais d'enregistrement, fixés ensemble à forfait à........................   221,000   »

4° **A** supporter les intérêts pendant la durée des travaux........   87,481   »

Total.........   4,586,756   »

à la condition que la Ville de Paris l'autorisera à percevoir sur les étalagistes, pendant 50 années, à partir du jour de l'ouverture des marchés, des droits de place dont le maximum serait fixé par mètre et par jour :

A 40 c. pour un tiers de la superficie des places ;
A 30 c. pour un tiers   id.
A 25 c. pour un tiers   id.

En retour de cette autorisation ainsi limitée, M. Ferrère s'engage :

1° **A** supporter les dépenses ayant pour objet la gestion des marchés, c'est-à-dire le personnel, les contributions, l'entretien des bâtiments, l'assurance contre l'incendie, l'éclairage intérieur, l'approvisionnement d'eau, la vidange des fosses, etc. ;

2° **A** compter annuellement à la Ville de Paris, par trimestre et d'avance, une redevance fixe de 60,000 fr.

Enfin il s'engage, dans le cas où après prélèvement sur les produits des droits de place, des dépenses de gestion fixées ensemble à forfait à 176,122 fr., de la redevance de 60,000 fr., et de la somme de 21,787 fr.

pour l'amortissement du capital de 4,586,756 fr. susindiqué, ces mêmes produits excéderaient 8 0/0 de ce capital, à partager cet excédant avec la Ville de Paris par égale portion.

La Commission administrative (1), à laquelle la proposition de M. Ferrère a été soumise, ainsi que les plans et devis des marchés projetés, a émis l'avis suivant, à l'unanimité :

« La Commission spéciale des marchés, à l'examen de laquelle monsieur le Préfet a renvoyé la proposition faite par M. Ferrère, banquier à Paris, pour la création de sept marchés aux comestibles, a procédé à cet examen.

» Les projets présentés par M. Ferrère paraissent bien conçus, et ont obtenu l'approbation du Service d'architecture. Ils s'élèvent ensemble à 3,104,275 fr. Cette dépense est calculée à raison de 234 fr. 33 c. le mètre couvert pour les marchés à plusieurs nefs, et de 248 fr. 82 c. pour ceux qui n'ont qu'une nef. Bien que ces prix soient inférieurs à ceux qui ont été précédemment consentis, la Commission pense que M. Ferrère obtiendra un rabais important de l'entrepreneur qu'il chargera de la construction des marchés. Il lui a paru, pour ce motif, qu'il y avait lieu de porter de 60,000 à 80,000 fr. la redevance que M. Ferrère s'est engagé à servir annuellement à la Ville de Paris. M. Ferrère a

(1) Cette Commission se compose de MM. Billaud, *Président*; Bayvet, Fère, Legendre, Picard, Auger, Possoz et Thiboumery, membres du Conseil Municipal.

refusé de consentir cette augmentation. Les Membres soussignés pensent qu'en considération de l'utilité des marchés projetés, de l'impossibilité où la Ville se trouve de les entreprendre, des garanties sérieuses que M. Ferrère offre à la Ville pour leur bonne et prompte exécution, et des éventualités que présentent ces sortes d'opérations, il convient de passer outre et d'accepter, en conséquence, la soumission présentée par M. Ferrère. »

La Direction des Affaires municipales estime de son côté, monsieur le Préfet, que la soumission présentée par M. Ferrère est avantageuse à la Ville de Paris, et elle vous propose, en conséquence, de la soumettre à l'approbation du Conseil municipal.

La superficie des sept marchés en question est de 12,646 mètres, non compris les trottoirs extérieurs ; celle des 1,371 places qu'ils renferment n'est que de 6,103 mètres (le restant, soit 6,543 mètres, est affecté aux passages, aux fontaines et aux bureaux des agents). Si les places étaient toutes constamment occupées et louées au prix maximum ci-dessus, elles donneraient annuellement une recette de 706,380 fr. ; mais on ne saurait évidemment compter sur un tel résultat. Suivant les prévisions de la Direction des Affaires municipales, il y a lieu, tout en maintenant les chiffres maxima ci-dessus, de diminuer cette recette de 20 0/0 ou 1/5ᵉ, et de l'abaisser en conséquence à 565,104 fr.

En partant de ce total et en déduisant :

1° La redevance à servir à la Ville, quel que soit le

résultat de l'exploitation des marchés, ci.. 60,000 »
2° Les frais de gestion fixés à.......... 176,122 »
3° L'amortissement s'élevant à........ 21,787 »

Total...... 257,909 »

On voit que les intérêts revenant au concessionnaire seront de **307,195** fr. ; soit de près de 7 0/0 du capital très-considérable qu'il s'engage à dépenser. Cette rémunération, essentiellement aléatoire, n'a rien d'excessif.

Les droits de place perçus sur les marchés en plein vent, que les marchés en question auront pour conséquence de supprimer, atteignent environ 160,000 fr. net. La Ville se trouvera donc privée, à partir du 1er juillet 1867 au plus tard, d'un revenu annuel de 100,000 fr. à peu près ; mais aux yeux de la Direction des Affaires municipales, la suppression des graves inconvénients qu'offrent au point de vue de la circulation les marchés actuels, le remboursement que M. Ferrère consent à faire à la Ville du montant des emplacements acquis, et l'abandon qu'il lui fait des marchés à l'expiration de la période de la concession, sont une large compensation de cette diminution inévitable et relativement insignifiante du revenu de la Ville.

Six autres marchés semblables à ceux qui font l'objet de la présente proposition sont en ce moment à l'étude, savoir :

1 dans le 5e, près la rue des Feuillantines ;
1 dans le 9e, au quartier Rochechouart ;

1 dans le **16**e, près la rue Pauquet-de-Villejust ;

1 dans le **19**e, aux abattoirs de Valenciennes ;

2 dans le **20**e, aux quartiers de Belleville et de Charonne.

M. Ferrère paraît disposé à soumissionner également ces marchés, dont l'étude ne sera pas ralentie.

RAPPORT fait au Conseil Municipal, au nom du Comité n° 4 (1), *par M. Onfroy, membre du Conseil, dans la séance du* 17 *novembre* 1865.

MESSIEURS,

Vous avez récemment approuvé la construction de plusieurs marchés aux comestibles dans les 8e 10e, 13e et 14e arrondissements.

L'Administration, poursuivant son œuvre de transformation des marchés anciens et de création de marchés nouveaux partout où les besoins de la population les rendent nécessaires, vous soumet aujourd'hui des propositions qui ont pour objet de doter d'établissements de cette nature les 15e, 16e, 17e, 18e, 19e et 20e arrondissements.

Comme pour les marchés précédemment concédés, c'est à MM. P. Ferrère et Ce que M. le Sénateur, Pré-

(1) Ce Comité est composé de MM. Devinck, *Président ;* Billaud, *Vice-Président ;* Onfroy, *Secrétaire ;* Teissonnière, *Vice-Secrétaire ;* Bayvet, Ducloux, Garnier, Gautier de Charnacé, Kœnigswarter, Legendre, Lemoine, Mancel et Thiboumery.

fet de la Seine, vous propose de confier la construction et l'exploitation des nouveaux marchés, et nous inclinons à nous féliciter de ce choix en raison des garanties que cette Société présente, par la manière sage et loyale avec laquelle elle a exécuté, jusqu'à ce jour, les importants engagements qu'elle a déjà contractés avec la Ville de Paris.

Les diverses conditions de cette nouvelle affaire ont été discutées et débattues dans le sein de la Commission administrative, présidée par notre honorable collègue M. Billaud, laquelle s'est mise d'acord avec M. Ferrère sur les termes de la soumission à présenter par lui.

C'est après ce premier degré d'information que le projet de traité a été introduit devant le Conseil, avec un rapport approbatif de la Direction des Affaires municipales, par un mémoire de M. le Sénateur, Préfet, en date du 2 novembre 1865.

L'examen que votre 4ᵉ Comité a fait des propositions qui vous sont soumises, lui a fait reconnaître qu'elles sont de nature à donner satisfaction aux exigences légitimes d'une notable partie de la population parisienne annexée, tout en étant favorables aux intérêts financiers de la Ville; à ce double titre, elles se recommandent à votre intérêt, et votre 4ᵉ Comité a chargé son rapporteur de vous prier de les approuver.

Le marché à construire dans le 15ᵉ arrondissement sera établi dans le 58ᵉ quartier (quartier Necker), en façade sur la rue de la Procession, et bordé, sur les trois autres faces, par trois rues d'isolement à créer;

il occupera une superficie de 1,600 mètres et contiendra 152 places, représentant 691 mètres superficiels.

Les deux marchés à construire dans le 16ᵉ arrondissement seront établis, l'un dans le 61ᵉ quartier (quartier d'Auteuil), entre la Grande-Rue, la Rue-Neuve et deux autres rues d'isolement à créer ; l'autre dans le 63ᵉ quartier (quartier de la Porte-Dauphine), entre la rue Mesnil, la rue Saint-Didier ; ils occuperont une superficie de : 990 mètres pour le premier, et de 1,015 pour le second ; ils contiendront : l'un 114 places, représentant 454 mètres, et l'autre 105 places, représentant 517 mètres superficiels.

Le marché à construire dans le 17ᵉ arrondissement sera établi dans le 67ᵉ quartier (quartier des Batignolles), entre la rue Lemercier, la rue Brochant, la rue des Moines et une quatrième rue d'isolement à créer ; il occupera une superficie de 2,918ᵐ 93, et contiendra 332 places représentant 1,574 mètres superficiels.

Le marché à construire dans le 18ᵉ arrondissement sera établi dans le 70ᵉ quartier (quartier Montmartre), entre la place Saint-Pierre et la chaussée Clignancourt ; il occupera une superficie de 2,582 mètres, et contiendra 304 places représentant 1,200 mètres superficiels.

Le marché à construire dans le 19ᵉ arrondissement sera établi dans le 76ᵉ quartier (quartier de la Villette), entre la rue de Meaux, la rue Fessart, la rue Bouret prolongée et une quatrième rue d'isolement à créer ; il occupera une superficie de 1,833ᵐ 96, et contiendra 204 places représentant 868 mètres superficiels.

Enfin le marché à construire dans le 20ᵉ arrondissement sera établi dans le 77ᵉ quartier (quartier de Belleville), entre la rue de Puebla, la rue des Rigoles, la rue de l'Ermitage et une quatrième rue d'isolement à créer ; il occupera une superficie de 1,706ᵐ 25, et contiendra 160 places représentant 799 mètres superficiels.

Comme aperçu d'ensemble, les sept marchés occupent une surface totale de 12,646 mètres, non compris les trottoirs extérieurs, et contiennent 1,371 places ; sur cette surface totale de 12,646 mètres, 6,543 mètres sont nécesaires pour les voies intérieures de circulation et pour les installations des bureaux et des dépendances, et 6,103 mètres sont affectés aux 1,371 places ; c'est une moyenne de 4ᵐ 50 pour chaque place.

Les sept marchés seront construits conformément aux plans dressés pour le Service d'architecture, et en fer, suivant le type déjà adopté pour les marchés aux comestibles de récente création.

Comme dans les derniers traités, le concessionnaire s'engage :

1° A supporter la dépense totale relative soit à la construction des bâtiments, y compris les trottoirs extérieurs et les branchements d'égout, soit à l'installation des boutiques et étaux, soit même à l'achat du mobilier des bureaux de l'Inspecteur attaché à chaque marché ;

2° A compter à la Ville de Paris la valeur des terrains occupés par les marchés et d'une partie des terrains des rues d'isolement à créer ;

3° A rembourser la moitié des dépenses des travaux nécessaires pour la mise en état de viabilité des rues bordant les marchés ;

4° A payer les honoraires de son architecte et les frais de timbre et d'enregistrement d'actes ;

5° A subvenir aux frais d'agence pour le temps des travaux.

Pendant toute la durée de la concession, le concessionnaire est tenu des dépenses ayant pour objet :

1° L'entretien en bon état des bâtiments et du mobilier des marchés, et leur reconstruction en cas de sinistre ou de destruction ;

2° L'éclairage du marché (aux conditions réservées aux établissements municipaux) ;

3° L'approvisionnement d'eau ;

4° L'assurance contre l'incendie ;

5° Le balayage et la propreté des marchés et de leurs dépendances, notamment des lieux d'aisances et urinoirs ;

6° La vidange des fosses d'aisances ;

7° Les contributions de toute nature auxquelles les marchés et leurs emplacements seront assujettis ;

8° Le personnel de son exploitation.

Enfin, pendant la durée de la concession, qui est fixée à 50 années, et à l'expiration de laquelle la Ville rentre, sans indemnité, dans la possession de tous les terrains et des immeubles construits, MM. Ferrère et Ce devront verser dans la Caisse municipale, par trimestre et d'avance, une redevance annuelle de 60,000 fr., soit 8,570 fr. environ par marché.

Les droits de place perçus actuellement sur les marchés en plein vent, que les marchés proposés ont pour conséquence de supprimer, atteignent environ le chiffre de 160,000 fr. net. La Ville de Paris se trouvera donc privée, à partir du 1ᵉʳ juillet 1867, d'un revenu annuel de 100,000 fr. Mais la suppression des graves inconvénients qu'offrent les marchés actuels au point de vue de la circulation ; le remboursement immédiat que le concessionnaire fait à la Ville du montant du prix des emplacements des marchés et des voies d'isolement, remboursement qui est fixé au chiffre de 1 million ; enfin l'abandon qu'il fait des marchés à l'expiration de la concession, ont semblé à la Commission administrative, comme à votre 4ᵉ Comité, une compensation raisonnable à la diminution apportée au revenu de la Ville.

Voici, en résumé, le chiffre des dépenses de premier établissement et des dépenses annuelles à la charge du concessionnaire :

Dépenses de premier établissement (fixées à forfait).

Valeur des terrains à payer à la Ville..	1,000,000 »
Montant des devis des travaux.......	3,104,275 »
Moitié des travaux de viabilité........	152,000 »
Honoraires de l'architecte du concessionnaire, 5 %; droits d'enregistrement d'acte	221,000 »
Agence des travaux.................	22,000 »
Intérêts d'argent pendant l'exécution des travaux, 6 mois à 5 %.............	87,481 »
	4,586,756 »

Dépenses annuelles.

Intérêt du capital, déboursé, à 5 °/₀.... 229,337 »
Amortissement : 47 centimes 1/2 °/₀ par
an............................... 21,787 »
Redevance annuelle à la Ville........ 60,000 »
Frais de personnel, approvisionnement
d'eau, éclairage, entretien, assurances,
vidanges, contributions annuelles à forfait, etc............................ 176,122 »

487,246 »

Pour se rédimer des obligations qui lui sont imposées, M. Ferrère percevra à son profit, pendant la durée
de la concession, le prix de la location des places de
chacun des marchés à des prix qui ne pourront excéder par jour, savoir :

Pour un tiers des places dans chaque marché, 40 c. par
  mètre carré.
Pour un tiers   —   —   30 c. par
  mètre carré.
Pour un tiers   —   —   25 c. par
  mètre carré.

Étant entendu que le minimum de superficie des
places sera de 4 mètres, sauf les quelques places d'angle qui, sur les plans annexés au traité, comportent
une superficie un peu moindre.

Aucune modification à ces tarifs ne peut être faite
sans le consentement du Conseil municipal.

Toutefois, le concessionnaire est autorisé à affermer un tiers des places aux enchères pour une durée de une à neuf années à un taux dépassant les prix maxima ci-dessus mentionnés ; mais avec la condition expresse que l'adjudicataire devra occuper personnellement les boutiques louées.

Cette faculté crée dans le mode d'exploitation des marchés une innovation sur laquelle nous appelons l'attention du Conseil.

La mesure nouvelle, au moyen des restrictions dont votre Comité l'a entourée, nous paraît sauvegarder tout à la fois l'intérêt du consommateur, celui du concessionnaire et celui de l'Administration :

L'intérêt du consommateur, puisqu'en contenant dans chaque marché deux tiers des places aux prix fixes de 40 c., de 30 c. et de 25 c. le mètre, elle empêche l'exagération des prix de location, et par suite celle des prix des objets de consommation ;

L'intérêt du concessionnaire et celui de la Ville, puisqu'en ouvrant un champ un peu plus large aux bénéfices de l'entreprise, elle assure la continuité de l'exploitation des marchés et peut rendre réalisable l'espoir pour la Ville d'entrer en participation dans les produits de l'exploitation ;

Enfin l'intérêt de la sécurité publique, puisqu'en obligeant l'adjudicataire des places à les occuper par lui-même, elle conserve entière la faculté réservée à la Préfecture de Police de réclamer le renvoi du titulaire.

Enfin, un cinquième des places dans chaque marché

pourra être loué à des industries autres que la vente des comestibles.

Nous avons dit que les 1,371 places formant l'ensemble des sept marchés représentent un total de 6,103 mètres. Si les places étaient toutes constamment occupées et louées au prix maximum de 40 c., de 30 c. et de 25 c., elles donneraient annuellement une recette de 706,380 fr.; mais on ne saurait évidemment compter sur un tel résultat, et c'est rester dans une limite très-modérée que diminuer cette prévision de recettes de 20 % et de l'abaisser par conséquent à   565,104 »

En déduisant de ce dernier chiffre celui de la dépense annuelle comprenant l'amortissement du capital, la redevance à la Ville et les frais d'exploitation des marchés.   257,909 »

le produit net des sept marchés serait de.   307,195 »
représentant 7 % environ du capital dépensé. — Cette rémunération essentiellement aléatoire est loin d'être excessive.

Enfin, il est convenu que, si après l'acquittement : 1° de la somme de 21,787 fr., montant de l'amortissement à 47° 1/2 % de la dépense totale de premier établissement, fixée elle-même à forfait au chiffre de 4,586,756 fr.; 2° des frais de personnel, d'approvisionnement d'eau, d'éclairage, d'entretien, d'assurance, de vidange, de contributions de toutes sortes fixés à forfait à 176,122 fr.; et 3° de la redevance de 60,000 fr. à payer à la Ville, le bénéfice annuel excède 8 %, le concessionnaire comptera la moitié de cet excédant à la Ville de Paris, à titre de supplément de redevance.

Nous venons de vous indiquer les principales dispositions du traité sur lequel vous êtes appelés à délibérer. Comme les précédents traités, le traité actuel stipule les garanties que la Ville a l'habitude de prendre pour sauvegarder sa responsabilité vis-à-vis des entrepreneurs des travaux, comme aussi pour assurer la bonne gestion de l'entreprise et pour réserver à l'Administration une indépendance complète en vue de la création d'autres marchés analogues.

Dans l'espoir que vous voudrez bien approuver l'ensemble de ces dispositions, votre 4e Comité a l'honneur de vous soumettre le projet de délibération ci-après :

DÉLIBÉRATION DU CONSEIL MUNICIPAL.

Séance du 17 novembre 1865.

Présents : MM. Arnaud-Jeanti, Auger, Bayvet, Billaud, Boulatignier, Chaix d'Est-Ange, C. de Baudicour, Cornudet, Decaux, Denière, Desfossé, Devinck, Duban, Dubarle, Ducloux, Dumas, Dumont, Fère, Firmin-Didot, V. Foucher, Garnier, Gouin, Hébert, Koenigswarter, E. Lamy, Lebaudy, Legendre, Lemoine, Lenoir, Lozouet, Mancel, Merruau, Monnin-Japy, E. Moreau, Onfroy, Oudot, Paillard de Villeneuve, Pelouze, Périlleux, Picard, Bon Poisson, Possoz, Ravaut, Ségalas, Tardieu, Teissonnière, Thiboumery, Varin, Winnerl.

Le Conseil,

Vu la soumission présentée par MM. P. Ferrère et C⁰, pour la construction et l'exploitation de sept marchés à établir dans les 15ᵉ 16ᵉ, 17ᵉ, 18ᵉ, 19ᵉ et 20ᵉ arrondissements, ensemble les plans et devis ;

Vu le cahier des charges et conditions sous lesquelles ils proposent de se charger de cette construction et de cette exploitation ;

Vu le rapport de la Direction des Affaires municipales ;

Vu le mémoire de M. le Sénateur, Préfet de la Seine, en date du 2 de ce mois ;

Après avoir entendu le rapport présenté par M. Onfroy, au nom du Comité spécial ;

Délibère :

Il y a lieu d'accepter la soumission présentée par MM. P. Ferrère et C⁰, pour la construction et l'exploitation des sept marchés dans les 15ᵉ, 16ᵉ, 17ᵉ, 18ᵉ, 19ᵉ et 20ᵉ arrondissements de Paris, et ce d'après les plans susvisés, sous les clauses et conditions du cahier des charges ci-après transcrit :

Nota. Ce cahier des charges est inséré littéralement dans le traité transcrit plus loin.

Signé : Dumas, *Président*,

E. Moreau, *Secrétaire*.

ARRÊTÉ APPROBATIF.

Le Sénateur, Préfet du Département de la Seine, Grand'Croix de l'Ordre impérial de la Légion d'honneur,

Vu la délibération prise le 17 novembre 1865, par le Conseil Municipal de la Ville de Paris, et portant qu'il y a lieu d'accepter la soumission présentée par MM. P. Ferrère et Cᵉ, pour la construction et l'exploitation de sept marchés dans les 15ᵉ, 16ᵉ, 17ᵉ, 18ᵉ, 19ᵉ et 20ᵉ arrondissements, et ce, d'après les plans et devis dressés en vue de cette construction et sous toutes les clauses et conditions du cahier des charges, transcrit à la suite de ladite délibération ;

Vu le cahier des charges et conditions, accepté par les soumissionnaires ;

Vu la soumission des sieurs Ferrère et Cᵉ ;

Vu l'ordonnance royale du 14 novembre 1837 ;

Vu le rapport du Directeur des Affaires municipales ;

Vu les décrets des 25 mars 1852 (tableau A, nᵒˢ 43 et 55, et tableau B, nᵒ 1ᵉʳ), et 9 janvier 1861, sur la décentralisation administrative ;

Arrêté :

Art. 1ᵉʳ. — Est autorisée l'acceptation de la soumission souscrite par MM. P. Ferrère et Cᵉ, pour la construction et l'exploitation de sept marchés dans les 15ᵉ, 16ᵉ, 17ᵉ, 18ᵉ, 19ᵉ et 20ᵉ arrondissements, et ce, d'après les plans et devis susvisés, et sous toutes les clauses et conditions du cahier des charges, transcrit à la suite de la délibération ci-dessus visée ;

Art. 2. — Ampliation du présent arrêté sera adressée :

1º A la Direction des Affaires municipales (1ʳᵉ section) ;

2° A la Direction des Affaires municipales (2ᵉ section).

Fait à Paris, le 27 novembre 1865.

Signé: HAUSSMANN.

Pour ampliation :

Le Conseiller d'État, Secrétaire général de la Préfecture,

Alfred BLANCHE.

TRAITÉ.

Les soussignés, M. le Sénateur, Préfet du Département de la Seine, Grand'Croix de l'Ordre impérial de la Légion d'honneur, demeurant à Paris, à l'Hôtel de Ville, agissant au nom de la Ville de Paris, en conformité de la délibération du Conseil municipal du 17 novembre 1865, approuvée le 27 du même mois,

Et MM. P. Ferrère et Cᵉ, banquiers, demeurant à Paris, rue Lafayette, n° 37,

Ont fait et arrêté entre eux le traité qui suit :

I

Il sera construit un marché quotidien pour la vente des comestibles :

Dans le 58ᵉ quartier, — 15ᵉ arrondissement ;
Id. le 61ᵉ id. — 16ᵉ id. ;
Id. le 63ᵉ id. — 16ᵉ id. ;
Id. le 67ᵉ id. — 17ᵉ id. ;

Dans le 70ᵉ quartier — 18ᵉ arrondissement
Id. le 76ᵉ id. — 19ᵉ id.;
Id. le 77ᵉ id. — 20ᵉ id.;

Sur les emplacements indiqués aux plans ci-annexés, appartenant à la Ville de Paris ou qu'elle s'occupe d'exproprier.

Ces marchés occuperont, non compris leurs trottoirs extérieurs, une superficie :

Le premier,	de	1,600	mètres ;
Le second ,	de	990	id. ;
Le troisième,	de	1,015	id. ;
Le quatrième,	de	2,919	id. ;
Le cinquième,	de	2,582	id. ;
Le sixième ,	de	1,834	id. ;
Le septième,	de	1,706	id. ;
Total.....		12,646	mètres.

II

Les marchés comprendront, outre le bureau de l'agent de l'Administration chargé de l'inspection, savoir :

Celui du 58ᵉ quartier,	152 places,	ayant au minimum 4ᵐ superficiels, ensemble une superficie de........			691ᵐᶜˢ
— 61ᵉ —	114	id.	id.		434
— 63ᵉ —	105	id.	id.		517
— 67ᵉ —	332	id.	id.		1,574
— 70ᵉ —	304	id.	id.		1,200
— 76ᵉ —	204	id.	id.		868
— 77ᵉ —	160	id.	id.		799
Totaux.....	1,371				6,103ᵐᶜˢ

Ils devront être entièrement terminés dans le délai d'un an et demi, à partir du jour où les alignements et les nivellements à suivre seront donnés par le Préfet de la Seine, et livrés au fur et à mesure de leur achèvement.

Après leur achèvement, il sera adressé, par un des architectes de la Ville, contradictoirement avec le concessionnaire, un procès-verbal de réception des constructions et du mobilier de chaque marché.

La Ville de Paris aura la propriété des constructions au fur et à mesure de leur exécution.

III

Les sept marchés seront construits aux frais et risques de MM. P. Ferrère et Ce, sous la surveillance des architectes de la Ville, désignés par le Préfet de la Seine, et suivant les alignements, nivellements, plans et devis descriptifs annexés au présent.

Avant le commencement des travaux, le concessionnaire devra remettre à l'Administration une déclaration de l'entrepreneur général et des entrepreneurs particuliers reconnaissant que, dans aucun cas, ils n'auront de recours à exercer contre la Ville, propriétaire, pour quelque cause que ce puisse être, ledit concessionnaire étant leur seul débiteur.

Il payera, à la décharge de la Ville, toutes les dépenses de construction et d'installation, y compris les boutiques ou étaux, et le mobilier du bureau de l'inspecteur, lequel se composera, pour chaque marché, des objets suivants :

1° Un bureau avec tiroir ;

2° Un fauteuil garni en cuir noir ;

3° Une armoire à deux battants garnie de rayons ;

4° Un casier pour douze cartons ;

5° Une table ;

6° Six chaises.

Il produira à l'Administration municipale les quittances des entrepreneurs et fournisseurs lors de la réception qu'elle fera faire des travaux.

Aucune modification de détail ne pourra être apportée en cours d'exécution aux plans et devis ci-annexés sans l'autorisation écrite et formelle du Préfet de la Seine.

L'Administration se réserve le droit d'apporter, dans l'exécution des travaux, tels changements, modifications ou additions qu'elle croira utiles, et qui auront reçu l'approbation du Conseil municipal, sauf à tenir compte des augmentations de dépenses que ces modifications, changements ou additions pourraient entraîner. Ces augmentations seront réglées par l'architecte de la Ville, suivant les prix portés aux devis, et, pour les travaux qui n'y seraient pas compris, par analogie avec les prix de ces devis.

IV

Les dépenses de construction des marchés sont fixées à forfait, sauf le cas prévu au dernier paragraphe de l'article précédent, savoir :

Pour le marché du 58ᵉ quartier à...   398,112 »
    Idem   du 61ᵉ   id.   à...   246,331 »
    Idem   du 63ᵉ   id.   à...   252,552 »
    Idem   du 67ᵉ   id.   à...   684,000 »
    Idem   du 70ᵉ   id.   à...   642,391 »
    Idem   du 76ᵉ   id.   à...   456,340 »
    Idem   du 77ᵉ   id.   à...   424,549 »

Et pour l'ensemble des sept marchés, à... 3,104,275 »

Les travaux ayant pour objet la mise en état de viabilité des rues d'isolement à créer à l'exception des branchements d'égout et des trottoirs extérieurs, dont la dépense est comprise dans la somme précitée de 3,104,275 fr., et sera, en conséquence, supportée par le concessionnaire, seront exécutés par les ingénieurs et aux frais de la Ville de Paris, dans le délai fixé en l'art. 2 pour l'achèvement des marchés.

L'entretien de ces rues sera à la charge de la Ville de Paris pendant la durée de la concession.

V

Le concessionnaire versera à la Caisse municipale :

1° La somme de 1 million de francs formant la valeur fixée à forfait de l'emplacement des marchés et des rues d'isolement ; ce versement aura lieu à raison de 142,857 fr. 14 c. par marché, dans le mois qui suivra son ouverture et au plus tard dans le mois qui suivra l'expiration du délai de 18 mois assigné pour l'achèvement des sept marchés ;

2° La somme de 22,000 fr. à forfait pour les frais de la surveillance de la construction des sept marchés par les architectes de la Ville. Ce versement s'effectuera par quart et par trimestre à dater du commencement des travaux ;

3° La somme de 152,000 fr. à titre de concours à forfait aux travaux ayant pour objet la mise en état de viabilité des rues d'isolement de ces marchés, ce versement aura lieu au fur et à mesure de l'exécution desdits travaux, et après un avis préalable de quinze jours donné au concessionnaire.

Le concessionnaire supportera, en outre : 1° les frais d'enregistrement et de timbre du présent, ainsi que les honoraires de son architecte, évalués ensemble à forfait, à 221,000 fr. ; 2° les intérêts pendant la durée des travaux des sommes qu'il y consacrera, lesquels intérêts sont évalués à forfait à 87,481 fr.

VI

Pendant toute la durée de la concession, le concessionnaire versera dans la Caisse municipale, par trimestre et d'avance, une redevance annuelle de 60,000 fr., soit 8,571 fr. 43 c. par marché.

Il sera, en outre, tenu des dépenses ayant pour objet :

1° L'entretien en bon état des bâtiments et du mobilier des marchés, et leur reconstruction ou remplacement en cas de sinistre ou de destruction ;

2° L'éclairage des marchés ;

3° L'approvisionnement d'eau ;

4° L'assurance contre l'incendie ;

5° Le balayage et la propreté des marchés et les dépendances, notamment des lieux d'aisances et des urinoirs ;

6° La vidange des fosses d'aisances ;

7° Les contributions de toute nature auxquelles les marchés et leur emplacement seront assujettis.

VII

Si, après l'acquittement : 1° de la redevance annuelle de 60,000 fr. à payer à la Ville ; 2° de la somme de 21,787 fr., montant de l'amortissement de la dépense totale de premier établissement, fixée elle-même à forfait au chiffre de 4,586,756 fr., prix cumulé des charges énumérées aux articles 4 et 5 ci-dessus ; 3° des frais de personnel et des frais d'approvisionnement d'eau, d'éclairage, d'entretien des bâtiments, des contributions, d'assurance contre l'incendie, de vidange des fosses d'aisances, fixés à forfait, ensemble à 176,122 fr., le bénéfice annuel excède 8°/₀ de ladite somme de 4,586,756 fr., le concessionnaire comptera la moitié de cet excédant à la Ville de Paris à titre de supplément à ladite redevance de 60,000 fr.

VIII

Pour se rédimer des obligations qui lui sont imposées par le présent traité, le concessionnaire percevra à son profit, pendant cinquantes années consécutives, qui commenceront à courir le jour de la réception des marchés ou de leur ouverture effective, si elle précède la réception, le prix de la location des places de chacun d'eux. Ce prix ne pourra excéder par jour, savoir :

Pour un tiers des places de chaque marché, 40 c. par mètre carré.

Pour un tiers   —   30 c. par mètre carré.

Pour un tiers   —   25 c. par mètre carré.

Toutefois le concessionnaire pourra affermer aux enchères un tiers des places dans chaque marché à un taux dépassant ce maximum, à la condition : 1° que les baux ne pourront excéder neuf années ; 2° que les adjudicataires des places les occuperont eux-mêmes et ne pourront les sous-louer, et que le même adjudicataire ne pourra affermer plus de deux places.

Le concessionnaire percevra en outre, sur les étalagistes ou locataires des places, une contribution de 25 c. par semaine et par place pour le balayage des marchés, lequel sera effectué à ses frais et par ses soins aussi souvent que le besoin l'exigera.

Aucun changement dans la répartition ci-dessus du nombre de places ne pourra être opéré par le concessionnaire qu'après l'avis du Conseil municipal et avec l'autorisation du Préfet de la Seine.

Un cinquième des places pourra, être affecté à des industries autres que la vente des comestibles.

Le concessionnaire pourra d'ailleurs, tous les cinq ans, solliciter une révision du présent tarif. L'Administration, de l'avis du Conseil municipal, aura toute liberté d'approuver les modifications qu'il pourrait être utile d'y apporter.

IX

Le concessionnaire sera tenu de faire agréer, par le Préfet de la Seine, le choix de la compagnie d'assurance des bâtiments contre l'incendie.

X

Le choix des marchands et la désignation de leurs places dans le marché appartiendront au concessionnaire. Il devra congédier les employés et les locataires dont le renvoi lui serait demandé, soit par le Préfet de la Seine, soit par le Préfet de police.

XI

A raison du caractère municipal des marchés, le gaz consommé pour leur éclairage sera livré par la Compagnie parisienne de l'éclairage et du chauffage par le gaz, à raison de 15 c. par mètre cube de gaz.

Le montant du mémoire du gaz consommé sera réglé et arrêté tous les mois par le Préfet de la Seine et remboursé immédiatement par le concessionnaire à la Caisse municipale, qui en aura fait l'avance.

XII

La gestion du concessionnaire sera soumise au contrôle et à l'inspection des délégués que le Préfet de la Seine se réserve de nommer. Il sera tenu de communiquer ses livres et comptes à ces délégués, à toute réquisition de leur part.

XIII

Il devra se conformer à tous les règlements de police faits ou à faire, en ce qui touche le marché, les heures où il restera ouvert, ainsi qu'aux règlements concernant le commerce des comestibles exposés en vente dans le marché.

XIV

Il ne pourra, à peine de résiliation immédiate, transporter en totalité ou en partie, les droits résultant pour lui de la présente concession, sans le consentement formel et par écrit de l'Administration municipale. Il ne pourra, sous la même peine, s'immiscer directement ou indirectement dans le commerce des marchandises exposées en vente dans les marchés.

XV

Le concessionnaire devra, dans la huitaine du présent, déposer à la Caisse municipale un cautionnement de 40,000 fr., dont les intérêts lui seront comptés au

taux de 3 0/0. Cette somme restera à la Caisse municipale jusqu'à la fin de la concession, en garantie de
l'exécution de toutes les clauses du présent cahier des
charges.

Au besoin, il sera fait emploi de ce cautionnement
pour les travaux d'entretien, de réparation et de reconstruction que l'Administration serait obligée d'exécuter d'office. Dans ce cas, le concessionnaire devra
remplacer à la Caisse municipale, dans le délai de
quinze jours, les sommes ainsi employées, sur l'invitation qui lui en sera faite, sous peine de déchéance de
son entreprise.

XVI

La concession, quoique faite pour cinquante années,
pourra être résiliée avant l'expiration de ce temps :

1° En cas d'infraction aux clauses du présent ou
d'inexécution de ces clauses ;

2° Dans le cas où l'exploitation du marché donnerait
lieu à des abus graves et déclarés tels par le Conseil
municipal.

Dans ces deux cas la résiliation sera prononcée par
le Préfet de la Seine, sur l'avis du Conseil municipal,
après une mise en demeure restée infructueuse pendant
un mois. Elle ne pourra donner lieu, en faveur du concessionnaire, à aucune répétition ni recours contre la
Ville, à raison des dépenses et des versements de toute
espèce qu'il aura faits en exécution des articles 4 et 5
ci-dessus.

XVII

Si le concessionnaire abandonnait l'exécution de
son entreprise, ou suspendait pendant plus de six
mois les travaux commencés, il encourrait, sauf le cas
de force majeure, la déchéance.

Dans l'un et l'autre cas, le cautionnement versé, les
constructions commencées et les matériaux déposés sur
les lieux resteraient acquis à la Ville de Paris à titre de
dommages-intérêts.

XVIII

En cas de résiliation, comme dans le cas de l'expiration de la concession, les marchés et les objets mobiliers en dépendant seront remis en toute propriété à la
Ville de Paris en bon état. Il sera adressé contradictoirement procès-verbal de cette remise.

XIX

Après trente années au moins de jouissance par le
concessionnaire, la Ville de Paris pourra se substituer
à lui, à la condition de verser annuellement entre ses
mains, pour chacune des années de jouissance restant
à courir, une somme égale à la moyenne du bénéfice
net de l'exploitation des marchés pendant les trois
années qui précéderont immédiatement celle du rachat.

XX

La Ville de Paris se réserve la faculté, soit de créer

directement ou d'accorder l'autorisation de créer, sur les points de son enceinte et suivant le mode qu'elle jugera convenable, un ou plusieurs marchés couverts de la nature de ceux qui font l'objet du présent traité, soit de maintenir les marchés existants.

Toutefois la Ville supprimera, à partir de l'ouverture des marchés qui font l'objet du présent, les marchés permanents qui se tiennent actuellement sur la voie publique, dans un rayon moindre d'un kilomètre, à l'exception de celui qui se tient sur la chaussée de Ménilmontant dans le 79e quartier du 20e arrondissement, et s'interdit d'en établir de semblables dans l'étendue de ce même rayon.

Dans le cas où la Ville userait de la faculté réservée par le premier paragraphe du présent article, le concessionnaire ne pourrait réclamer d'elle aucune indemnité à raison du préjudice qui en résulterait pour lui.

XXI

Toutes les difficultés qui pourront s'élever entre l'Administration municipale et le concessionnaire, concernant le sens et l'exécution du présent traité, seront portées devant le Conseil de Préfecture, sauf recours au Conseil d'État.

XXII

Il est de stipulation expresse que, dans le cas où l'expropriation du terrain formant l'emplacement du marché du 76e quartier (19e arrondissement) ne serait pas autorisée, ce marché sera établi sur un autre emplacement du même quartier, sans que le concessionnaire puisse réclamer une indemnité à raison de cette circonstance.

Fait double entre les parties.

Paris, le 12 décembre 1865.

Approuvé l'écriture,
Signé : **P. FERRÈRE.**
Approuvé l'écriture,
Signé : **G.-E. HAUSSMANN.**

Enregistré à Paris (bureau des Actes administratifs), le 2 janvier 1866, f° 31 8°, c^es 1re et suivantes. Reçu quarante-deux mille sept cent quatre-vingt-deux francs quatre-vingts centimes, et six mille quatre cent dix-sept francs quarante-deux centimes pour décime et demi.

Signé : Roquet.

La reproduction textuelle de ces documents administratifs explique clairement le système suivi par nos Édiles en ce qui concerne l'établissement de *nouveaux marchés* dans la Ville de Paris.

Ce système est-il le meilleur au double point de vue des intérêts des administrés et des finances municipales ?

C'est une question que nous allons examiner.

Selon nous, il fallait avant tout étudier la question des marchés en adoptant un système d'ensemble. Il fallait établir ensuite un bon classement des différents groupes de la population de Paris, pour placer au milieu de chacun d'eux un de ces établissements de première nécessité ; enfin, soumettre ce travail d'ensemble à une enquête sérieuse, de manière à s'inspirer exactement des besoins de la population à cette fin de lui donner satisfaction aussi complète, aussi prompte que possible.

Ce travail d'ensemble terminé, on eût procédé à l'exécution de ces marchés en commençant par ceux dont l'urgence était constatée, et cela en opérant avec l'argent de la Ville.

Comment ! d'un côté voilà une Administration municipale qui dépense des millions par centaines à la création de voies publiques, parmi lesquelles il en est d'une grande utilité, mais dont les autres peuvent être considérées comme des primes à la spéculation, qui n'est pas même justifiée par la publicité, ni consacrée, par la concurrence, et d'un autre côté, cette même Administration qui dispose d'un budget énorme incessamment grossi par des emprunts successifs, ne trouve pas une trentaine de millions pour construire par elle-même des marchés, et donner ainsi le nécessaire à des arrondissements qui en manquent.

Avec l'argent de quatre ou cinq hôtels que la Ville vient de démolir dans la rue de la Chaussée-d'Antin, avec l'argent qu'elle vient de dépenser pour acquérir l'emplacement nécessaire à la reconstruction du Vaudeville, à gauche de cette même rue de la Chaussée-d'Antin, elle eût réuni, et au delà certainement, la somme nécessaire à construire tous les marchés d'arrondissements réclamés si justement par la population de Paris.

Bonté du ciel ! élever des théâtres avec l'argent de la Ville et faire construire des marchés avec l'argent des compagnies! — C'est le contraire qui eût été rationnel et juste.

Laissons pour **un** moment la question de dignité et de convenance.

Si la Ville de Paris perçoit un intérêt de location des salles de spectacle, les marchés construits par elle eussent rapporté même davantage et plus sûrement encore.

Les trois théâtres municipaux, *le Lyrique*, *le Châtelet* et *la Gaîté*, ont coûté à la Ville près de 9 millions, et nous ne parlons pas des dépenses exigées pour les abords de ces établissements.

Eh bien ! la Ville les a loués, par bail du 2 avril 1860, la somme de 450,000 fr.

Savoir : le Théâtre du Châtelet		210,000,00	»
Id. —	Lyrique	130,000,00	»
Id. —	de la Gaîté	110,000,00	»
	Somme égale	450,000,00	»

Dans quelle situation la liberté des théâtres a-t-elle placé les anciens directeurs locataires de la Ville de Paris ? Qui donc empêche de bâtir, à côté de ces salles de spectacle, des théâtres du même genre en dépensant moitié moins. Supposez une concurrence dérivant de cette liberté malencontreuse, il pourrait se faire que le prix de location pour ces nouveaux directeurs, fût de 40 et 50 pour cent au-dessous de la location imposée par la Ville. Est-ce donc là pour elle un revenu certain, un placement avantageux et bien assuré ? Tel qu'il est, ce revenu est moindre que celui qu'on eût tiré des marchés exécutés par l'Administration.

L'on va voir surgir un de ces jours sur la place du Château-d'Eau, dans l'axe du boulevard du Prince-Eugène, un quatrième théâtre municipal pour l'Orphéon. Cette fantaisie coûtera quelque chose comme cinq à six millions, terrains compris.

Cette dépense n'a rien qui la justifie ; en effet, l'Administration pouvait parfaitement s'entendre avec le directeur du Cirque Napoléon, qui se fût empressé de mettre son théâtre à la disposition des orphéonistes pendant le jour, et même à des intervalles assez rapprochés.

Lorsqu'on se donne la peine ou mieux lorsqu'on s'impose le devoir de parcourir chaque jour, nos arrondissements excentriques, auxquels tant de choses nécessaires, urgentes, manquent encore, on éprouve un serrement de cœur en pensant ensuite à ces créations fastueuses, en additionnant toutes ces dépenses inutiles qu'on devait laisser à ces sociétés financières, pour se réserver l'honneur des établissements qui intéressent la vie et le bien-être des administrés.

Louis Lazare.

LE REPOS DU DIMANCHE

(Extrait de la Correspondance de Napoléon Ier)

Sire, plusieurs évêques de l'Empire m'ont adressé des représentations sur la manière peu décente avec laquelle on chôme, dans certaines communes, les fêtes conservées par le Concordat.

Ils exposent que, dans ces communes, les boutiques demeurent ouvertes et les ouvrages serviles continuent pendant les jours de fête comme pendant les autres jours. Ils font observer que, dans le cours de la révolution, des lois impérieuses de police prohibaient tout travail lorsqu'on célébrait le décadi ou quelques fêtes civiques. Ils ajoutent que le peuple, qui n'est régi que par les choses sensibles, s'habitue à négliger les pratiques religieuses, et perd de vue la religion même, en voyant l'espèce d'autorisation accordée à tous ceux qui affectent l'indifférence et le mépris pour les fêtes que la religion consacre. Ils demandent en conséquence que la célébration de ces fêtes soit protégée par des règlements capables d'éviter tout scandale et tout abus.

L'article 57 de la loi du 18 germinal an X porte que le repos des fonctionnaires publics sera fixé aux dimanches et aux jours destinés à célébrer les fêtes conservées par le concordat. Ce article se tait sur la manière dont le dimanche et les fêtes chômées doivent être célébrés par la masse des fidèles ; mais il est évident que l'esprit de la loi a été de commander à tous les citoyens la décence qu'il convient de garder pendant les jours consacrés à la religion.

Le principe de la liberté des cultes ne pourrait être un obstacle à l'exécution du vœu que MM. les évêques manifestent, car, dans le culte catholique comme dans le culte protestant, on chôme également le dimanche, on chôme les mêmes fêtes.

Pourquoi la loi du **18** germinal an X a-t-elle diminué le nombre des fêtes ? Pour ne pas distraire trop souvent de leurs travaux les hommes qui ont besoin de travailler pour vivre, et pour ne pas suspendre trop fréquemment les travaux et les fonctions des personnes consacrées au service de la Société. Le législateur a donc supposé que les jours de dimanche et de fête doivent être des jours de recueillement et de repos pour tout le monde. S'il en était autrement, de quel motif raisonnable eût-il pu autoriser la réduction des fêtes ?

Il faut pourtant convenir que le principe général sur le repos ordonné dans les jours de dimanche et de fête reçoit des exceptions que l'état présent de nos sociétés ne permet pas de méconnaître.

Il est des circonstances où les travaux publics ne pourraient être suspendus sans quelque danger pour l'État. Il est certains travaux dans la campagne qui, dans le temps opportun, ne pourraient être différés sans que l'on s'exposât au risque de n'avoir point de récolte, ou de perdre celle que l'on est sur le point de recueillir. Ces exceptions ont toujours été reconnues sans aucune sorte d'inconvénients. Dans tous les temps, les travaux publics ont continué pendant les jours de dimanche et de fête, dans les arsenaux et dans les autres ateliers consacrés au service public, quand les administrations ont cru cette continuation nécessaire. Quant aux travaux de la campagne, non-seulement ils ont été permis, mais même ordonnés par la police quand le magistrat a pu croire que la plus courte suspension pouvait mettre la récolte en danger.

Dans tous les cas, le magistrat seul est arbitre de ce que l'on peut ou doit faire.

Nous ajouterons qu'il est des hommes qui ne pourraient cesser de travailler un seul jour sans compromettre leur subsistance et celle de leur famille. Il faut donc, ou que ces hommes soient nourris aux dépens du public, ou qu'ils ne soient jamais obligés de suspendre leurs travaux, même pendant les fêtes chômées.

Certainement, la religion ne saurait contredire les vues d'humanité ; dans l'ordre religieux, comme dans l'ordre naturel et civil, la nécessité est au-dessus de toutes les règles et les fait toutes cesser.

Mais il est des choses de décence extérieure que l'on peut observer sans se nuire. Un ouvrier qui croit avoir besoin de son travail peut travailler sans tenir boutique ouverte les jours de dimanche et de fête. L'ouverture des boutiques pendant ces jours semble n'être qu'une vaine parade, une affectation, une couleur que l'on se donne pour avoir l'air de se mettre au-dessus des idées communes, et de braver les idées et les pratiques religieuses. L'ordre public exige que chacun respecte la religion que les lois de l'État protégent.

Plusieurs préfets ont ordonné dans leurs départements :

1° Que les boutiques seraient fermées les dimanches et fêtes ;

2° Que les cabarets ne seraient point ouverts aux heures des offices pendant ces mêmes jours.

Les arrêtés de ces préfets ont produit le meilleur effet et n'ont excité aucune réclamation.

D'autres préfets me consultant, je leur ai indiqué l'exemple de leurs collègues, mais je n'ai pas cru devoir de mon chef, leur tracer une conduite constante et sûre, avant que de connaître les intentions de Votre Majesté.

Si Votre Majesté l'agrée, j'inviterai les préfets qui m'ont déjà consulté, ou qui pourront me consulter dans la suite, à ordonner tout ce qui est de décence extérieure, les jours de dimanche et de fête, sans exercer aucune recherche inquiétante contre les citoyens. La décence extérieure se borne à ne pas tenir les boutiques ostensiblement ouvertes, à ne pas vendre et à ne pas travailler les jours de fête, avec la même publicité que les jours ouvrables, et à fermer les cabarets aux heures des offices. Ces règles sont généralement suivies chez toutes les nations où la liberté des cultes est admise comme en France.   Portalis.

Paris, 21 janvier 1807.

Ostende, 5 mars 1807.

Il est contraire au droit divin d'empêcher l'homme, qui a des besoins le dimanche comme les autres jours de la semaine, de travailler le dimanche pour gagner son pain. Le gouvernement ne pourrait imposer une telle loi que s'il donnait du pain gratis à ceux qui n'en ont pas. D'ailleurs, le défaut du peuple en France n'est pas de trop travailler. La police et le gouvernement n'ont donc rien à faire là-dessus.

Les Saints Pères mêmes ne prescrivent le repos, le dimanche, qu'aux hommes qui ont assez d'aisance, ou qui sont dans le cas de mettre assez d'économie dans leur travail de la semaine pour pouvoir passer le dimanche sans travail. Cela est si vrai qu'il était dans l'usage de tous les pays chrétiens qu'avec la permission de l'évêque ou du curé on pouvait travailler le dimanche. Serait-ce à l'évêque, serait-ce aux magistrats qu'appartiendrait le droit de donner ces permissions ?

On a vu de nos jours la force publique employée à parcourir les villes et les campagnes pour contraindre à célébrer le décadi et à travailler le dimanche.

On doit bien se garder de se mettre dans la nécessité d'employer un jour les gendarmes à empêcher l'homme qui a besoin de son travail pour assurer sa subsistance de travailler le dimanche. Dans l'un et l'autre cas il y a, de la part de l'autorité, superstition soit politique, soit religieuse. Dieu a fait aux hommes une obligation du travail, puisqu'il n'a permis qu'aucun des fruits de la terre leur fût accordé sans travail. Il a voulu qu'ils travaillassent chaque jour, puisqu'il leur a donné des besoins qui renaissent tous les jours. Il faut distinguer dans ce qui est prescrit par le clergé, les lois véritablement religieuses et les obligations qui n'ont été imaginées que dans la vue d'étendre l'autorité des ministres du culte.

La loi religieuse veut que les catholiques aillent tous les dimanches à la messe, et le clergé, pour étendre son autorité, a voulu qu'aucun chrétien ne pût, sans sa permission, travailler le dimanche. Cette permission, il l'accordait ou la refusait à son gré, pour constater son pouvoir, et l'on sait que, dans beaucoup de pays on l'obtenait avec de l'argent. Encore une fois, ces pratiques étaient superstitieuses, et plus faites pour nuire à la véritable religion que pour la servir.

N'est-ce pas Bossuet qui disait : « Mangez un bœuf et soyez chrétien ? »

L'observance du maigre le vendredi et celle du repos le jour du dimanche, ne sont que des règles secondaires et très-insignifiantes. Ce qui touche essentiellement aux commandements de l'Église, c'est de ne pas nuire à l'ordre social, c'est de ne pas faire du mal à son prochain, c'est de ne pas abuser de sa liberté. Il ne faut pas raisonner, mais il faut se moquer des prêtres qui demandent de tels règlements. Je ne les oblige pas à donner malgré eux l'absolution ; je ne veux pas non plus qu'ils m'obligent à faire jeter dans le séjour du crime le paysan qui travaille, quelque jour de la semaine que ce soit, pour assurer sa subsistance et celle de sa famille.

Puisqu'on invoque l'autorité sur cette matière, il faut donc qu'elle soit compétente. Je suis l'autorité, et je donne à mes peuples, et pour toujours, la permission de ne point interrompre leur travail. Plus ils travailleront et moins il y aura de vices. Plus ils se procureront avec abondance la subsistance qui leur est nécessaire, plus ils satisferont aux besoins des organes et au vœu de la nature.

Si je devais me mêler de ces objets, je serais plutôt disposé à ordonner que le dimanche, passé l'heure des offices, les boutiques fussent ouvertes et les ouvriers rendus à leur travail. Quand on jette un coup d'œil sur les diverses classes qui composent la société, on sent à quel point le repos du dimanche est plus funeste qu'utile. On voit dans combien d'arts, dans combien de métiers cette interruption du travail a des effets fâcheux. La société ne compose pas un ordre contemplatif, quelques législateurs ont voulu en faire un couvent de moines, et lui appliquer des règles qui ne conviennent que dans le cloître. Puisque le peuple mange tous les jours, il doit lui être permis de travailler tous les jours.

Il faut que M. Portalis prenne garde que, cette concession une fois accordée, on ne manquera pas d'en exiger d'autres. Ayant une fois faites intervenir le gouvernement dans des choses qui sont hors de son ressort, on nous ramènera au temps désastreux des billets de confession, et à ces misérables époques où le curé croyait avoir le droit de gourmander un citoyen qui n'allait pas à la messe.

La force des ministres du culte réside dans les exhortations de la chaire, dans la confession. Les sbires et les prisons ne doivent jamais être des moyens de ramener aux pratiques de la religion.

Napoléon.

Correspondance de Napoléon Ier. Vol. XIV. P. 468.

LA RUE DU LOUVRE

(Voir le plan dans cette livraison.)

En plusieurs circonstances, nous avons parlé du projet de continuation de la rue du Louvre, dont le tracé limiterait à l'ouest le grand périmètre des Halles centrales.

Si nous insistons encore aujourd'hui sur cette création qui, vraisemblablement doit se réaliser bientôt, c'est que l'étude et l'expérience nous ont démontré d'une manière plus évidente encore l'incontestable utilité de cette voie.

Puis quelques changements ont eu lieu dans le numérotage et la dénomination de plusieurs des voies intéressées à l'exécution de ce percement.

Enfin, il nous a paru convenable d'expliquer à certains propriétaires auxquels le tracé n'enlève qu'une partie de leurs immeubles , l'action qu'ils peuvent exercer conformément aux droits que la loi leur confère.

Pour rendre notre travail plus facile à consulter, nous l'avons divisé en trois parties, savoir : 1° *Description du tracé de la rue du Louvre. — 2° Documents historiques. — 3° Appréciations administratives.*

1° Description du Tracé

La rue du Louvre n'est que la continuation sur la rive droite de la voie connue sous le nom de rue de Rennes, laquelle, partant de l'embarcadère de l'Ouest (rive gauche), s'arrête aujourd'hui, au carrefour des rues de Vaugirard, Notre-Dame-des-Champs et du Regard, et doit se prolonger dans un avenir prochain, jusqu'au quai de Conti, entre le palais de l'Institut et l'hôtel des Monnaies.

Du quai de Conti, la voie doit se poursuivre, au moyen d'un pont jeté sur la Seine, jusqu'à la place du Louvre, pour se continuer de là jusqu'à la rencontre de la rue Montmartre avec la rue du Mail.

Probablement cette voie qui ne saurait se briser à la rue Montmartre, où la circulation viendrait s'engouffrer comme dans un entonnoir, s'étendra jusqu'au boulevard Poissonnière, pour se diriger ensuite sur la **rue de La Fayette**, en face du square Montholon.

En se complétant ainsi, les rues de Rennes et du Louvre ne formeront qu'une seule et même grande voie perpendiculaire à la Seine, traversant Paris de part en part, pour mettre en communication les gares de Strasbourg, du Nord et de l'Ouest.

Pour aujourd'hui, nous n'avons à nous occuper du tracé de la rue du Louvre, que depuis la rue Saint-Honoré jusqu'à la rencontre des rues du Mail et Montmartre.

Toutefois, rappelons pour mémoire que la moindre largeur de la place du Louvre, a été fixée à 45 mètres à partir de la grille de la colonnade.

La rue du Louvre ne doit donc réellement commencer qu'à l'ancienne rue des Poulies, transformée en une voie de 20 mètres de largeur par décret impérial du 3 mai 1854.

Pour se continuer, la rue du Louvre absorbera en totalité ou en parties plusieurs immeubles de la rue *Saint-Honoré*.

Puis, le tracé supprime la rue *d'Orléans*, dont le sol doit participer à la formation d'un îlot quadrangulaire de maisons ayant pour limites la rue du Louvre prolongée à l'ouest, la rue Sauval à l'est, la rue Saint-Honoré au midi et la rue Berger au nord.

Le tracé traversant la *rue Berger*, lui enlève quinze maisons.

Les rues *Babille*, *Mercier* et *Sartine sont supprimées* pour le dégagement complet de la Halle au Blé.

La rue du Louvre débouche alors dans la *rue de Grenelle-Saint-Honoré* pour ressortir dans la *rue Coquillière*, puis coupant en mouchoir l'hôtel des Postes, le tracé pénètre dans la *rue du Coq-Héron*.

Après avoir traversé la rue du Coq-Héron, la rue du Louvre entame la *rue Pagevin*, et supprime la petite *rue Soly*, l'une des plus étroites de l'ancien Paris.

Le tracé aborde ensuite la *rue des Vieux-Augustins* et ressort par l'ancienne *rue des Fossés-Montmartre*, aujourd'hui *d'Aboukir*, pour aboutir enfin à la *rue Montmartre*, à l'angle de la *rue du Mail*.

Tel est le tracé adopté par le décret impérial du 3 mai 1854, tracé que notre plan reproduit exactement en nous évitant une plus longue description.

Toutefois, répétons-le, il est impossible que la rue du Louvre puisse s'arrêter définitivement à la rue Montmartre, dont la largeur n'est que trop insuffisante déjà pour desservir une circulation surabondante d'activité. Il y aurait certainement à craindre un encombrement dangereux si la rue du Louvre, dans laquelle se déversera toute la circulation de la rue de Rennes, venait pour ainsi dire se briser contre cette rue Montmartre qui n'a pas même une largeur uniforme de 15 mètres.

En se prolongeant jusqu'au boulevard Poissonnière, la rue du Louvre couperait en diagonale le *quartier des Jeûneurs*, qui présente tant d'intérêt par l'importance de ses relations commerciales.

On sait que ce quartier, sillonné de rues étroites, étouffe faute d'air et d'espace.

Le prolongement de la rue du Louvre serait pour lui un précieux ventilateur. Il le couperait de la façon la plus heureuse, en lui procurant, en outre, cet avantage inestimable d'amener tout de suite la création de nombreux magasins mieux en rapport avec les exigences nouvelles du haut commerce.

Insistons sur la nécessité d'une prompte exécution de la rue du Louvre.

Tout le quartier à l'ouest des Halles centrales, ne possède que des voies anciennes et toutes trop étroites.

Le voisinage de notre grand marché régulateur réclame de vastes magasins pour abriter nos denrées de première nécessité. Aussi, l'on verrait se construire avec la plus grande rapidité toute la section de la rue du Louvre, entre la rue Saint-Honoré et celle Coquillière.

Quant à la seconde section, entre la rue Coquillière et la rue du Mail, elle doit refléter une autre physionomie. Elle participera évidemment et tout à la fois de la prospérité des rues des Fossés-Montmartre, Neuve-Saint-Eustache (aujourd'hui d'Alboukir) et de la place des Victoires, dans lesquelles les articles de soieries, de lainage et de châles, se sont fixés successivement depuis un siècle. Traduisons ici les observations qui nous sont faites par les principaux commerçants de ce quartier.

« — Nos magasins, disent-ils, ne répondent plus au
» développement des affaires, à l'accumulation forcée
» des marchandises. Une compagnie intelligente qui

» s'occuperait de l'exécution de la rue du Louvre, en
» se chargeant des reconstructions, ferait une excellente
» opération. Une fois la trouée faite, elle s'entendrait
» avec chacun de nous, pour arrêter de nouvelles dis-
» positions à l'effet de donner la satisfaction la plus
» prompte et la plus complète aux besoins qui s'accu-
» sent depuis bien des années.

» On pourrait adopter un système qui séparât les
» magasins des habitations, en établissant les pre-
» miers en avant-corps, et les maisons derrière, sur
» une seule et même ligne avec une entrée sur la voie
» publique, mais entrée tout à fait indépendante des
» magasins.

» Sans aucun doute, l'adoption d'un pareil système
» entraînerait la compagnie concessionnaire dans une
» dépense plus considérable, par la raison qu'il fau-
» drait donner plus de largeur à la voie, mais d'un
» autre côté, les locations deviendraient bien plus
» avantageuses, en ce qu'on éviterait les inconvénients
» de toute nature, qui résultent de la confusion exis-
» tant toujours entre les magasins et les appartements
» établis dans une même propriété et souvent à tous
» les étages.

» Par le fait de cette confusion, que de petits es-
» paces inutiles, que de terrains perdus, qui servi-
» raient et rapporteraient de bons revenus, si cette
» séparation rationnelle était mise en pratique dans les
» voies commerçantes.

» Puis le système de construction pour les maga-
» sins serait différent du mode suivi pour les apparte-

» ments, et si l'application de cette utile mesure deve-
» nait générale dans une voie quelconque, une heureuse
» économie en serait infailliblement la conséquence. »

Il y a là véritablement une idée pratique, dont la fécondation est prochaine.

Comme nous l'avons dit : à la rencontre des rues du Mail et Montmartre, s'arrête le tracé officiel de la rue du Louvre ; mais l'expérience, fruit de longues études, nous démontre la nécesité de poursuivre cette voie d'abord jusqu'au boulevard Poissonnière.

Ce prolongement serait acclamé par tout le commerce des rues du Sentier, des Jeûneurs, du Croissant et autres. Ces ruelles constituent un quartier tellement resserré, toujours si encombré, que la circulation en est fréquemment interrompue. De nombreux camions chargés de marchandises forment des barrages, que les piétons ne peuvent franchir qu'en courant le risque d'être écrasés.

Lorsque ces trois sections de la rue du Louvre auront reçu leur exécution, l'autorité Municipale sentira la nécessité de leur donner un complément indispensable, en continuant cette grande artère jusqu'à la rue de La Fayette, en face du square Montholon.

Cette quatrième section, serait précieuse au point de vue de la circulation générale dans Paris, en ce qu'elle ferait de la rue du Louvre, se soudant à la rue de Rennes, la plus belle et la plus importante des grandes voies perpendiculaires à la Seine, après le boulevard de Sébastopol.

Ainsi, la rue de Rennes desservirait l'embarcadère de

l'Ouest (rive gauche) comme le boulevard Saint-Marcel doit se rattacher à la gare d'Orléans, tandis que le boulevard Arago viendrait se mettre en communication avec le chemin de Sceaux.

La rue du Louvre plongeant jusqu'à la rue de La Fayette, se relierait aux gares de Strasbourg, du Nord et du Havre.

Ainsi par cette grande perpendiculaire à la Seine, le rayonnement des chemins de fer se compléterait au profit de tous les arrondissements de Paris.

Inutile d'insister davantage. Disons seulement en terminant : si l'Administration municipale, sagement inspirée, avait classé les différentes voies projetées par ordre d'utilité publique, certes la rue du Louvre eût reçu depuis bien des années son exécution de préférence à certains boulevards et avenues réalisés à l'ouest de Paris, et qui n'ont profité qu'aux spéculateurs qui les ont obtenus sans que la concurrence vînt légitimer ces concessions octroyées par la faveur, au préjudice des finances municipales.

2ᵉ Partie Historique

La place du Louvre

Paris a déjà subi et va subir encore de si nombreuses métamorphoses qu'il deviendra bien difficile d'esquisser son ancienne physionomie. Chaque jour une nouvelle couche efface le Paris du moyen âge; heureux encore lorsqu'il reste un nom à l'aide duquel on évoque des souvenirs.

Sur un plan manuscrit provenant des archives de Saint-Germain-l'Auxerrois et remontant à l'année 1540 ou 1542, est décrit un emplacement ayant la forme d'un carré long, limité à l'ouest par le *Château du Louvre* et la *rue de l'Autruche* (Autriche) ; à l'est, par le *cloître Saint-Germain-l'Auxerrois* et la *rue des Poulies* ; au midi par le *quai*, et au nord par la *grand' rue Saint-Honoré.*

En face du cloître Saint-Germain-l'Auxerrois, on remarque l'hôtel du Petit-Bourbon.

Ce domaine avait été bâti peu de temps après que Philippe-Auguste eût fait augmenter le Louvre.

Cet hôtel fut réparé sous les règnes de Charles V et Charles VI. Le connétable de Bourbon ayant été déclaré criminel de lèse majesté, une partie de son hôtel fut démolie en 1527, et l'on sema du sel sur cet emplacement devenu désert. La couverture et les moulures de la porte principale furent barbouillées de ce jaune infamant, dont le bourreau brossait la demeure des criminels. On voyait encore, du temps de Sauval, des armoiries brisées et à demi-effacées, une tour en partie rasée se trouvait isolée près de la rivière. Parmi les bâtiments conservés, on remarquait une galerie d'une vaste étendue. En 1614 et 1615, on y tint l'assemblée des États ; plus tard elle servit de théâtre, et la cour y donnait des fêtes. Plusieurs fois, Louis XIV, dans sa jeunesse, vint danser publiquement dans cette salle, qui fut accordée en 1658 à la troupe de Molière. Onze années après, le roi ordonna la démolition de l'hôtel du Petit-Bourbon, dont la plus grande partie, comme nous l'avons dit précédemment, servit à là construction de la colonnade du Louvre.

La *rue d'Osteriche* plus tard dénommé rue d'Autriche, séparait le Louvre du cloître Saint-Germain-l'Auxerrois. Cette rue aboutissait à la rivière.

Le Cloître Saint-Germain-l'Auxerrois.

Dans le cloître Saint-Germain-l'Auxerrois existait une des plus anciennes écoles de Paris : un quai situé dans le voisinage en a conservé le nom. Un arrêt du conseil du 1er juillet 1783, ordonna la démolition de onze maisons faisant partie du cloître Saint-Germain-l'Auxerrois, dont le terrain devait entrer dans la *formation d'une Place ordonnée être construite devant la colonnade du Louvre.*

Ces maisons occupaient l'emplacement d'un vaste hôtel connu sous le nom de *maison du Doyenné.*

L'hôtel du Doyenné faisait le coin d'un passage qui conduisait du cloître Saint-Germain-l'Auxerrois à la place du Louvre. Cette propriété appartenait à Gabrielle d'Estrées, duchesse de Beaufort et maîtresse du roi Henri IV.

Le souvenir de la belle Gabrielle est resté presque aussi populaire que la physionomie du Béarnais. Voici plusieurs lettres de Henri IV à la duchesse de Beaufort.

« Mes belles amours,

» Deux heures après l'arrivée de ce porteur, vous

» verrez un cavalier qui vous ayme fort, que l'on

» appelle roy de France et de Navarre, tiltre certaine-
» ment honorable, mais bien pénible; celuy de vostre
» sujet est bien plus délicieux; tous trois ensemble
» sont bons en quelque saulce qu'on les puisse mettre,
» et n'ay résolu de les céder à personne. J'ay veu par
» vostre lettre la haste qu'avez d'aller à Saint-Germain.
» Je suis fort ayse qu'aimiez bien ma sœur, c'est un
» des plus assurez tesmoignages que vous me pouvez
» rendre de votre bonne grâce, que je chéris plus que
» ma vie, encore que je l'ayme bien. Bonjour, mon
» tout, je baise vos beaux yeux un million de fois. —
» Ce 12 septembre de nos délicieux déserts de Fon-
» tainebleau.

       » Mon bel ange,

   » Si à touttes heures mestoit permis de vous impor-
» tuner de la mémoire de vostre sujet, je croy que la
» fin de chaque lettre seroit le commencement d'une
» autre. Ainssy incessamment je vous entretiendrois,
» puisque l'absence me prive de le faire autrement.
   » Mais les affaires pour mieux dire les importunitez,
» sont en plus grand nombre qu'elles n'estoient à
» Chartres. Ils m'arrêtent encore demain que je de-
» vois partir. Dieu sçait les bénédictions que ma sœur
» leur bâille. Souvray nous faict aujourd'huy festin où
» seront toutes les dames. Je ne suis vestu que du
» noir, aussi suis je veuf de ce qui me peut porter de
» la joye et du contentement. Il ne se vit oncques une
» fidélité si pure que la mienne, glorifiez-vous en
» puisque c'est pour vous..... Croyez-me la chère

VIII.   10

» souveraine, et recevez ces baise mains d'aussy bon
» cœur que je vous les fis hier — ce 4 février.

Lettre de Gabrielle au Roy

» Je meurs de peur, assurez-moy, je vous supplie
» en me disant comme se porte le plus brave du monde.
» Je crains que son mal soit grand, puis qu'autre
» cause ne me devroit priver de sa présence. Dy m'en
» des nouvelles, mon cavallier, puis que tu sçais com-
» bien le moindre de tes maux m'est mortel ? Combien
» que par deux fois j'aye sçu de vostre estat, aujour-
» d'huy, je ne sçaurois dormir sans vous envoyer mille
» bons soirs, car je ne suis pas douée d'une ladre cons-
» tance, je suis la princesse constante et sensible pour
» tout ce qui vous touche et insensible pour tout ce
» qui est au monde soit bien ou mal. »

Responce du Roy

« Mon cœur,

» J'ay receu ce matin à mon réveil de vos nouvelles,
» cela me rend cette journée plus heureuse, je n'en
» ay eu du costé de Saint-Paul, depuis vous avoir
» laissée. Je ne manqueray ponct de me recommander
» deux fois le jour aux bonnes grâces de mes chères
» amours pour l'amour de qui je me conserve plus que
» je n'ay jamais faict; vous verrez demain César, de
» quoy je vous porte bien envie. Aymez tous jours
» vostre cher sujet, qui jus qu'au tombeau n'adorera
» que vous. Sur cette vérité je finis vous baisant aussy

» tendrement que hier au matin un million de fois. —
» De Péronne, ce XXVI may. »

Dans son hôtel du Doyenné, mourut Gabrielle d'Estrées. La duchesse de Beaufort avait passé une partie du carême à Fontainebleau. La politique et la bienséance forcèrent Henri IV à éloigner sa maîtresse pendant la semaine sainte. Le roi l'avait priée de retourner à Paris, et il la reconduisit lui-même jusqu'à Melun. « Ces deux amants, dit Sully, sembloient avoir un » pressentiment qu'ils ne se reverroient plus ; ils s'ac-» cabloient de caresses, les larmes aux yeux, et se » parloient comme si c'eût été pour la dernière fois.

» La duchesse recommandoit au roi ses enfants » et ses domestiques. Ce prince l'écoutoit et s'atten-» drissoit sans pouvoir la rassurer. Ils prenoient congé » l'un de l'autre, et aussitôt ils se rappeloient, s'em-» brassoient et ne pouvoient se quitter. »

Gabrielle vint loger chez Zamet ; c'était un Italien qui s'intéressait dans toutes sortes d'opérations. Il s'était qualifié dans le contrat de mariage de sa fille : *Seigneur Suzerain de dix-sept cent mille écus.* Son caractère enjoué, plaisant et spirituel l'avait rendu agréable à Henri IV. La duchesse fut accueillie par son hôte avec toutes sortes d'égards et de prévenances.

Se promenant dans le jardin de ce financier, après avoir mangé un citron, Gabrielle se sentit tout à coup des douleurs si aiguës dans l'estomac, une chaleur si brûlante dans le gosier, qu'elle s'écria : Qu'on m'ôte de cette maison, je suis empoisonnée. On la transporta dans son *hôtel du Doyenné.* Son mal empira, elle éprouva des crises, des convulsions si violentes qu'elles altérèrent affreusement les traits de son visage devenu tout à fait méconnaissable. Elle expira la veille de Pâques 1599 vers les sept heures du matin, et soudain reparut pour quelques heures encore son éclatante beauté. On ouvrit son corps et l'on trouva son enfant mort. Henri IV fit prendre le deuil à toute la cour, le porta la première semaine en violet et la seconde en noir.

Zamet fut accusé de la mort de Gabrielle ; il était sujet du duc de Florence, et l'on avait déjà parlé du mariage de Henri IV avec Marie de Médicis.

« On empoisonna cette favorite, dit un écrivain con-
» temporain, parce que le roy étoit déterminé à l'épou-
» ser, et vu les troubles qui en seroient advenus, ce
» fut un service qu'on rendit à ce prince et à l'état. »

« Cela peut être, observe Saint-Foix, mais on con-
» viendra que de pareilles services sont plus infâmes
» que ceux du bourreau. La plupart des historiens,
» ajoute le même écrivain, n'attribuent cette mort si
» frappante qu'aux effets d'une grossesse malheureuse. »

Rue des Poulies (*aujourd'hui du Louvre*)

Il est parlé de cette rue dans une charte de 1265, au sujet d'un droit à percevoir. Les poulies constituaient un appareil à travailler les draps, et servaient à une opération dans le genre de celle qu'on appelle aujourd'hui le *ramage*. Un décret du 3 mai 1854 avait fixé la largeur de la rue des Poulies à 20 mètres.

Les maisons de **1** à **17** ont été expropriées, puis

démolies l'année suivante. L'ancienne rue des Poulies a reçu le nom de rue du Louvre, dont elle est le premier tronçon dans une longueur de 75 mètres.

Rue Saint-Honoré

La rue Saint-Honoré se composait anciennement de trois tronçons distincts. Le premier partait de la rue de la Ferronnerie, et aboutissait à la première porte Saint-Honoré située à quelques mètres de la rue de l'Oratoire, le second était compris entre cette première porte Saint-Honoré, bâtie par Philippe-Auguste et située près de la rue Saint-Nicaise. Le troisième tronçon se développait en ligne directe, et finissait un peu avant la rue Royale. Primitivement ces trois parties n'avaient formé qu'une seule et même voie desservant le Roule, Neuilly et Clichy.

La rue Saint-Honoré doit son nom à la collégiale qui fut fondée en 1204. Les maisons n⁰ˢ 14 et 16 du cloître Saint-Honoré ont été bâties sur l'emplacement de l'église de cette collégiale. Le premier tronçon situé en dehors de l'enceinte de Philippe-Auguste est celui qui a porté le nom de *rue* ou *Chaussée Saint-Honoré* (1241-1304).

Quant à la section enfermée dans l'enceinte de Paris, avant la construction du mur de clôture élevé sous Charles V, elle constituait deux voies, l'une, la plus rapprochée du *Grand Pont*, s'appelait *rue du Château Fétu*, l'autre *rue de la Croix du Trahoir*.

Au sujet de la situation du Château Fétu, le poëte

Guillot dans *son Dit des Rues de Paris en 1330* s'exprime ainsi :

> ..... Que fes-tu ?
> Droitement de Chasteau Festu
> M'en ving en la rue des Prouvoires (Prouvaires).

Un *Jehan Popin de Chasteau Fétu* était Prévôt des Marchands de la Ville de Paris en 1289.

Anciennement on appelait *Château Fétu* un domaine de peu d'importance, couvert de paille ou de chaume.

Quant à la croix du Trahoir, laquelle avait donné son nom à la deuxième section de la rue Saint-Honoré, section enfermée dans l'enceinte de Philippe-Auguste, elle s'élevait anciennement au milieu de la rue de l'Arbre-Sec. François Myron, Prévôt des Marchands sous Henri IV, la fit transporter à l'endroit où nous voyons aujourd'hui une fontaine, c'est-à-dire à l'angle gauche de la rue Saint-Honoré en arrivant par le quai. *Trahoir* dérive du verbe latin *trahere*, tirer. En effet, anciennement au pied de cette croix étaient mis à mort les condamnés de la juridiction de Saint-Germain-l'Auxerrois.

La rue Saint-Honoré possède un vieux droit de bourgeoisie qui remonte aux premiers agrandissements de la Ville.

Lorsque la population parisienne, étouffant dans la Cité, envahit la rive droite du fleuve ; la rue Saint-Honoré, grâce à son voisinage des Halles, devint bientôt la grande artère qui répandit la richesse et la fertilité dans tous les quartiers de Paris.

Les drapiers, les fourreurs, les merciers, les bonnetiers et les orfèvres avaient leurs bureaux ou syndicats dans la rue Saint-Honoré ou dans le voisinage de la grande voie par excellence.

La rue Saint-Honoré, dans ses sinueuses profondeurs, a vu se dérouler des drames sanglants. Ce fut au coin de cette rue et celle dite aujourd'hui de l'Oratoire, que Paul Stuart de Caussade, comte de Saint-Mégrin sortant du Louvre vers onze heures du soir, fut attaqué le lundi 21 juillet 1578 par une bande d'assassins ; il tomba percé de trente-trois coups, dont il mourut le lendemain. Henri III le fit enterrer à côté de Quélus et de Maugiron, dans l'église Saint-Paul, qui reçut le nom de *Sérail des Mignons*.

« De ce meurtre, dit l'Étoile, n'en fut faite aucune
» poursuite, Sa Majesté étant bien avertie que le duc
» de Guise l'avait fait faire, parce que le bruit couroit
» que ce mignon était l'amant de sa femme, et que
» celui qui avoit fait le coup avoit la barbe et la conte-
» nance du duc de Mayenne. Saint-Mégrin détestoit la
» maison de Guise ; un jour, dans la chambre du roy
» devant plusieurs seigneurs, il tira son épée et bra-
» vant de paroles, il en trancha son gant par le mitan,
» disant qu'ainsi il tailleroit les petits princes lorrains. »

Une pareille imprudence était seule capable de le perdre.

Dans le commencement de la guerre civile de la Fronde, la rue Saint-Honoré fut le théâtre d'une émeute.

Deux conseillers au parlement s'étaient fait remarquer par leur courage à défendre les lois en résistant aux empiétements du cardinal Mazarin : l'un était René Potier de Blancménil; l'autre, Pierre Broussel, qu'on nomma le père du peuple. Irritée de l'opposition de ces magistrats, dont l'influence entraînait la majorité de leur compagnie, Anne d'Autriche, par les conseils de son ministre, eut l'imprudence de les faire arrêter, le 26 août 1648.

Dès que le peuple connut l'emprisonnement des deux conseillers, des attroupements se formèrent.

La sévérité dont on usa pour les dissiper, le sang qui fut versé, augmentèrent à tel point l'animosité, qu'on vit alors presque tous les habitants de Paris s'armer pour en tirer vengeance.

Dans toutes les rues, des chaînes sont tendues, plus de deux cents barricades, ornées de drapeaux, sont fortifiées au cri de *Vive le Roi!* point de *Mazarin!* Le parlement vint en corps au Palais-Royal, demander la liberté des prisonniers. Le premier président, Mathieu Molé, porta la parole. Il représenta tout de suite à la régente que cette concession était le seul moyen de calmer le mécontentement général, en éteignant à l'instant le feu de la rébellion. Anne d'Autriche refusa avec beaucoup d'aigreur, en disant : « que les membres du parlement étaient les vrais auteurs de la sédition par leur désobéissance aux ordres de la cour. »

Une seconde tentative de la part du premier président n'eut pas un meilleur résultat.

Les membres du parlement, ainsi congédiés, s'en retournent à pied à leur palais. Ils parviennent sans peine jusqu'à la troisième barricade qui se trouvait dans la rue Saint-Honoré, près la Croix du Trahoir ; là, cette compagnie est arrêtée. Un marchand de fer, nommé Raguenet, capitaine de ce quartier, saisit le premier président par le bras et appuyant un pistolet sur le visage de Mathieu Molé :

« Tourne, traître, lui dit-il, si tu ne veux être » massacré toi et les tiens : ramène-nous Broussel ou » le Mazarin et le chancelier en ôtages. »

Molé sans se déconcerter, écarte le pistolet, et, conservant toute la dignité de la magistrature, rallie les membres effrayés de sa compagnie, et retourne au Palais-Royal, à petits pas, au milieu des injures et des blasphèmes de ce peuple en courroux. Pour la troisième fois, il expose à la régente l'irritation des esprits et la résistance que sa compagnie vient d'éprouver dans la rue de l'Arbre-Sec. La reine fait encore des difficultés. Le parlement, pour délibérer sur ce nouveau refus, tient séance dans la galerie du Palais-Royal. Le duc d'Orléans, le cardinal Mazarin assistèrent à cette conférence. Il fut décidé que les conseillers arrêtés seraient rendus à la liberté. La régente enfin y consentit. L'ordre en est expédié sur-le-champ. Cette décision fut aussitôt signifiée au peuple ; mais les Parisiens, peu confiants en la sincérité de la cour, déclarèrent qu'ils resteraient armés jusqu'à ce qu'ils vissent Broussel en liberté. Ce conseiller parut le lendemain matin ; alors des salves d'artillerie se firent entendre, la joie publique se manifesta par de bruyantes acclamations. Le peuple porta ce magistrat en triomphe jusqu'à sa mai-

son. Ainsi se termina la fameuse journée du 27 août
1648, connue dans l'histoire sous le nom de *Journée
des Barricades*.

Rue d'Orléans

Cette voie publique, construite en partie vers la
fin du treizième siècle, portait le nom de *rue de Nesle*,
parce qu'elle longeait l'hôtel que Jean II, seigneur de
Nesle, avait fait construire près de la chapelle Sainte-
Agnès. qui remplaça l'église Saint-Eustache. En 1328,
une voie publique se nommait rue de Bohême ; l'hôtel
de Nesle appartenait alors à Jean de Luxembourg, roi
de Bohême, qui resta fidèle à la France, et mourut
pour elle à la bataille de Crécy.

A la mort du roi de Bohême et de son fils Charles,
la propriété de l'hôtel de Bohême fut réunie à la couronne, et donnée plus tard par Charles VI à Louis
de France, duc d'Orléans ; alors l'ancienne rue de
Bohême prit le nom de rue d'Orléans. Dans plusieurs
titres du XVIe siècle, elle est désignée sous la dénomination de *rue des Filles Pénitentes*, parce que ces
religieuses occupaient l'hôtel d'Orléans.

Jusqu'en 1572 la rue d'Orléans commençait à la rue
Saint-Honoré, et se terminait à la rue Coquillière.

A cette époque, la reine Catherine de Médicis ayant
acheté le couvent des Filles Pénitentes, fit de nombreuses acquisitions pour agrandir cet emplacement,
sur lequel un palais allait s'élever.

En 1577, elle supprima presque en entier la partie de

la rue d'Orléans comprise entre les rues des Deux-Écus et Coquillière, et ne laissa subsister du côté de cette dernière qu'une impasse, laquelle en 1763 est devenue la rue Oblin. — En vertu du décret du 3 mai 1854, la rue d'Orléans doit être supprimée.

Rue Berger

Un décret Impérial du 2 mars 1864, porte, article 9 : « La partie de la rue Aubry-le-Boucher comprise entre le boulevard de Sébastopol et la rue Saint-Denis, la rue Aux Fers et la partie de la rue des Deux-Écus jusqu'à la rue du Louvre prolongée, ne formeront qu'une seule et même voie, qui prendra le nom de rue Berger. »

Berger (Jean-Jacques), homme politique et administrateur, deux courants contraires, est né à Thiers (Puy-de-Dôme), le 21 juin 1790. Élève du lycée Napoléon, il étudia le droit, fut reçu avocat et acheta une charge d'avoué à Paris. Après la révolution de 1830 à laquelle il prit part, il devint Maire du 2me arrondissement. En 1833, il vendit son étude pour s'occuper de politique. Élu en 1837 par le collége de Thiers, il siégea parmi les membres de l'opposition dynastique; aussi dès le mois de décembre 1840, il fut destitué de ses fonctions municipales par le ministre Duchâtel.

L'année suivante, la chambre des Députés le choisissait pour l'un de ses Secrétaires.

Après avoir obtenu en 1846, une double réélection à Paris et dans le Puy-de-Dôme, M. Berger fut réintégré en 1847 dans ses fonctions de Maire. Bientôt on le vit se mêler au mouvement réformiste ; il assista au banquet du Château-Rouge et signa le 21 février 1848, l'acte d'accusation dirigé contre les ministres du roi Louis-Philippe.

Maintenu à son poste par le gouvernement provisoire, « le Maire des barricades, » comme il se désignait lui-même, se présenta aux suffrages des électeurs de la Seine, et fut nommé le huitième sur trente-quatre représentants à l'assemblée constituante. Dans la séance d'ouverture, le 4 mai, ce fut lui qui, au nom de la députation de Paris, détermina la proclamation de la République.

Nommé Préfet de la Seine après l'élection du 10 décembre, M. Berger sut se maintenir, sous les divers cabinets qui se succédèrent.

Appelé au sénat le 23 juin 1853, M. Berger eut pour successeur à la Préfecture de la Seine, M. Haussmann — M. Berger est mort à Paris le 8 septembre 1859.

Voici maintenant quelques renseignements administratifs sur l'origine des rues confondues en totalité ou en partie dans la rue Berger.

Rue Aubry-le-Boucher.

Dans un acte passé en 1273, entre Philippe-le-Hardi et le Chapitre de Saint-Merry, elle est appelée *vicus alberici carnificis* — 4 juin 1679 — arrêt du conseil. Sa Majesté ordonne « que la rue Aubry-le-Boucher sera » incessamment eslargie. » En vertu d'une ordonnance royale du 19 juillet 1840, la largeur de la rue Aubry-le-Boucher avait été fixée à 12 mètres. Mais conformément au décret impérial du 29 septembre 1854, cette largeur a été définitivement fixée à **16** mètres, et plusieurs maisons de cette rue ont été expropriées et démolies pour l'ouverture du boulevard de Sébastopol.

Rue Aux Fers

Cette rue comptait déjà quelques habitations en 1250. Plusieurs opinions ont été avancées sur son étymologie. Jaillot prétend que son véritable nom est celui de *rue au Fèvre*, qu'on écrivait *rue au Feure;* la consonne *v* ne se distinguait point alors de la voyelle *u;* dans ce sens, le mot *fèvre* signifiait un artisan, un fabricant, en latin *faber*. Un autre savant, Saint-Victor, a pensé que le mot *feurre* signifiait *paille*. Nous croyons devoir adopter cette seconde opinion; en voici le motif : lorsque Philippe-Auguste eut terminé la construction des halles sur le territoire de Champeaux, ces nouveaux marchés centralisèrent de ce côté tout le commerce parisien. D'anciennes rues ou plutôt d'anciens chemins où l'on ne voyait çà et là que de chétives habitations où se cachaient des Juifs, se peuplèrent tout à coup. De nouvelles rues furent bâties, et chacune d'elles, habitée par un corps, par une seule espèce de marchands, prit le nom de la marchandise qu'on y débitait; de là, les dénominations de la Chanverrerie, de la Cordonnerie, de la Poterie, de la Fromagerie, de la Tonnellerie, etc..... Nous croyons que la rue qui nous occupe, bâtie à peu près à la même époque que les précédentes, tira comme elles sa dénomination du genre de commerce qu'on y exploitait. On l'appela donc *rue au Feure* ou *Feurre*, parce qu'on y vendait alors du foin, de l'avoine et de la paille.

Une décision ministérielle du 5 mai 1812, signée Montalivet, fixa la largeur de cette voie publique à 12 mètres.

Un décret du gouvernement provisoire de la République, du 5 mai 1848, signé Ledru-Rollin, ministre de l'intérieur, porta cette largeur à 13 mètres.

Conformément à un autre décret du Président de la République, L. N. Bonaparte, du 10 mars 1852, concernant le périmètre des Halles centrales, les maisons de 20 à 50 ont été expropriées et démolies en 1853. Celles qui restent aujourd'hui sont alignées, sauf redressement.

Rue des Deux-Écus

Vers l'année 1300, le poëte Guillot l'appelle *rue des Escus*. Au XVe siècle, elle portait le nom de *Traversaine* ou *Traversine*, et de la rue des Étuves à celle d'Orléans, celui de la *Hache* ou des *Deux-Haches*. Quant à la partie qui s'étend de la rue d'Orléans à celle de Grenelle, elle a été ouverte en 1577 sur l'emplacement du *monastère des Filles Pénitentes*. Voici la lettre adressée à ce sujet par Catherine de Médicis au Prévôt des marchands :

« Monsieur le Prevost, pour ce que je désire faire
» fermer la rue qui est près ma petite maison et au
» mesme instant faire ouvrir celle que j'ay ordonné
» estre faicte où estoit la porte de l'hostel des Pénitan-

» tes, qui passera entre la rue de Grenelle ; j'ai donné
» charge à Marcel, mon receveur-général, de vous
» aller trouver et vous bailler la présente que jé vous
» faict à ceste fin en vous priant de ma part comme je
» fais par ycelle de bailler incontinent la permission
» nécessaire pour fermer la dicte rue et ouvrir l'austre,
» et pour que vous entendiez par eun bien au long mon
» intention la dessus, je ne vous ferez la présente plus
» longue que pour prier Dieu, monsieur le Prevost,
» vous tenir en sa saincte et digne garde : ce faict à
» Poictiers le 6ᵉ janvier jour de septembre 1577.

» Signé CATHERINE. »

Conformément aux ordres données par la reine-mère, on supprima la partie de la rue des Vieilles-Étuves comprise entre les rues des Deux-Écus et d'Orléans, et l'on prolongea la rue des Deux-Écus jusqu'à celle de Grenelle.

Une décision ministérielle, à la date du 9 germinal an XIII, signée Champagny, fixa la moindre largeur de la rue des Deux-Écus à 9 mètres.

Cette moindre largeur devra être portée à 16 m. 50 c. dans la partie comprise entre la rue des Prouvaires et celle d'Orléans, en vertu d'un décret du Président de la République, L. N. Bonaparte, du 10 mars 1852, qui a prescrit l'expropriation et la démolition des maisons de 1 à 11. Ces propriétés ont été abattues en 1853. Enfin, d'après le décret impérial du 21 juin 1854, qui détermine le périmètre des Grandes Halles, la largeur de la rue des Deux-Écus a été fixée à 20 mètres.

Halle au Blé.

La Halle au Blé a été construite sur l'emplacement de l'hôtel de Soissons. Cet hôtel n'est pas sans quelque célébrité dans nos annales parisiennes ; il occupait tout l'emplacement limité par les rues du Four, des Deux-Écus et de Grenelle ; son entrée principale était dans la rue du Four. Les cours et les jardins s'étendaient depuis la rue d'Orléans jusqu'à la Croix-Neuve, près de la place Saint-Eustache. Ses dépendances avoisinaient l'église de ce nom et la rue Coquillière. L'histoire de cette vaste habitation se divise en cinq parties. Elle fut connue successivement sous les noms d'*hôtel de Nesle*, de *Bohême*, d'*Orléans*, de la *Reine* et de *Soissons*. Jean II, seigneur de Nesle, fit construire, au commencement du XIIIe siècle, une petite habitation sur un terrain planté de vignes. Ce premier hôtel consistait en un simple bâtiment flanqué de quatre tours. En **1232**, le seigneur de Nesle en fit présent à saint Louis. Par une charte de la même année, le roi céda cet hôtel à sa mère, Blanche de Castille. En **1296**, Philippe-le-Bel le donna à Charles, comte de Valois, son frère, qui le céda à Philippe, son fils. Par lettres datées du Louvre-lez-Paris, Philippe, régent du royaume, en fit don à Jean de Luxembourg, roi de Bohême, fils de l'empereur Henri VIII. Ces lettres sont ainsi conçues : « Pilippe Quens de Valois et d'Anjou, régens les » royaumes de France et de Navarre, faisons sçavoir à » tous présents et à venir, que nous, de notre propre

» libéralité, avons donné et donnons à noble prince
» notre très-chier et féal Jehan, roi de Behaigne, et à
» ses hoirs nés et à nestre, descendant de droite ligne
» de son propre corps, héréditablement et perpétuelle-
» ment, nostre meson *qui est dicte Néelle,* séant à Paris,
» entre la porte Saint-Honoré et la porte de Mont-
» martre, ensemble tous nos jardins et les appartenances
» tenant à la dicte meson, sans rien retenir à nous en
» possession ne en propriété, excepté la justice de la
» souveraineté, laquelle nous réservons et retenons par
» devers nous, etc..... » — Cette habitation prit alors
le nom d'*hôtel de Bohême.*

Jean de Luxembourg, roi de Bohême resta fidèle à
la France et mourut pour elle à la bataille de Crécy.
Voici en quels termes Chateaubriand raconte ce trépas
glorieux.

— « Le roi de Bohême étoit à l'arrière-garde avec le
duc de Savoie. On lui rendit compte des événements
(l'avant-garde et le corps de bataille venoient d'être
presque entièrement détruits). *Et où est monseigneur
Charles, mon fils?* dit-il. On lui répondit qu'il com-
battait vaillamment, en criant : *Je suis le roi de
Bohême,* qu'il avoit reçu trois blessures.

» Le vieux roi, transporté de paternité et de courage,
presse le duc de Savoie de marcher au secours de
leurs amis ; le duc part avec l'arrière-garde. On
n'alloit pas assez vite au gré du monarque aveugle,
qui disoit à ses chevaliers : « *Compagnons, nous som-*
» *mes nés en une même terre,* sous un *même soleil,*
» *élevés et nourris à même destinée, aussi vous proteste*

» *de ne vous laisser aujourd'hui tant que la vie me*
» *durera.* »

Quand on fut prêt à joindre l'ennemi, il dit à sa
suite : « *Seigneurs, vous êtes mes amis, je vous requiers*
» *que vous me meniez si avant que je puisse férir un*
» *coup d'épée.* Les chevaliers répondirent que *volon-*
» *tiers ils le feroient, et adonc à fin qu'ils ne le per-*
» *dissent dans la presse, ils lièrent son cheval aux*
» *freins de leurs chevaux, et mirent le roi tout devant*
» *pour mieux accomplir son désir, et ainsi s'en al-*
» *lèrent ensemble sur leurs ennemis.* »

» Le roi de Bohême, conduit par ses chevaliers,
pénétra jusqu'au prince de Galles. Ces deux héros,
dont l'un commençait et dont l'autre finissait sa carrière, essayèrent plusieurs passades de lance pour
illustrer à jamais leurs premiers et leurs derniers
coups. La foule sépara ces deux champions si différents
d'âge et d'avenir, si ressemblants de noblesse, de gé-
nérosité et de vaillance. *Le roi de Bohême alla si avant*
qu'il férit un coup de son épée, voire plus de quatre,
et recombattit moult vigoureusement, et aussi firent
ceux de sa compagnie, et s'y avant s'y boutirent contre
les Anglais, que tous y demeurèrent, et furent le len-
demain trouvés sur la place autour de leur seigneur,
et tous leurs chevaux liés ensemble, vrai miracle de
fidélité et d'honneur.

Les muses qui sortaient alors du long sommeil de
la barbarie, s'empressèrent à leur réveil d'immorta-
liser le vieux roi aveugle. Pétrarque le chanta, et le
jeune Édouard prit sa devise qui devint celle des

princes de Galles ; c'était trois plumes d'autruche, avec ces mots tudesques écrits à l'entour : *In riech, je sers.* —Il n'appartenait qu'à la France d'avoir de pareils serviteurs. »

La propriété de l'hôtel de Bohême revint à la couronne par le mariage de Bonne de Luxembourg, fille du roi de Bohême, avec Jean, duc de Normandie. Devenu roi, Jean habita quelque temps l'hôtel de Bohême ou de Nesle, ainsi que le constatent des lettres patentes du mois de novembre 1356, données *Parisis, in hospitio nostro de Negella.* Le 5 février 1355, le roi Jean fit cession au comte de Savoie, Amédée II, de son hôtel de Bohême, qui passa ensuite à Louis, deuxième fils du roi Jean. La veuve de Louis d'Anjou, tante de Charles VI, vendit cette habitation au roi moyennant 1,200 livres. Charles VI la céda à Louis de France, alors duc de Touraine, depuis duc d'Orléans. L'hôtel de Bohême changea son nom et prit celui d'*Orléans.* Il appartenait en 1499 au roi Louis XII. L'année suivante le roi donna une partie de son hôtel d'Orléans aux religieuses Pénitentes, et céda l'autre partie à Robert de Framezelles. Son chambellan ordinaire, *en récompense de ses bons, notables, vertueux et recommandables services,* disent les lettres patentes.

Enfin, au mois d'avril 1500, la communauté se trouva entièrement propriétaire de l'hôtel d'Orléans par les donations que lui firent Pierre Lebrun et Robert de Framezeles, de leurs parts de propriété.

Ces deux autorisations furent entérinées le 3 mai de ladite année, à la charge par la communauté de dire tous les jours après la messe un *de profundis*, avec l'oraison *Inclina* pour l'âme des rois de France, et, à l'issue de vêpres, *Quæsumus omnipotentem Deus ut rex noster*, pour la santé et la prospérité du roi.

Cette communauté, dont le but était d'offrir au vice le repentir, à la débauche l'espoir du pardon, était celle des Filles-Pénitentes. Elle devait sa fondation à un cordelier nommé Jean Tisserand.

Les Filles-Pénitentes auraient sans doute prolongé longtemps leur séjour dans ce couvent sans la superstition d'une reine.

Les astrologues avaient prédit à Catherine de Médicis qu'elle mourrait près d'un endroit qui porterait le nom de Saint-Germain. Aussitôt la reine-mère voulut quitter les habitations qui rappelaient Saint-Germain. On la vit abandonner successivement le Louvre et les Tuileries, en raison de leur proximité de l'église Saint-Germain-l'Auxerrois. Catherine de Médicis jeta les yeux alors sur le couvent des Filles-Pénitentes. Le 4 novembre 1572, un contrat d'échange fut passé entre la reine-mère, les religieux de Saint-Magloire, qui habitaient la rue Saint-Denis, et les Filles-Pénitentes.

Au mois de décembre suivant, Charles IX ratifia cet échange, par lequel la reine abandonna aux religieux de Saint-Magloire un terrain situé près de l'église Saint-Jacques-du-Haut-Pas. En contre-échange, ces religieux laissèrent aux Filles-Pénitentes leur monastère de la rue Saint-Denis, et la reine prit possession du couvent de la rue du Four. Catherine acheta l'hôtel d'Albret, fit supprimer une partie des rues d'Orléans et des Étuves, et prolonger celle des Deux-Écus, depuis la rue d'Orléans jusqu'à la rue de Grenelle. Alors s'éleva un hôtel magnifique, construit sur les dessins de Jean Bullant et de Salomon de Bresse. L'habitation de Catherine reçut le nom d'*Hôtel de la Reine*. « Le bâtiment qu'elle » entreprit, dit Sauval, parut si magnifique, que dans » tout le royaume, alors, il ne le cédait qu'au Louvre » et à son palais des Tuileries ; elle le rendit si com- » mode qu'on y compte cinq appartements des plus » grands... On y entre par un portail aussi grand que » superbe; quoique imité de celui du palais de Farnèse » à Caprarolle, il passe néanmoins pour un des chefs- » d'œuvre de Salomon de Bresse, l'un des meilleurs » architectes de notre temps, etc... »

Après la mort de Catherine de Médicis, son hôtel échut par succession à sa petite-fille, Christine de Lorraine, femme de Ferdinand Ier, grand-duc de Toscane. Mais la reine-mère avait laissé des dettes si considérables, qu'on fut obligé de vendre son hôtel. Catherine de Bourbon, sœur de Henri IV et créancière de la défunte, l'acheta en 1601. Il fut adjugé, par décret du 21 janvier 1606, à Charles de Bourbon, comte de Soissons. Cette résidence, réparée et agrandie, prit le le nom d'*Hôtel de Soissons*, qui lui est resté jusqu'à l'époque de sa démolition. Au commencement du dix-huitième siècle, il passa au prince de Carignan, et, sous la régence, Law en fit la succursale de ses opérations financières. Par suite du discrédit des actions de la banque, le prince de Carignan fut ruiné, et son hôtel vendu après sa mort à divers particuliers.

Lettres patentes du roi en forme de déclaration por-
tant établissement dans la Ville de Paris d'une nou-
velle Halle aux blés et d'une gare pour les bateaux. Don-
nées à Versailles le 25 novembre 1762. — « Louis, etc...
» Occcupé, à l'exemple des rois nos prédécesseurs de
» tout ce qui peut augmenter la splendeur de la capi-
» tale de notre royaume, et procurer à ses habitants de
» nouveaux agréments et de plus grandes commodités,
» nous avons porté successivement notre attention sur
» les différents objets d'utilité et de décoration qui
» peuvent encore rester à désirer parmi tant d'édifices
» et de monuments consacrés à la piété, à l'utilité et à
» la magnificence publique, entrepris ou achevés de
» notre règne. Nous n'avons jamais perdu de vue ceux
» qui peuvent assurer et augmenter l'abondance des
» choses nécessaires à la vie des citoyens, et qui, par
» l'affection réciproque que nous devons à nos peuples,
» tiendront toujours le premier rang dans notre cœur ;
» c'est dans cet esprit que pour suppléer au peu de
» commodité des halles actuelles, devenues beaucoup
» trop resserrées par l'agrandissement sucessif de
» Paris, nous avons dès le mois d'août 1755, par nos
» lettres patentes enregistrées au parlement, ordonné
» à nos très-chers et bien-amés les Prévôt des mar-
» chands et échevins de notre bonne ville de Paris, de
» faire l'acquisition du terrain *où était ci-devant l'hôtel*
» *de Soissons,* et de l'employer à la construction d'une
» nouvelle halle, etc. A ces causes, etc.

» Article 1er. Lesdits Prévôt des marchands et éche-
» vins feront incessamment construire *une Halle pour*

» *les grains et farines* dans l'emplacement de l'hôtel
» de Soissons, dans un espace de 1,806 toises de super-
» ficie, conformément au plan par nous adopté, etc....

» Art. 14. Ordonnons qu'en présence desdits Prévôt
» des marchands et échevins, et en celle de M. Deniset,
» président des trésoriers de France, que nous avons
» commis à cet effet, il sera, par le maître général des
» bâtiments de la ville, tracé de nouvelles rues pour
» les abords et au pourtour de ladite halle, ensemble
» une nouvelle place au milieu d'icelle, le tout dans les
» endroits, longueurs et dimensions indiqués par le
» plan qui sera par nous approuvé. Voulons que les
» acquéreurs des terrains dont nous avons ordonné la
» revente par l'article 4 des présentes soient tenus
» de prendre pour les maisons, clôtures et autres
» bâtiments qu'ils y feront construire, les alignements
» qui leur seront donnés et établis par M. le maître
» général des bâtiments, en présence des susdits com-
» missaires, et quant aux pentes du pavé desdites
» nouvelles place et rues, voulons qu'elles soient éta-
» blies et réglées en présence des mêmes commissaires
» par ledit maître général des bâtiments de la ville, et
» par l'inspecteur général du pavé d'icelle, etc...

» Données à Versailles, le 25ᵐᵉ jour de novembre,
» l'an de grâce 1762, et de notre règne le 48ᵐᵉ.

» Signé Louis. »

Les nouveaux percements indiqués dans ces lettres
patentes furent exécutés en 1765, et reçurent les noms
de *Babille, Devarenne, Mercier, Oblin, Sartine,
Vannes* et de *Viarme.*

La Halle au Blé, commencée en 1763, fut terminée en 1767, sur les dessins et sous la direction de Camus de Mézières. C'est un bâtiment de forme circulaire, ayant 68 m. de diamètre hors œuvre. Il est percé de 25 arcades. On monte par deux escaliers d'une construction remarquable à une galerie où sont déposés les menus grains dans des corridors voûtés et construits en briques. Pour mettre à l'abri les marchandises déposées dans la cour, on résolut de couvrir cette construction d'une coupole. MM Legrand et Molinos s'acquittèrent avec talent de ce travail, qui fut terminé en 1783. Cette coupole, construite en bois, fut incendiée en 1802. — Un décret impérial du 4 septembre 1807 porte ce qui suit :

« La Halle aux Blés de la ville de Paris sera cou-
» verte au moyen d'une charpente en fer, dont les arcs
» verticaux seront en fer fondu. Elle sera couverte en
» planches de cuivre étamé.

» Signé NAPOLÉON. »

Cette charpente, exécutée sous la direction de M. Brunet, a été terminée à la fin de 1811. Les 25 fenêtres de l'ancienne coupole ont été remplacées par une lanterne qui éclaire la rotonde.

La Halle au Blé occupe une superficie de 3,665 m.

Un débris curieux de l'ancien hôtel de la Reine est adossé à la Halle au Blé, c'est la colonne dite de *Médicis*. Elle est surmontée d'un chapiteau toscan. Ses cannelures étaient couvertes d'emblèmes sculptés, tels que lacs d'amour, couronnes et fleurs de lis, miroirs

brisés, chiffres enlacés (C. H.). Une sphère d'un diamètre considérable dominait la plate-forme, à laquelle
on montait par un escalier à vis pratiqué dans l'intérieur du fût. Cette colonne, construite par Bullant,
servait d'observatoire à la veuve de Henri II, qui s'y li-
vrait à des études astrologiques.

Au sujet de cette colonne, presque tous les historiens
ont commis une erreur qu'il importe de rectifier. Selon
eux, lors de la démolition de l'hôtel de Soissons, la
colonne de Médicis allait être détruite par le vanda-
lisme, si un amateur éclairé des arts, M. Petit de
Bachaumont, n'eût acheté ce reste précieux de l'architecture du seizième siècle. Cet honorable citoyen en aurait fait hommage à la Ville de Paris. Les Prévôt des
Marchands et Échevins n'acceptèrent, ajoutent-ils, l'offre
de M. de Bachaumont qu'à la condition de lui rembourser le prix de son acquisition, s'élevant à 1800 livres.

Voici un document officiel qui rétablit la vérité :

« Par-devant les conseillers du roy notaires au
» Châtelet de Paris, soussignez, fut présent sieur Lau-
» rent Destouches, architecte, demeurant à Paris, rue
» Neuve-des-Petits-Champs, paroisse Saint-Eustache...

» Lequel a, par ces présentes, vendu et promis ga-
» rantir de tous troubles, à messire Louis-Bazile de
» Bernage, chevalier, seigneur de Saint-Maurice, Vaux,
» Chassy, autres lieux, conseiller d'État ordinaire,
» grand-croix de l'ordre royal et militaire de Saint-
» Louis, Prévost des Marchands... la colonne désignée :
» *Tour en forme d'observatoire...* laquelle a été ache-
» tée par le sieur Destouches, de Jean Louis-Duche-

» nois, bourgeois de Paris, adjudicataire des matériaux
» dudit hôtel de Soissons, et dont, en conséquence, la
» vente et le délaissement lui ont été faits par M. le
» comte de Montgardin, fondé de la procuration de
» monseigneur Louis de Savoie, prince de Carignan.

» Cette vente est faitte, moyennant la *somme de dix-*
» *huit cents livres qui est la même* qui a été payée au
» sieur Duchenois.

» Fait et passé à Paris, l'an mil sept cent cinquante,
» le dix-neuvième jour de mars avant midy, et ont signé
» la minute des présentes, demeurée en la garde et
» possession dudit Marchand, le jeune, l'un desdits
» notaires au Châtelet de Paris, soussignez.

« MONETTE MARCHAND. »

Scellé ledit jour. R. 6,125. (1).

Tels sont les faits qui se rattachent à l'histoire de la Halle au Blé ainsi qu'aux habitations seigneuriales, qui avaient précédé cet établissement d'utilité publique.

Disons en terminant que, pour dégager complétement la Halle au Blé, dans sa partie nord comme au sud, les îlots de maisons séparant les rues Oblin et Sartine, ainsi que les rues de Varenne et Babille, devront être démolis ; l'on ménagera sur cet emplacement deux espaces de 40 mètres de largeur.

(1) Cette pièce nous a été communiquée par M. Destouches, un des descendants de l'architecte de ce nom. M. Destouches, arrière-petit-fils de Laurent Destouches, artiste sous Louis XV, est beau-frère de M. Lefuel, architecte de l'Empereur.

Rue Oblin

Deux contrats, l'un du **11** octobre **1635**, l'autre, du **26** octobre **1636**, la désignent sous le nom de *rue Bou-chée*, ou *cul-de-sac de l'Hôtel de Soissons*; c'était la partie restante de la rue d'Orléans, entre la rue des Deux-Écus et celle Coquillière. On la trouve plus tard dénommée *cul-de-sac de Carignan*. En avril **1765**, elle fut prolongée sur l'emplacement de l'Hôtel de Soissons, dont le Prévôt des Marchands et les Échevins avaient fait l'acquisition, en vertu des lettres patentes du mois d'août **1755**.

Les frères *Oblin*, qui ont donné leur nom à cette rue, s'étaient rendus acquéreurs de l'Hôtel de Soissons.

Rue Sartine

Cette rue a été ouverte en avril **1765**, sur l'emplacement de l'Hôtel de Soissons, en vertu des lettres patentes du **25** novembre **1762**, registrées en parlement le **22** décembre suivant.

Sartine (Antoine-Raymond-Jean-Gualbert-Gabriel de), comte d'Alby, naquit à Barcelone en **1729**. Il était conseiller au Châtelet en **1752**, lieutenant criminel en **1755**, et maître des requêtes en **1759**. Sa haute capacité le fit nommer lieutenant-général de police le **21** novembre de la même année. Il exerça cette importante fonction jusqu'au **24** août **1774** (de Sartine, *De l'assainissement et de la sûreté de Paris*). On lui doit l'éclairage par les réverbères, la construction de la

Halle au Blé ainsi que la fondation d'une école gratuite pour les ouvriers. Le titre de Conseiller d'État fut la récompense de ses services. En **1774**, il fut appelé au Ministère de la Marine, où il eut à conduire la guerre d'Amérique. Des discussions avec Necker lui firent quitter le ministère en **1780**. Au commencement de la révolution, de Sartine émigra, se réfugia en Espagne, à Tarragone, où il mourut le **7 septembre 1801**.

Rue Devárenne

Ouverte en avril **1765**, sur l'emplacement de l'Hôtel de Soissons, cette rue avait été autorisée par lettres patentes du **25 novembre 1762**.

Pierre *Devarenne*, écuyer, avocat au parlement de Paris, conseiller du roi, Quartinier, fut échevin de la Ville de Paris en **1762** et **1763**, sous la Prévôté de Camus de Pontcarré, seigneur de Viarme.

Rue Babille

Cette rue, comme les précédentes, a été percée en avril **1765** sur l'emplacement de l'Hôtel de Soissons, et conformément aux lettres patentes du **25 novembre 1763**.

Laurent-Jean *Babille*, écuyer, avocat au parlement, fut Échevin de la Ville de Paris en **1762** et **1763**, sous la Prévôté de Camus de Pontcarré, seigneur de Viarme.

Rue Mercier

Ouverte en avril **1765** sur l'emplacement de l'Hôtel de Soissons ; elle doit sa dénomination à Louis *Mercier*,

écuyer, conseiller du roi, en l'hôtel-de-ville, élu Échevin de Paris pour les années **1761** et **1762**.

La rue Mercier doit être également supprimée lors
de l'exécution de la rue du Louvre.

Rue de Grenelle

Après l'achèvement du mur d'enceinte de Paris, sous
Philippe-Auguste, le quartier où se trouve aujourd'hui
la rue de Grenelle, fut construit rapidement.

Un chemin hors Paris longeait le mur de cette
enceinte, et portait le nom de *Garnelle Guernelle*, dont
on a fait Grenelle. La largeur de cette voie publique
avait été fixé à **12** mètres par l'ordonnance royale du
2 février **1843**.

Passage de l'Hôtel des Fermes

Françoise d'Orléans Rothelin, princesse de Condé,
acheta en **1573**, d'Isabelle Gaillard, femme de René
Baillet, président au parlement, moyennant trois mille
livres de rente sur l'hôtel-de-ville de Paris, deux
maisons situées entre la *rue de Garnelle* (Grenelle) et
la *cour Basile*, depuis rue du Bouloi.

Ces deux propriétés formaient autrefois l'hôtel de
Jean de La Ferrrière, vidame de Chartres, l'un des
lieutenants de l'amiral de Coligny. Jeanne d'Albret,
reine de Navarre, y mourut le 8 juin **1572**.

Sur l'emplacement de cet hôtel qu'elle s'empressa de
démolir, la veuve du prince de Condé fit bâtir une
magnifique habitation, qui porta le nom d'hôtel de
Condé.

A la mort de la princesse, son fils, Charles de Bourbon, comte de Soissons, hérita de ce domaine, qui prit le nom d'hôtel de Soissons. L'amoureux comte se plut à répandre sur les vitres, les plafonds et les lambris, d'ingénieux emblèmes, de galantes devises et ses chiffres enlacés avec ceux de Catherine de Navarre, sœur de Henri IV. En 1605, cette propriété fut vendue à Henri de Bourbon, duc de Montpensier. Henriette de Joyeuse, sa veuve, s'étant remariée au duc de Guise, la revendit en **1612** à Roger de Saint-Larri, duc de Bellegarde, grand écuyer de France, ce courtisan si aimable, si poli, cet amant chéri de Gabrielle d'Estrées, de mademoiselle de Guise et de tant d'autres.

Le chancelier Séguier fit, en **1633**, l'acquisition de cette superbe demeure, qui devint, après la mort du cardinal de Richelieu, l'asile des muses. Là s'assemblèrent les Racan, les Sarrazin et tous les beaux esprits de l'époque. Le duc de Bellegarde avait fait agrandir cette résidence par le célèbre architecte Androuet Du Cerceau ; Séguier l'embellit encore. Ce magistrat eut plusieurs fois l'honneur d'y recevoir Louis XIV et la famille royale. Cet hôtel fut ensuite occupé par la ferme générale. « Je ne passe jamais devant l'hôtel des » Fermes, disait Mercier, l'auteur du *Tableau de Paris*, » sans pousser un profond soupir. Je me dis : Là » s'engouffre l'argent arraché avec violence de toutes » les parties du royaume, pour qu'après ce long et pé- » nible voyage, il rentre altéré dans les coffres du roi. » Quel marché ruineux ! quel contrat funeste et illu- » soire a signé le souverain ! Il a consenti à la misère

» publique pour être moins riche lui-même. Je vou-
» drais pouvoir renverser cette immense et infernale
» machine qui saisit à la gorge chaque citoyen, pompe
» son sang, sans qu'il puisse résister, et le dispense à
» deux ou trois cents particuliers qui possèdent la masse
» entière des richesses. Chaque plume de commis est
» un tube meurtrier qui écrase le commerce, l'activité,
» l'industrie. La Ferme est l'épouvantail qui comprime
» tous les desseins hardis et généreux. On ne songe
» plus dans cette anarchie qu'à se jeter dans le parti des
» voleurs ; et l'horrible finance se soutient par ses dé-
» prédations mêmes !... Là, enfin, on tient école de
» pillages raffinés ! Là on offre des plans plus oppressifs
» les uns que les autres. La finance est le ver solitaire
» qui énerve le corps politique. Ce ver absorbe les
» principaux sucs, fait naître de fausses faims et tue
» enfin le sein qui le renferme ! »

L'hôtel des Fermes devint propriété nationale, et fut
vendu le 19 fructidor an IV.

Rue Coquillière

Le mur d'enceinte de Paris, construit sous Philippe-
Auguste, s'étendait entre les rues de Grenelle et d'Orléans plus près de la première que de la seconde, jusqu'au carrefour où aboutissent aujourd'hui les rues de
Grenelle, Sartine, Jean-Jacques-Rousseau et Coquillière. Là était une porte de ville appelée *porte Coquillier*
ou *Coquillière*. Elle devait ce nom ainsi que la rue à
la famille Coquillier, qui possédait de vastes terrains
près du rempart.

En effet, dans un acte de janvier 1292, il est dit que Pierre Coquillier vend à Guy de Dampierre *une meson emprez le rempart*. La rue Coquillière ne fut complétement bordée de constructions qu'en 1295.

Une décision ministérielle, du 8 septembre 1821, avait fixé la largeur de la rue Coquillière à 10 mètres. Cette largeur fut portée à 13 mètres pour la partie comprise entre les rues du Four, du Jour et la rue Jean-Jacques-Rousseau, en vertu d'une ordonnance royale du 7 décembre 1847, qui avait déclaré d'utilité publique l'exécution de cet élargissement au droit des maisons de 2 à 16 exclusivement. En 1850, la reconstruction de ces maisons a eu lieu.

Enfin, la largeur de la rue Coquillière jusqu'à la rue Croix-des-Petits-Champs a été fixée aussi à 12 mètres par décret du 26 juillet 1851.

Coq-Héron (rue du)

Ce n'était en 1298, qu'une impasse qui tirait son nom d'une enseigne du *Coq-Héron*. François Ier, par lettres patentes du mois de septembre 1543, ordonna que l'hôtel de Flandres serait démoli, et son terrain divisé en plusieurs lots qu'on mettrait en vente.

Sur une partie de cet emplacement, l'impasse du Coq-Héron fut convertie en une rue, dont la largeur était de 8 mètres.

En 1546, on voit, d'après le rôle de taxe de cette année, que la rue du Coq-Héron, dont la longueur est de 138 mètres, était presque entièrement bâtie. Une ordonnance royale du **22** août **1844** avait fixé sa largeur à **10** mètres.

Administration des Postes

Comme on le voit sur le plan annexé à la première livraison de notre huitième volume, l'hôtel des Postes est légèrement coupé en mouchoir du côté de la rue du Coq-Héron.

On se rappelle également le malencontreux projet de déplacement de l'hôtel des Postes, et la singulière idée de transporter cet établissement dans la rue du Luxembourg, où il eût été rigoureusement bloqué de toutes parts.

Tout nous fait espérer que l'hôtel des Postes, si bien placé au centre de Paris, verra son périmètre rectifié et même augmenté lors de l'exécution de la rue du Louvre.

Aussi pour cette raison, croyons-nous devoir consacrer quelques pages à l'un de nos établissements les plus importants.

1° de l'*hôtel des Postes*. — C'était à la fin du quinzième siècle, une grande maison ayant pour enseigne *l'Image Saint-Jacques*. Elle appartenait alors à Jacques Rebours, procureur de la Ville.

Jean-Louis Nogaret de la Valette, duc d'Épernon, l'acheta et le fit rebâtir.

Elle fut vendue par Bernard de Nogaret, son fils, à Barthélemy d'Hervart, contrôleur général des finances, qui la reconstruisit presqu'en totalité pour en faire une habitation des plus agréables. Cet hôtel passa ensuite à

Fleuriau d'Hermenonville, secrétaire d'État et garde des Sceaux. Ici, les historiens qui ont écrit sur Paris ont commis une erreur en disant que cet hôtel appartenait au comte de Merville, lorsque le roi en ordonna l'acquisition en 1757, à l'effet d'y placer le bureau des Postes.

Voici un document officiel qui rectifie cette erreur.

ACQUISITION DE L'HÔTEL D'ARMENONVILLE PAR LE ROI

(Pour servir d'hôtel des Postes), confirmé par le Parlement le 30 août 1758

———

(Extrait des Registres de Parlement).

« Le 1er mars 1757, par contrat passé devant Briant et Doyen, notaires au Châtelet de Paris, le sieur Laurent Destouches, architecte et conseiller secrétaire du roi, et maître général contrôleur et inspecteur des bâtiments de la Ville de Paris, garde ayant charge des fontaines publiques et maître des œuvres de charpenterie de ladite ville, et dame Anne-Charlotte-Julie Beausire, son épouse, dûment autorisée de son mari, ont solidairement vendu au roi, *un grand hôtel* appelé *l'hôtel d'Armenonville*, sis à Paris, rue Plâtrière, faisant deux coins de la rue Verdelet et l'un des coins de la rue Coq-Héron, consistant en une grande cour, basse-cour, plusieurs corps de logis, bâtiments, édifices, jardins, eaux, fontaines, et autres appartenances et dépendances ainsi que ledit hôtel se poursuit et comporte, sans retenue ni réserve aucune, non plus que pour les eaux tant d'Arcueil que de rivière qui viennent aux réservoir et fontaine de ladite maison, conformément au droit acquis aux sieur et dame Destouches.

» Ledit hôtel tient par-devant sur la rue Plastrière, par-derrière sur la rue Coq-Céron au sieur marquis de Gouvernet et à la dame comtesse de Morville et autres, d'un côté à la rue Verdelet et d'autre aux ayant-cause du sieur Jacques Brissart et aux héritiers du sieur Duchesne : Lesdits sieur et dame Destouches ont vendu aussi solidairement avec promesse de garantie de toutes revendications... Toutes les glaces, trumeaux, dessus de portes, armoires, bibliothèques et tableaux étant dans ledit hôtel, bâtiments et édifices en dépendants qui sont les mêmes que ceux qui ont été vendus par le contrat de vente du 14 octobre 1751.

» Ledit hôtel a appartenu à défunt Joseph Jean-Baptiste Fleuriau d'Armenonville, chevalier, garde des Sceaux de France, et dame Jeanne Gilbert, son épouse.

» Ledit hôtel d'Armenonville, circonstances et dépendances se trouve en la censive de l'archevêché de Paris, et vers lui chargé du simple cens, dont l'acte de vente réserve le droit.

» L'hôtel d'Armenonville a été vendu au roi moyennant la somme de cinq cent mille livres, avec intérêt au denier vingt jusqu'à parfait payement.

» Dans cette vente, le sieur Jean-François Besche Valentin agissait au nom et comme procureur de Laurent David, bourgeois de Paris, adjudicataire de la Ferme générale des Postes de France.

» Sont intervenus audit contrat de vente, Philibert

Thiroux de Chameville, chevalier, Pierre *Thiroux de Montregard*, chevalier, intendant général des Postes et relais de France et Lorraine, Pierre-Charles *Legendre de Villemoirien*, chevalier, Charles-Guillaume *Le Normand*, chevalier, et Denis Philibert *Thiroux de Montsonge*, écuyer, tous administrateurs généraux des Postes.

» La confirmation faite en Parlement, à la requête du procureur général du roi, est du 30 août 1758, collationnée.

> » *Signé* : LANGÈLE et DUFRANC.

» Pour copie sur l'original rendu,

> » *Signé* : DANJOU (1). »

§ II. — *Historique des Postes*. — On ne trouve aucune trace de l'institution des Postes durant les siècles de barbarie qui suivirent la chute de l'empire romain. C'est à Charlemagne qu'appartient, en France, l'honneur de s'être occupé le premier de leur organisation. Cette haute et merveilleuse intelligence devina les services qu'elles pouvaient rendre en rattachant à un centre commun les diverses provinces de son vaste empire. Il répara les voies militaires dont les Romains avaient sillonné la Gaule, et institua, peu de temps après, des courriers qui s'appelèrent *veredarii* ou *cursores*.

(1) Cette pièce nous a été communiquée par M. Destouches, arrière-petit fils de l'architecte dont il est question ci-dessus.

De Charlemagne à Louis XI, on ne put se procurer
de nouvelles des provinces que par l'entremise des
messagers, que l'Université avait seule le droit d'envoyer dans les principales villes du royaume. L'esprit
vif et pénétrant de Louis XI apprécia bientôt tout le
parti qu'on devait tirer de cette institution. Le 19 juin
1464, parut un édit dans lequel Sa Majesté expose :
« Qu'ayant mis en délibération avec les seigneurs du
» Conseil, qu'il est moult nécessaire et important à ses
» affaires et à son état de sçavoir diligemment nouvelles
» de tous côtez, et y faire, quand bon lui semblera,
» sçavoir des sciennes, d'instituer et d'establir en toutes
» les villes, bourgs, bourgades et lieux que besoin sera
» jugé plus commodes, un nombre de chevaux courants
» de traite en traite, par le moyen desquels ses com-
» mandements puissent être promptement exécutez, et
» qu'il puisse avoir nouvelles de ses voisins quand il
» voudra, etc... Ma volonté et plaisir est que dès à
» présent et d'ores en avant, il soit mis et establi spé-
» cialement sur les grands chemins de mon dit
» royaume, personnes stables, et qui feront serment de
» bien et loyalement servir le Roy, pour tenir et entre-
» nir quatre ou cinq chevaux de légère taille, bien
» enharnachez, et propres à courir le galop durant le
» chemin de leur traite, lequel nombre on pourra
» augmenter, s'il en est besoin. »

Le caractère sombre et défiant de Louis XI se révèle
dans cet édit, dont l'article 10 est ainsi conçu : « Après
» avoir vu et visité par ledit commis les paquets des
» dits courriers, et connu qu'il n'y ait rien de contraire

» au service du roy, les cachètera d'un cachet qu'il
» aura du dit grand maître des coureurs, et puis les
» rendra au dit courrier avec passeport, que Sa Majesté
» veut être en la forme qui en suit : « *Maîtres tenants*
» *les chevaux courants du roy, depuis tel lieu jusqu'à*
» *tel autre... montez et laissez passer ce présent cour-*
» *rier nommé tel, qui s'en va en tel lieu, avec sa guide*
» *et malle en laquelle sont... le nombre de tant de pa-*
» *quets de lettres cachetées du cachet de notre grand-*
» *maître des coureurs de France, lesquelles lettres ont*
» *été par moy vues et n'y ai rien trouvé qui préjudicie*
» *au roy notre Sire, au moyen de quoy ne lui donnez*
» *aucun empeschement, ne portant autres choses que...*
» *telle somme pour faire son voyage*; il sera signé du
» dit commis et non d'autres personnes. »

Le prix de la *traite* durant quatre lieues, en y comprenant celui du guide, est fixé, par le même édit, à la
somme de dix sols.

De grandes améliorations furent successivement introduites dans le service des Postes. Charles VIII mit
la France en correspondance réglée avec plusieurs
États voisins, notamment avec l'Italie. Henri III,
en 1576, donna des itinéraires réguliers à toutes les
villes ayant parlement ; enfin Henri IV, pour faciliter
les communications et rendre les voyages plus fréquents,
créa, en 1597, un établissement destiné à fournir aux
voyageurs des chevaux de louage de traite en traite,
sur les grands chemins. Les considérants de l'édit du
roi méritent d'être rappelés : « Comme les commerces
» accoutumez cessent et sont discontinuez en beaucoup

» d'endroicts, et ne peuvent nos dicts subjects vaquer
» librement à leurs affaires, sinon en prenant la poste,
» qui leur vient en grande cherté et excessive dépense ;
» à quoy désirant pourvoir, et donner à nos dits sub-
» jects les moyens de voyager et commodément conti-
» nuer le labourage, avons ordonné et ordonnons que,
» par toutes les villes, bourgs et bourgades de nostre
» royaume, seront establis des maistres particuliers
» pour chacune traite et journée ; déclarant néanmoins
» n'avoir entendu préjudicier aux priviléges et immu-
» nités des postes. »

Bientôt on réunit en une seule les deux institutions
des relais et des postes. Sous Louis XIII, il fut ordonné
que les courriers partiraient de Paris pour les principales villes du royaume deux fois par semaine, et qu'ils
feraient nuit et jour une poste par heure. Louis XIV
exempta les maîtres coureurs de la taille pour 60 ar-
pents de terre, de la milice pour l'aîné de leurs enfants
et le premier de leurs postillons, du logement des gens
de guerre, de la contribution pour les frais de guet,
gardes et autres impositions.

A Louis le Grand appartient encore l'honneur d'avoir
créé la Poste aux Lettres ou Petite Poste. Voici le titre
relatif à cette fondation :

« Louis, par la grâce de Dieu... Considérant que la
» grande estendue de notre Ville de Paris, et la multi-
» tude des personnes qui la composent, causent beau-
» coup de longueur et de retardement au nombre infini
» des affaires qui s'y traitent et qui s'y négocient, nous

» avons reconnu qu'il étoit nécessaire d'apporter quel-
» que ordre particulier, afin d'en avoir une plus prompte
» et diligente expédition, et après avoir examiné plu-
» sieurs propositions qui nous ont été faites sur ce su-
» jet, nous n'en avons point trouvé de plus innocente
» pour les particuliers, ni de plus advantageuse pour
» le public, que l'établissement de plusieurs commis
» dans notre d. Ville de Paris, lesquels étant divisés par
» quartiers, auront la charge et le soing de partir tous
» les matins, et de prendre chacun dans un bon nombre
» de boistes, qui seront mises en différents endroits des
» d. quartiers pour la commodiité de tout le monde, les
» billets, lettres et mémoires que l'on est obligé d'écrire
» à tous moments et à toutes rencontres, et de là les
» porter dans une boutique ou bureau qui sera dans la
» cour du pallais, pour y être distribuez par ordre de
» quartier, et rendus par les d. commis sur-le-champ,
» diligemment et fidèlement à leurs adresses, d'où re-
» tournant, reporter au pallais sur le midy et à trois
» heures, et même plus souvent, s'il est nécessaire, les
» billets, lettres et mémoires qui auront été mis dans
» les d. boistes pendant le dit temps, etc... , etc... Con-
» sidérant aussi que ceux qui sont à Paris ont plus
» d'affaires avec les personnes qui sont dans la d. ville,
» qu'avec ceux qui sont dans les provinces, dont on a
» bien souvent plus facilement des nouvelles et des
» responses que de ceux qui sont dans les quartiers
» esloignés, et qu'il est bien à propos d'establir, pour
» la facilité du commerce et pour la commodité du
» public, une correspondance si nécessaire à tout le

» monde, et particulièrement aux marchands qui ne
» peuvent quitter leur boutique, à l'artisan qui n'a rien
» de si cher que le temps et son travail qui le nourrit,
» et à l'officier qui de quelque condition qu'il soit, de-
» vant l'assiduité à son exercice, ne le peut abandonner.

» A ces causes..... Voulons et nous plait qu'il soit
» establi dans notre bonne ville et fauxbourgs de Paris,
» tel nombre de boistes, de commis et de bureaux qu'il
» sera nécessaire, et dans les lieux qui seront jugés être
» plus à propos, afin que ceux qui voudront se servir
» de cette voye en puissent user. N'entendant y con-
» traindre personne, voullant aussi que le salaire des
» d. commis soit modicte et modéré, et qu'il ne soit
» que d'un sol marqué, quelque grosseur que puisse
» avoir le billet, lettre ou mémoire, etc..... Nous avons
» donné à nos chers et bien amez les sieurs de *Nogent*
» et de *Villahier*, maistres des requêtes, en considé-
» ration des bons et agréables services qu'ils nous ont
» rendus et rendent tous les jours, la permission et
» faculté de faire ledit établissement dans notre ville
» et fauxbourgs de Paris et autres villes de notre
» royaume, où ils verront qu'il sera nécessaire, à l'ex-
» clusion de toutes autres personnes, *pendant le temps*
» *et espace de quarante années*, durant lesquelles nous
» voulons et entendons que les d. sieurs de Nogent et
» de Villahier jouissent seuls de la dite faculté, de tous
» les profits et émoluments qui en pourront veuir.
» Données à Paris, au mois de mai de l'an 1653, et de
» notre règne le 11e.   » Signé Louis. »

Cette institution ne réussit pas d'abord; aussi Pélisson en parle-t-il comme d'une apparition qui devait bientôt s'évanouir. On trouve dans une annotation écrite de sa main, en marge d'une lettre que mademoiselle de Scudéry lui avait envoyée par l'entremise de la *boîte des billets*, cette curieuse indication : « M. de Villahier avoit » obtenu un privilège ou don du roi, pour pouvoir seul » establir ces boistes, et avoit ensuite establi un bureau » au pallais, où l'on vendoit pour un sol piéce certains » billets imprimés et marqués d'une marque qui lui » estoit particulière. Ces billets ne contenoient autre » chose sinon : *Port payé ce jour de... l'an mil six cent* » *cinquante-trois* ou *cinquante-quatre*. Pour s'en ser- » vir, il falloit remplir le blanc de la date du jour et du » mois auquel vous escriviez, et après cela vous n'aviez » qu'à entortiller le billet autour de celui que vous » escriviez à votre ami, et les faire jeter ensuite dans » la boiste. »

Le secret des lettres ne tarda pas à être violé. Le ministre Louvois, le premier, se rendit coupable de cette insigne perfidie. Sous le règne de Louis XV, on décachetait avec soin toutes les lettres dont les adresses faisaient soupçonner la relation d'intrigues galantes ou politiques. On en faisait des extraits, et après avoir recacheté les billets, on les envoyait à leur adresse. L'intendant des Postes venait tous les dimanches offrir à Sa Majesté le relevé des infidélités hebdomadaires.

« Le docteur *Quesnay*, dit madame de Hausset dans » son journal, s'est mis devant moi plusieurs fois en fu- » reur sur cet infâme ministère, comme il l'appeloit.

» Je dînerois pas plus volontiers, disoit-il, avec l'in-
» tendant des postes qu'avec le bourreau. »

L'hôtel actuel des Postes occupe une superficie de 6363 mètres.

En 1853, l'État et la Ville de Paris résolurent le déplacement de l'hôtel des Postes. A cet effet, un traité fut signé le 28 avril 1854, puis un décret intervint le 21 juin suivant, il est ainsi conçu :

« Les alignements nécessaires à l'établissement d'un
» nouvel hôtel des Postes entre le quai de la Mégisserie,
» la place du Châtelet et les rues des Lavandières et
» Jean Lantier prolongées, sont arrêtés suivant les
» lignes noires avec liserés rouges du plan, le tout con-
» formément à la délibération de la Commission Muni-
» cipale, en date du 13 janvier 1854. »

En dépit de cette délibération, sans égard pour le décret et contrairement au traité, le déplacement de l'hôtel des Postes n'eut pas lieu.

Dernièrement on a fait une nouvelle tentative qui n'a pas été plus heureuse.

L'emplacement sur lequel on proposait, il y a quelques années, d'édifier le nouvel établissement, aurait eu pour limites, au midi, la rue de Castiglione, au nord, la rue Saint-Honoré, à l'est, la rue de Luxembourg, enfin à l'ouest, la rue de Mondovi, qu'on devait prolonger jusqu'à la rue Saint-Honoré. Pour régulariser cet emplacement si défectueux, il eût été indispensable de démolir un ancien édifice religieux : l'église de l'Assomption.

Ce deuxième projet fut heureusement écarté. Tout porte donc à croire que l'hôtel des Postes restera dans son ancien emplacement qui, après tout, est le plus central. Il serait possible d'en égaliser le périmètre, de l'agrandir même, et de lui donner enfin un entrée monumentale sur la rue du Louvre.

C'est là, nous le croyons fermement, le parti le plus sage auquel s'arrêteront sans aucun doute d'État et la Ville de Paris.

Rue Pagevin

La rue Pagevin existait vers le commencement du treizième siècle, on l'appelait *rue Breneuse*, vieux mot signifiant malpropre. On disait anciennement d'un homme déguenillé, malpropre : *C'est un habitant de la rue Breneuse*. Cette rue doit son nom actuel à Jean Pagevin, huissier du parlement. Une ordonnance royale du **18 janvier 1848** avait fixé la largeur de la rue Pagevin à **12 mètres**.

La partie de la rue Pagevin, située entre la rue du Coq-Héron et la rue des Vieux-Augustins, sera démolie soit pour livrer passage à la rue du Louvre, soit pour faciliter le prolongement de la rue de Réaumur.

Rue Soly

Cette rue, ouverte en **1548**, doit son nom à maître Antoine *Soly*, échevin en **1549**, sous la Prévôté de messire Claude Guyot.

La largeur de la rue Soly avait été fixée à **8 mètres** par l'ordonnance royale du **23 juillet 1828**.

La rue Soly doit être entièrement supprimée par l'ouverture de la rue du Louvre et le prolongement de la rue de Réaumur.

Rue des Vieux-Augustins

La protection que le roi saint Louis accordait à tous les religieux, engagea les moines *Augustins* à quitter l'Italie, pour venir se fixer en France. Ils s'établirent d'abord à Paris, au delà de la porte Saint-Eustache dans un lieu environné de bois, où s'élevait une chapelle dédiée à sainte Marie Égyptienne. L'historien Joinville rend compte en ces termes du nouvel établissement :

« Le roy pourvut les frères Augustins, et leur acheta
» la granche à un bourjois de Paris et toutes les ap-
» partenances, et leur fit faire un moustier (monastère)
» dehors la porte Montmartre. »

Vers l'année 1285, les religieux Augustins quittèrent la porte Montmartre pour aller s'établir dans le clos du Chardonnet.

Quelques années après leur départ, une rue fut ouverte à côté de leur ancienne demeure. A cette voie l'on donna deux noms : celui des *Augustins* à la partie comprise entre les rues Montmartre et Pagevin; au surplus jusqu'à la rue Coquillière, le nom de Pagevin.

Ce ne fut qu'au dix-huitième siècle que cette communication s'appela dans toute son étendue rue des Vieux-Augustins.

Une ordonnance royale du 23 juillet 1828 avait fixé sa largeur à **10 mètres**.

Impasse Saint-Claude

C'était anciennement la *rue du Rempart*. Elle aboutissait, par un retour d'équerre, au mur d'enceinte que remplace la rue des Fossés-Montmartre nommée, en dépit de *l'Histoire de Paris*, rue d'Aboukir. Une décision ministérielle, du 2 thermidor an X, avait fixé sa largeur à 7 mètres. — L'impasse Saint-Claude sera complétement supprimée.

Rue d'Aboukir

Un décret impérial du 2 octobre 1865 a réuni les *rues des Fossés-Montmartre, Neuve-Saint-Eustache* et de *Bourbon-Villeneuve* sous la seule et même dénomination de *rue d'Aboukir*.

Hâtons-nous de le dire, ce changement est en contradiction flagrante avec l'histoire de Paris ; il enlève à plusieurs rues des noms qui présentaient un certain intérêt au point des développements de cette ville.

Ainsi, la *rue des Fossés-Montmartre* portait ce nom, parce qu'elle fut alignée sur l'emplacement des fossés qui régnaient le long du mur de clôture de l'enceinte construite sous les règnes de Charles V et Charles VI,

Quant à la *rue Neuve-Saint-Eustache*, elle fut ouverte au mois d'août 1634, en vertu d'un arrêt du conseil du 23 novembre 1633. Comme la précédente, elle a été bâtie sur l'emplacement des fossés de l'enceinte de Paris sous Charles V et Charles VI.

En 1641, elle prit le nom de rue Neuve-Saint-Eustache, en raison de sa proximité du *petit Saint-Eustache* appelé depuis chapelle Saint-Joseph, maintenant marché du même nom.

Enfin, en ce qui concerne la *rue de Bourbon-Villeneuve*, elle doit son nom à Jeanne de *Bourbon* Abbesse de Fontevrault, à qui les dames Filles-Dieu, dit l'historien Jaillot, voulurent « faire honneur. » Elle porta d'abord le nom de *rue Saint-Côme*, puis celui de *rue du Milieu du Fossé.*

Dès 1639, elle est qualifiée *rue de Bourbon*, et dans un ensaisinement du 1ᵉʳ mai 1663, on la nomme *rue des Filles-Dieu* ou de *Bourbon.*

Quant à la qualification de *Ville-Neuve* ajoutée à la rue de Bourbon, les faits suivants sont consignés dans des actes officiels.

Pendant la captivité du roi Jean, le dauphin, depuis Charles V, éleva au nord de Paris, des fortifications pour protéger la Capitale.

Quelques années avant l'exécution de ces travaux de défense, on voyait de ce côté un immense terrain appartenant aux religieuses Filles-Dieu.

Ce terrain était limité par le grand égout, les rues Poissonnière, Saint-Denis, du Faubourg Saint-Denis jusqu'à la maison de l'Échiquier, et par le mur de clôture de ce couvent que remplace aujourd'hui à peu près la rue du Caire.

Les fortifications dont nous venons de parler, coupèrent ce terrain en deux parties.

Les Filles-Dieu se réfugièrent dans la ville, et firent

construire un nouvel enclos pour leur monastère, dont une partie fut absorbée par de nouvelles fortifications. Ce terrain forma plus tard une voirie. Sous Charles IX, on y creusa des fossés qu'on nomma les *fossés jaunes*, de la couleur des terres qu'on en tira. Dès le commencement du seizième siècle, on avait construit des maisons en cet endroit, et ce faux bourg devenant de jour en jour plus considérable, on lui donne le nom de la *Ville-Neuve*.

Les malheurs dans lesquels la Ligue plongea la France et particulièrement la Ville de Paris, dont le roi Henri fit le siége à deux reprises différentes, obligèrent de ruiner ce faux bourg et d'en abattre les maisons. Les démolitions qu'on laissa sur cet emplacement exhaussèrent encore ce terrain, et lorsque ce faux bourg fut reconstruit, on l'appela bientôt *Ville-Neuve sur gravois*.

Pour accélérer les reconstructions, le roi Louis XIII, par lettres patentes de 1623, accorda *la franchise* à toutes les personnes qui viendraient y exercer les arts et métiers. Ce terrain commença dès lors à se couvrir d'habitations en bordure de nouvelles voies. Tout cet emplacement était à peu près bâti lorsque le rempart, dont l'exécution avait été prescrite par lettres patentes du mois de juillet 1676 vint le couper en deux parties, dont l'une, celle dans l'intérieur de Paris fut appelée la *Basse Ville-Neuve*, et l'autre, en dehors du rempart, la *Haute Ville-Neuve*.

La voie principale du quartier *intra muros* fut alors dénommée *rue de Bourbon-Villeneuve*.

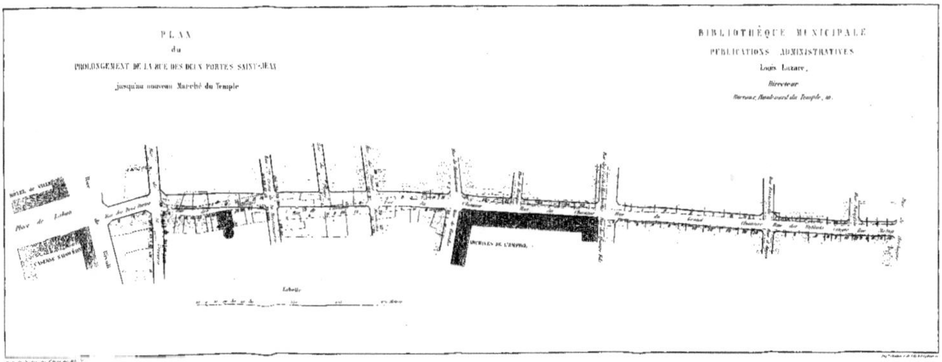

PLAN
du
PROLONGEMENT DE LA RUE DES DEUX PORTES SAINT-JEAN
jusqu'au nouveau Marché du Temple

BIBLIOTHÈQUE MUNICIPALE
PUBLICATIONS ADMINISTRATIVES
Louis Lazare,
Directeur
Bureaux, Boulevard du Temple, 40.

HÔTEL DE VILLE
Place de Lobau
Rue
Rue des Deux Portes
Caserne
AVENUE VICTORIA
Rue du Pont Marie
ANNEXE DE L'HÔTEL
Échelle
Rue de l'Empire
Rue du Grand Chantier
Rue des Vieilles Haudriettes

En 1793, elle s'appelait *rue Neuve-Égalité*, puis en 1867, rue d'Aboukir.

Un arrêté préfectoral du 27 avril 1814, lui rendit son premier nom de Bourbon-Villeneuve, qu'elle vient d'échanger de nouveau contre celui d'Aboukir.

Aussi les rues de Paris ont leurs vicissitudes qui témoignent soit des caprices de nos administrateurs, soit de nos passions politiques.

Au reste, pendant la révolution les noms des hommes ont changé comme les noms des rues.

Lorsque Philippe d'Orléans se faisait appeler *Philippe-Égalité*, la *rue de Bourbon-Villeneuve* pouvait bien s'affubler du même nom.

Quant à la dénomination d'Aboukir, qui rappelle le brillant fait d'armes du 19 juillet 1799, c'est une glorieuse dénomination sans doute.

Mais ces noms, qui caressent notre amour propre national, ne sont-ils pas des humiliations pour les étrangers? Croyez-vous que les Russes qui vont venir à Paris pour l'Exposition, épèleront avec plaisir le nom de Sébastopol, les Autrichiens celui de Magenta, et les Mexicains celui de Puebla, ainsi des autres. Tous les peuples, ceux de l'Europe surtout ne tendent-ils pas à constituer une seule famille, une grande nation, dont la Ville de Paris, par sa position géographique, la beauté de ses monuments, la variété des plaisirs qu'elle sème sur les pas de la fortune, est appelée à devenir la vraie Capitale.

Pourquoi entretenir, perpétuer, exciter ces haines qui ne sont que trop vivaces?

La Ville de Paris est une Cité-Reine, qui ne doit avoir que le sourire sur les lèvres, que de l'affection dans le cœur. Ces noms de bataille sont en même temps des noms de carnage et de désolation qu'on lui fait buriner à l'angle de nos rues.

Pourquoi faire détester cette Reine, alors qu'elle a tant d'intérêt à se faire aimer ?

Rue Montmartre

Pour indiquer les agrandissements successifs de cette voie publique, nous dirons que la première porte Montmartre, que l'on nommait également *porte Saint-Eustache*, faisait partie de l'enceinte de Philippe-Auguste. Elle avait été construite, vers l'an 1200, entre les maisons n°s 15 et 32. Vers l'année 1380, Paris s'était considérablement agrandi, et le torrent commençait à déborder. L'ancienne porte fut alors démolie et reconstruite dans la même rue, aux coins méridionaux des rues des Fossés-Montmartre et Neuve-Saint-Eustache, entre les maisons n°s 71 et 88. Le mur d'enceinte, ou le rempart, passait entre les rues des Fossés-Montmartre et l'impasse Saint-Claude, qui s'appelait à cette époque rue du Rempart. Cette deuxième porte fut abattue en 1633, et vers la fin du règne de Louis XIII, une troisième fut construite entre la fontaine et la rue des Jeûneurs, presque en face de la rue Saint-Marc. Cette dernière porte fut démolie vers l'année 1700. Au mois de mai 1812, on en découvrit les fondations en face des n°s 143 et 160.

Une décision ministérielle du 23 brumaire an VIII, signée Quinette, fixa la moindre largeur de cette voie publique à 10 mètres. Cette moindre largeur devra être portée à 15 mètres en vertu d'une ordonnance royale du 25 mars 1845, qui a déclaré d'utilité publique l'élargissement de la rue, sur le côté des numéros pairs, entre la place de la pointe Saint-Eustache et la rue Neuve-Saint-Eustache. L'élargissement en question n'a été réalisé successivement que jusqu'à la rue Mandar de 1847 à 1852.

Rue du Mail

Cette rue a été ouverte en août 1634, conformément à un arrêt du conseil du 23 novembre 1633, sur l'emplacement d'un *Mail* qui s'étendait de la porte Montmartre à la rue Saint-Honoré.

La largeur de la rue du Mail a été fixée à 12 mètres, par l'ordonnance royale du 23 juillet 1828.

Tels sont les documents qui se rattachent à la rue du Louvre par rapport à l'histoire de la Ville de Paris, mais en ce qui concerne seulement le tracé adopté depuis la rue Saint-Honoré jusqu'à la rue Montmartre.

3° APPRÉCIATIONS ADMINISTRATIVES

D'après le tracé de la rue du Louvre, certaines propriétés ne doivent livrer à la voie nouvelle qu'une partie plus ou moins importante de la superficie occupée par ces immeubles.

Dans cette situation, quels sont les droits des propriétaires, et comment sont-ils déterminés par la législation en matière d'expropriation pour cause d'utilité publique?

C'est ce que nous allons expliquer dans ce troisième chapitre.

Voici d'abord l'article 50 de la loi 3 mai 1841. Nous le reproduisons textuellement :

« Les bâtiments dont il est nécessaire d'acquérir une
» portion pour cause d'utilité publique, SERONT ACHE-
» TÉS EN ENTIER, si les propriétaires le requièrent par
» une déclaration formelle adressée au magistrat-direc-
» teur du jury, *dans les délais énoncés aux articles*
» 24 *et* 27.

» Il en sera de même de toute parcelle de terrain
» qui, par suite du morcellement, se trouvera réduite
» au quart de la contenance totale, si toutefois le pro-
» priétaire ne possède aucun terrain IMMÉDIATEMENT
» contigu, et si la parcelle ainsi réduite est inférieure
» à dix ares. »

Maintenant, quels sont les délais énoncés aux articles 24 et 27 de cette même loi du 3 mai 1841 ?

Voici le texte de l'article 24 :

« Dans la quinzaine suivante, les propriétaires ou
» autres intéressés seront tenus de déclarer leur ac-
» ceptation ou, s'ils n'acceptent pas les offres qui leur
» sont faites, d'indiquer le montant de leurs préten-
» tions. »

Passons à l'article 27.

« Le délai de quinzaine fixé par l'article 24, sera
» d'un mois... *pour les femmes mariées sous le régime*

» *dotal, assistées de leurs maris, les tuteurs, ceux qui*
» *ont été envoyés en possession provisoire des biens*
» *d'un absent et aux personnes qui représentent les*
» *incapables. (Article 25). »*

Ainsi cette partie de la loi du 3 mai 1841 est claire
et parfaitement définie; ajoutons qu'elle est empreinte
d'une haute sagesse.

En effet, il peut arriver qu'une partie d'une propriété,
celle qui se trouve en dehors de la voie, devienne dans
les mains de son détenteur une valeur sans utilité,
sans profit, amondrie, une valeur morte.

Entrons dans le vif de la question. Ma maison occupait 200 mètres de terrain, l'expropriation m'enlève
pour la voie 150 mètres, que puis-je faire de la partie
restante et non expropriée? rien.

Présentons la question sous un jour différent.

Ma maison a 400 mètres superficiels.

La rue ou le boulevard en question en absorbe 200.

Mais pour raccorder cette partie restante avec la rue,
il faudrait bâtir une façade et l'adapter aux constructions
anciennes; de là, des dépenses et souvent considérables.

Il est donc naturel qu'un propriétaire, un père de
famille hésite à conserver la partie restante, surtout
dans l'ignorance où il se trouve de l'indemnité que le
jury lui accordera pour la partie expropriée.

Voilà pourquoi le législateur a été sagement in-
spiré en accordant aux propriétaires, dont une partie des
immeubles est expropriée, la faculté de contraindre la
Ville, à prendre, à payer le tout.

Cette obligation, d'ailleurs, est presque toujours favorable à la Ville ou à la compagnie concessionnaire.

En effet, ces parties *restantes* deviennent ce qu'on appelle des terrains ou des constructions de façade, dont la plus-value, toujours certaine, augmente au fur et à mesure des nouvelles constructions qui s'élèvent en bordure de la voie.

Ajoutons, que cette faculté réservée aux propriétaires profite bien davantage aux sociétés financières, par cette raison que les uns abandonnent une plus-value, dont les autres profitent toujours et quand même.

En effet, le jury d'expropriation ne peut faire entrer en ligne de compte cette plus-value, qui est un espoir ou une certitude dans l'avenir, àlors que les propriétaires déclarent eux-mêmes vouloir être expropriés entièrement et tout de suite.

Cela est si juste, si profondément vrai, que ces parties restantes ont toujours produit une plus-value, qui souvent a constitué *seule* le bénéfice des compagnies concessionnaires.

Maintenant, que nos lecteurs ont bien compris la faculté laissée aux propriétaires de se faire exproprier en *totalité*, il importe de leur expliquer aussi clairement la législation en ce qui concerne le droit *moins absolu, de conserver* la partie des immeubles que les voies nouvelles n'absorbent pas.

La loi du 3 mai 1841 ne conférait à l'Administration que le droit de s'emparer des immeubles ou portions d'immeubles rigoureusement nécessaires à l'ouverture des nouvelles voies. Libre aux propriétaires de conserver les parties restantes, ou d'obliger l'Administration, comme nous l'avons dit, à exproprier la totalité de leurs immeubles.

La faculté de conserver les parties restantes était-elle juste, rationnelle?

En principe, oui. Mais dans l'application rigoureuse, absolue, cette faculté pouvait entraîner de graves inconvénients.

Pourquoi le principe était-il excellent dans son essence, et d'où vient que les conséquences dans l'application brutale pouvaient être nuisibles?

C'est ce que nous allons expliquer.

Le droit de propriété, c'est-à-dire de conserver sa chose ou son bien, est le droit le plus ancien et le plus sacré.

C'est en même temps la glorification du travail et la sécurité de la famille.

Dès que la barbarie a fait place à la civilisation, de tous les droits admis, règlementés, c'est le droit de propriété que les législateurs ont constaté, garanti le premier.

Par contre, comment qualifier le droit ou la faculté d'expropriation?

Si ce droit était exagéré, si cette faculté était absolue, ce serait la négation, l'étranglement de la propriété.

En vain, dirait l'expropriant : « Votre maison n'est qu'un amas de pierres que je fais estimer, j'en ai besoin, je les prends, je les paye.

« Ce champ contient tant de toises ou de mètres, leur

» valeur est de tant, je m'en empare, voici votre argent,
» nous sommes quittes.

Le payement, disons-le tout de suite, ne libérerait pas
l'expropriant, ce serait toujours un spoliatenr. Pourquoi ?

— » Les matériaux dont ma maison se compose, le
» blé qui couvre mon champ n'en constituent pas
» toute la valeur.

» Je tiens à ma maison parce qu'elle résume pour
» moi les souvenirs les plus tendres, les affections les
» plus pures et les plus douces. Mon père y est mort,
» c'est là que j'ai vu naître et grandir mes enfants,
» c'est là que se concentrent depuis bien des années
» toutes les joies du foyer domestique.

» Pourquoi me dérober tous ces biens, toutes ces
» tendresses, pourquoi me voler tout ce bonheur ?

— » Nous savons, réplique le législateur, que tout
» l'or du monde ne saurait faire renaître les affec-
» tions qu'on brise.

» Mais ce mal, que nous faisons bien malgré nous,
» est en quelque sorte imposé dans l'interêt, pour le
» bien-être de tous.

» Pourquoi prenons-nous ces maisons étroites et
» serrées, qui se pressent dans ces ruelles hideuses et
» malsaines ? Pour créer de larges voies, de précieux
» ventilateurs, pour assainir, purifier ce quartier où
» s'entassait une population misérable qui, depuis des
» siècles, naissait, souffrait, mourait sans sortir d'une
» atmosphère putride.

Telle est l'unique faculté, le droit réel d'expropriation honnête et légitime, devant lequel doit s'incliner le droit de propriété lui-même.

Maintenant, la loi du 3 mai 1841, si favorable à la propriété, donnait-elle satisfaction complète à l'intérêt général?

Nous ne le pensons pas.

Pourquoi?

Parce qu'il était loisible aux propriétaires de conserver toujours, et quand même, les parties *restantes* et en dehors de la voie.

Il pouvait alors se faire que la superficie conservée fût insuffisante pour construire une maison convenable, et réunissant toutes les conditions désirables de salubrité.

Voyez les placards qui existent dans la rue de Rambuteau et dans les voies ouvertes, conformément à la loi du 3 mai 1841.

Pour remédier à cette insuffisance de la loi, fut promulgué le *décret du 26 mars* 1852, *relatif aux rues de Paris.*

L'article 2 de ce décret est ainsi conçu :

« Dans tout projet d'expropriation pour l'élargisse-
» ment, le redressement ou la formation des rues de
» Paris, l'Administration aura la faculté de comprendre
» LA TOTALITÉ des immeubles atteints, lorsqu'elle jugera
» que les parties restantes ne sont pas d'une étendue
» ou d'une forme qui permette d'y élever des construc-
» tions salubres.

» Elle pourra pareillement comprendre, dans l'ex-
» propriation, des immeubles en dehors des aligne-

» ments, lorsque leur acquisition sera nécessaire pour
» la suppression d'anciennes voies publiques jugées
» inutiles.

» Les parcelles de terrain acquises en dehors des
» alignements, et non susceptibles de recevoir des
» constructions salubres, seront réunies aux propriétés
» contiguës, soit à l'amiable, soit par l'expropriation
» de ces propriétés, conformément à l'article 53 de la
» loi du 16 septembre 1807.

» La fixation du prix de ces terrains sera faite sui-
» vant les mêmes formes, et devant la même juridic-
» tion que celle des expropriations ordinaires.

» L'article 58 de la loi du 3 mai 1841 est applicable
» à tous les actes et contrats relatifs aux terrains ac-
» quis pour la voie publique par simple mesure de
» voierie. »

Avant de discuter ce décret, insistons sur un fait
que nous avons déjà signalé.

Avec la loi de 1841, l'Administration municipale
n'était pas suffisamment armée. Il fallait lui accorde r
deux garanties.

L'une : d'éviter ces placards qui contrastent d'une
façon souvent hideuse avec la beauté magistrale d'une
grande voie ;

L'autre : d'empêcher ces sortes de spéculations hon-
teuses que se permettaient certains propriétaires in-
dignes de ce nom, de parquer des créatures du bon
Dieu dans des logements trop resserrés, malsains,
pour leur faire suer le plus d'argent possible.

Voilà les deux garanties que l'Administration municipale pouvait revendiquer au nom de l'intérêt général, au nom de l'humanité, — rien de plus.

Le décret du 26 mars 1852 dépassa le but, disons comment.

En principe, un simple décret ne saurait modifier une loi, surtout alors que cette loi intéresse le droit le plus sacré, le droit de propriété.

La loi de 1841 avait été habilement étudiée, longuement méditée. Pour la modifier, un décret ne suffisait pas; une autre loi devenait nécessaire. Si grande que soit l'habileté d'un gouvernement, si lumineuse que soit sa haute intelligence, elles sont encore moins clairvoyantes que le bon sens d'une nation, alors surtout qu'il s'agit d'intérêts aussi vifs, d'intérêts qui touchent au repos, au bien-être des familles.

La loi de 1841 avait été trop favorable à la propriété au préjudice de l'Administration, le décret de 1852, servit trop bien l'Administration au détriment de la propriété.

Démontrons les graves inconvénients du décret du 26 mars 1852.

Cette faculté, ou mieux ce droit que pouvait s'arroger l'Administration Municipale de Paris, de comprendre LA TOTALITÉ des immeubles atteints par un percement quelconque, était un droit exorbitant, monstrueux, parce qu'il n'avait de limites que le bon plaisir du Préfet de la Seine. Libre au magistrat de déclarer que les portions RESTANTES n'étaient pas suffisantes pour y élever des constructions salubres; soudain la faculté de s'en emparer lui était acquise. Que serait devenue

là propriété? le point de mire des compagnies concessionnaires, si ces parties RESTANTES, toujours confis-
quées à leur profit, eussent constitué leurs bénéfices.

La propriété n'a pas été inventée, mise au monde
pour être livrée pieds et poings liés aux hommes d'argent qui, certainement, l'étrangleraient pour en vendre
la peau.

Voici ce que Napoléon écrivait de Schœnbrunn le
7 septembre 1809 au prince Cambacérès, archichancelier de l'Empire :

« Je ne conçois pas comment il peut y avoir des
» propriétaires en France, si on peut être exproprié de
» son champ par une simple décision administrative,
» et si enfin on ne peut en appeler qu'à des autorités
» administratives qui, n'ayant aucune règle dans leur
» instruction, aucune publicité dans leurs décisions,
» aucun degré d'appel établi, font de la justice une
» affaire de faveur et de mystère. »
(*Correspondance de Napoléon Ier, Tome XIX. P. 512*).

L'autorité supérieure comprit enfin, comme le public
en avait souffert, les nombreux abus résultant du décret du **26** mars **1852** ; un second décret fut donc
promulgué pour servir de correctif au premier.

Nous reproduisons ce deuxième document officiel.

Décret du **27** *décembre* **1858** *, portant règlement d'Administration publique pour l'exécution du décret
du* **26** *mars* **1852**, *relatif aux rues de Paris.*

Art. 1er. — Lorsque, dans un projet d'expropriation
pour l'élargissement, le redressement ou la formation

d'une rue, l'Administration croit devoir comprendre,
par application du paragraphe 1er de l'article 2 du décret du 26 mars 1852, des parties d'immeubles situées
en dehors des alignements, et qu'elle juge impropres,
à raison de leur étendue ou de leur forme, à recevoir
des constructions salubres, l'indication de ces parties
est faite sur le plan soumis à l'enquête prescrite par le
titre II de la loi du 3 mai 1841, et il fait mention du
projet de l'Administration dans l'avertissement donné
conformément à l'article 6 de ladite loi.

Art. 2. — Dans le délai de huit jours à partir de cet
avertissement, les propriétaires doivent déclarer sur le
procès-verbal d'enquête s'ils s'opposent à l'expropriation, et faire connaître leurs motifs.

Dans ce cas, l'expropriation ne peut être autorisée
que par un décret rendu en Conseil d'État.

Les oppositions ainsi formées ne font pas obstacle à
ce que le Préfet statue, conformément aux articles
11 et 12 de la loi du 3 mai 1841, sur toutes les autres
propriétés comprises dans l'expropriation.

Art. 3. — Si l'Administration le juge préférable, il
est statué par un seul et même décret, tant sur l'utilité publique de l'élargissement, du redressement ou
de la formation des rues projetées que sur l'autorisation
d'exproprier les parcelles situées en dehors des alignements.

Dans ce cas, l'indication des parcelles à exproprier
est faite sur le plan soumis à l'enquête, en vertu du
titre 1er de la loi du 3 mai 1841 et de l'article 2
de l'ordonnance du 23 août 1835.

Mention est faite au projet de l'Administration dans l'avertissement donné conformément à l'article 3 de ladite ordonnance, et les oppositions des propriétaires intéressés sont consignées au registre de l'enquête.

Art. 4. — Les formalités prescrites pour les articles ci-dessus, sont suivies pour l'application du paragraphe 2 de l'article 2 du décret du 26 mars 1852.

Art. 5. — Dans le cas prévu pour le paragraphe 3 du même article, le propriétaire du fonds auquel doivent être réunies les parcelles acquises en dehors des alignements, conformément à l'article 53 de la loi du 16 septembre 1807, est mis en demeure par acte extra-judiciaire, de déclarer, dans un délai de huitaine, s'il entend profiter de la faculté de s'avancer sur la voie publique en acquérant les parcelles riveraines.

En cas de refus ou de silence, il est procédé à l'expropriation dans les formes légales.

Art. 6. — Dans tout projet pour l'élargissement, le redressement ou la formation des rues, le plan soumis à l'enquête qui précède la déclaration d'utilité publique, comprend un projet de nivellement.

Sans doute, ce décret était une satisfaction donnée aux réclamations de la propriété ; mais cette satisfaction, peut-on l'estimer complète ? Nous le pensons pas.

Pourquoi ?

D'abord, parce que le décret ne spécifie pas la contenance nécessaire, indispensable pour élever des constructions salubres ayant une forme régulière.

Comment ! un propriétaire possède un immeuble de

2,000 mètres, sur lesquels 200 seulement doivent être absorbés par la nouvelle voie, et le Préfet de la Seine peut dire que les 1,800 mètres *restants* n'ont pas une forme régulière, et qu'il est impossible d'y construire des maisons salubres !

Le propriétaire a droit, il est vrai, de s'opposer à l'expropriation totale, en s'adressant au Conseil d'État.

Ceci est une garantie, mais est-elle suffisante? Non.

Pourquoi?

Rappelons dans quelle situation s'est trouvé un propriétaire que nous avions à défendre.

Son immeuble contenait 800 mètres environ, savoir : 200 en bâtiments et 600 en terrain. La voie nouvelle, qui absorbait presque tous les bâtiments, épargnait les terrains. L'Administration prit le tout. Pourquoi cette emprise totale? le plan nous l'apprend. Les terrains épargnés devenaient des terrains de façades, et constituaient, ainsi que d'autres, le bénéfice de la compagnie concessionnaire.

Sans doute, le propriétaire pouvait s'opposer à l'expropriation complète de son immeuble. Mais, dans quelle situation se trouvait-il? dans l'ignorance complète de l'allocation du jury, laquelle ne devait être connue que dans un temps assez éloigné. Était-il certain, ce propriétaire, que l'allocation pour la partie régulièrement dévolue à la voie nouvelle, serait suffisante pour lui permettre de bâtir sur les terrains qu'il désirait conserver, comme on construit maintenant dans Paris? Évidemment, non.

Mais, pourra-t-on répliquer. Il pouvait vendre plus

tard les terrains lorsqu'ils auraient acquis une plus-value.

Nous répondons : — Pour attendre cette plus-value, il faut des rentes, et l'expropriation de ses bâtiments avait enlevé au propriétaire les revenus qui le faisaient vivre.

Voilà comment il s'est fait que le propriétaire en question, s'est trouvé forcé, comme le sont, comme le seront tous les petits propriétaires, de subir l'expropriation *totale* de son immeuble.

Le décret du **27** décembre **1858**, aurait, selon nous, complétement sauvegardé la propriété en cette circonstance, si le jury eût été appelé à statuer sur deux indemnités hypothétiques ; l'une relative à la *partie* régulièrement expropriée et *seule* nécessaire à la voie, l'autre, au sujet de *l'emprise totale* conformément aux prétentions de la Ville ou des sociétés concessionnaires. Le propriétaire eût été libre alors de faire un choix, et de se décider au mieux de ses intérêts.

M. le Préfet de la Seine pourrait nous dire : Avec une telle législation, nous n'eussions jamais remué avec nos travaux trois ou quatre milliards dans Paris.

Nous répliquons, cela est vrai. Paris y a gagné douze ou quinze boulevards, mais Paris a subi quatre ou cinq cent mille ouvriers, artisans et nécessiteux de la province, qui sont venus fondre sur la Capitale par le fait de l'attraction irrésistible que ces travaux immenses ont exercée sur eux.

Louis Lazare.

DISCOURS ET HARANGUES

PRONONCÉS

A L'HOTEL DE VILLE DE PARIS

AUTREFOIS — AUJOURD'HUI

EN 1604

Le lendemain de l'élection du Prévôt des Marchands.

PIERRE SAINCTOT, Échevin.

«..... Puisque, comme de juste raison et tout d'abord, M. le Gouverneur de Paris nous a proposé de vuider nos coupes à la santé du Roy ; ce qui a été faict avec dilection, veu que nostre cher Syre est bien la plus parfaicte créature, dont Dieu le père aye orné âme avenante aux riches et pitoyable aux pauvres.

» Veu que messire François Myron, nostre premier Magistrat par élection, mais plus encore par le cœur et l'entendement, vous a demandé de boire à la santé de

VIII.   14

Mme Marie; que ledict Prévost a ajouté fort gallamment que la Reyne de France estoit aussi belle que le vin de nostre pays estoit bon et généreux; ce qui a été approuvé de cœur, attendu qu'il n'est pas resté une seule goutte de nectar dans nos coupes pour la seconde fois épuisez;

» Veu que Maistre Martin de Bragelongne, Prévost honoraire, a proposé à son tour de boire à la santé du gentil Dauphin et a dict en forme d'invocation et en langage fleuri, attendu qu'il festoie avec une des neuf Muses : « Petit Prince, que Dieu te fasse grand un » jour, et que tu soyes en valeur, bonté et prud'hommie » la portraicture fidèlle de ton père Henry, dont » la France raffole; » ce qui a fait pleurer tout un chacun et boire en acquiescement des dictes paroles, qui vont monter à Dieu, qui les acceptera comme du bon et suave encens !

» Pour lors, Monseigneur, Messires et Messieurs, à mon tour maintenant comme Premier Eschevin : je vous propose de boire A LA PROSPÉRITÉ DE LA VILLE DE PARIS, sur laquelle je vous demande à picoter quelque peu de la langue.

» Tout d'abord faisons un petit larcin mythologique à Maistre Bragelongne, et disons que cette ville bien aymée ressemble au figurez à une charmante syrène, et que tout un chacun poëte, artiste, magistrat et guerrier en raffolle, et que la susdite, aux appas si séduisants, nous tient tous à ses pieds enchainez, esclaves, à genoux !

» La coquette dit au Souverain qui la câline : Mon

doulx Syre, je suis la plus belle perle de ta couronne de France ; au savant : ta science je sais la faire briller comme le lapidaire taille le diamant ; au poëte : ton génie ne peut rayonner sur le monde qu'alors que je t'ai adopté!... Buvons donc, mes maîtres, à la grandeur, à la gloire et à la beauté de cette noble Cité parisienne, qui sera bientôt la capitale de l'Europe et la préférée du monde!... »

(Festes donnez à l'hostel de Ville à l'occasion des Élections d'aoust 1604 ; reg. de la Ville).

HARANGUE

DE

JACQUES SANGUIN AU ROI HENRI IV

(Aoust 1608)

« Syre, on vous a dict que le populaire de Paris estoit turbulent et dangereux ; ôtez-vous cela de l'esprit, Syre.

» Voilà vingt années, ou à peu prez, que je m'occupe d'Administration, or il m'est de science certaine qu'on insulte méchamment vostre honneste Ville de Paris. Elle renferme, il est vray, deux sortes de populaires bien dissemblables d'esprit et de cœur. Le vray populaire, c'est-à-dire né, ellevé à Paris, est le plus laborieux du monde, voire même le plus intelligent ; mais l'aultre, Syre, est le rebut de toute la France : *Chaque ville de vos provinces a son égout qui amène ses impuretez à Paris !* Par exemple, une fille se fait-le engrosser à Rouen   : vite elle prend le coche et débarque à Paris pour ensevelir sa honte. Elle met au monde un petit estre, et c'est le Parisien qui nourrit cet enfant que le Normand a eu le plaisir de faire ; puys on dict : *Le Parisien aime la cotte !...*

» Un homme a-t-il volé à Lyon ; pour échapper à la police, il vient se cacher à Paris ; et comme le mestier de voleur est le plus lucratif par le temps qui court, il coupe les bourses de plus belle ! S'il est pris, voicy ce qui arrive : *C'est le Parisien qui est le vollé, qui nourrit le Lyonnais qui est le voleur !...*

» Un Marseillais a-t-il assassiné : Paris est son refuge et son impunité ; s'il tue encore quelqu'un, c'est-à-dire un Parisien, la province dict : *Il n'y a que des brigands à Paris !*

» Syre, il est temps que tout cela finisse. La Ville de Paris ne doit plus estre l'hôtellerie des ribaudes et des bandits de vos provinces. Que des lois énergiques rejettent cette écume hors de la ville, afin que le flot parisien reprenne sa transparence et sa pureté ? »

DISCOURS D'ADIEU

DE

PIERRE-ANTOINE DE CASTAGNÈRE,

Prévôt des Marchands

AU CORPS MUNICIPAL DE PARIS (27 AOUT 1725).

« Messire et Messieurs,

» J'entre aujourd'huy dans ma soixante-dix-neuvième année, et j'ay pensé qu'il falloit pour diriger les affaires de la Ville, sinon un dévouement plus grand que le mien, du moins une main plus ferme.

» Vous trouverez dans ce cahier le compte exact de ma gestion pendant l'année 1724.

» Je suis entré Prévost des Marchands de la Ville de Paris ayant 6,000 livres de revenu, il ne m'en reste que 3,000 aujourd'huy.

» C'est assez pour un vieillard, car Dieu, en appelant à luy mes deux fils bien-aimés, m'a laissé seul.

» Dans ma longue carrière administrative, j'ay dû commettre bien des erreurs (notre pauvre humanité n'est pas toujours clairvoyante); ma conscience, toutefois, ne me reproche aucune mauvaise action.

» Je crois avoir rendu bonne et loyale justice, aussi bien au menu peuple qu'aux nobles et aux riches.

» Jusqu'à ma dernière heure, je tiendrai à grand et insigne honneur d'avoir été votre premier Magistrat !

» J'ai toujours aimé cette bonne ville *tant calomniée*, comme un enfant chérit sa mère nourrice, et jusqu'à la fin je me ferai gloire d'être Parisien.

» Mais assez parlé de moy, c'est chose plus utile de vous entretenir de cette noble et belle institution municipale que l'Europe nous envie.

» Or donc, écoutez, mes enfans, et faites profict des conseils d'un vieillard.

» Dieu, croyez-moi, accorde à ceux qui vont mourir un dernier rayon de sagesse qui fait que le jugement s'éclaire et que l'âme s'épure !

» Voilà plus de dix siècles que la Prévosté existe, sans avoir subi de grave altération. Comme à ses premiers jours, elle est en pleine séve ; à quoy cela tient-il ?

» A la stricte observance de nos principes.

» Nos devanciers ont tous compris qu'ils devoient se renfermer dans leurs attributions.

» Chercher à les étendre, ce seroit nous briser et nous perdre.

» Quand vous entrez dans ce palais, n'oubliez jamais, alors que vous endossez vos costumes d'Échevins ou de Conseillers, de laisser au vestiaire, avec vos habits de ville, toutes vos opinions politiques et philosophiques. En mettant le pied dans ce palais, vous êtes les Magistrats, les tuteurs de la ville. Ces titres sont assez beaux, ma foy, pour contenter une honnête ambition.

» Aymez et respectez vos Roys, sans être les courtisans du Pouvoir. Faites du bien aux pauvres, sans être les flatteurs du peuple.

» En améliorant d'abord, comme c'est votre devoir, les quartiers malsains ; en augmentant ensuite la prospérité des quartiers riches, ne sollicitez pas, ne briguez pas la reconnoissance de vos administrés ; laissez-la monter plus haut... jusqu'au Roy, qui a consacré vos décisions, afin que l'amour de son peuple rende la tâche du Souverain plus facile et conséquemment plus heureuse.

» Sous peu de jours, vous allez procéder à l'élection de mon successeur.

» Portez vos voix, non sur le plus habile, mais, avant tout, sur le plus honnête.

» Que le Prévost que vous allez choisir soit d'humeur conciliante et de manières distinguées et polies.

» Si cette robe de satin et ce manteau de velours couvroient des formes vulgaires, on riroit d'abord du Magistrat, puis on se moqueroit de l'institution.

» En France, ne l'oubliez pas, le ridicule tue plus sûrement que le glaive.

» Lorsque la Ville donne des fêtes, comme ce n'est pas le Prévost qui paye les violons, mais bien ses administrés, faites que le premier Magistrat honore la Cité en conviant ses enfans les plus dignes.

» Comme dernière recommandation du plus grand intérêt, évitez, mes enfans, de choisir pour Magistrat un homme qui auroit figuré dans nos discordes civiles : l'homme politique nuiroit au Magistrat, et puys les gens de désordre sont incapables d'administrer.

» Finalement, en ce qui concerne le Prévost, tâchez qu'il réunisse trois qualités, qui sont : Honnêteté, talent et courtoisie !

» Passons maintenant aux *Conseillers de Ville*, qui doivent être les *contrôleurs* des actes du Prévost. Bien que les Conseillers susdits tiennent les cordons de la bourse, il ne faut pas qu'ils soient les cerbères hargneux du trésor de la Ville, mais bien les dispensateurs éclairés de ses finances.

» Pour remplir ces fonctions, il faut, non des hommes à petites idées, étroites et mesquines, mais des Magistrats ayant des vues larges et élevées. On n'administre pas une ville comme Paris de la même façon qu'un marchand de la rue aux Lombards gère son commerce de pruneaux ou de pistaches.

» Quand on a l'honneur d'être Conseiller, il faut élever son âme à l'unisson de la grandeur et de l'importance d'une ville qui a son poids dans les destinées du monde.

» Or, quels sont les hommes qu'il faut que vous choisissiez de l'œil et touchiez de la main ?

» Ii m'est de science certaine que les hommes de loisir et indépendants de fortune et de position sont ce qu'il y a de mieux.

» Des preuves, j'en ai les mains pleines. Si l'on prend un Conseiller faisant un commerce, par exemple, dans le cœur du Magistrat il y aura deux affections, ses chers intérêts et ceux de la Ville. Dans cette position, il y a toujours lutte, et souvent le marchand, trop occupé, sacrifie l'administrateur. Si l'on choisit un médecin en exercice, qu'un de ses clients tombe subitement malade : par humanité il se doit à l'être qui souffre, par devoir il appartient à l'Administration.

Placer un Magistrat entre deux obligations aussi saintes, c'est l'exposer à n'en remplir aucune.

» Si vous jetez les yeux sur des financiers, tamisez leurs antécédents ; il y a un vieux proverbe qui dit : *Quand la main touché trop à l'argent, le cœur devient métal.*

» Mes enfans, les malheurs causés par le déplorable système de Law ne sont pas si éloignés que vous n'en ayez souvenance.

» Je le rappelle avec douleur : deux financiers, Conseillers de Ville, eurent des accointances avec l'Écossais.

» Savez-vous ce qu'il arriva ? En 1720, la Ville avoit besoin d'argent, et pensoit à recourir à l'emprunt. L'affaire fut discutée au Conseil ; elle passa, mais à deux voix de majorité.

» Voici ce qu'il advint plus tard : Les deux Conseillers qui, par leur vote, avoient fait incliner un des plateaux de la balance qui portoit l'emprunt, furent ceux-là même qui plus tard, comme banquiers, en réalisèrent les bénéfices.

» Or, je dis qu'on n'est pas Magistrat pour arrondir sa fortune, mais bien pour ne s'occuper que de celle de la Ville.

» Loin de moi la pensée de jeter une défaveur quelconque sur ces professions qui, loyalement exercées, concourent à la prospérité de l'État.

» Ces principes administratifs, je les applique d'ailleurs à toutes les professions, *sans en excepter aucune.*

» Et puys, il est une vérité devant laquelle nous devons nous incliner tous et chapeau bas ; cette vérité la voicy : *Pour faire un bon Conseiller, il faut dix années d'études en travaillant pour la Ville douze heures par jour.*

» C'est par un tel labeur qu'on acquiert son prix.

» Impossible, à mon avis, à un Magistrat d'accommoder les intérêts de sa profession avec ceux de la Ville, et de les dorloter ensemble sur le même oreiller.

» Mais, me direz-vous, je suis bien pointilleux, et il faudrait une lanterne de Diogène pour trouver des Conseillers.

» Mon Dieu! Paris est assez riche en hommes de loisir et de cœur pour ne pas être embarrassé. Choisissez, si vous voulez, pour Conseillers d'anciens marchands, d'anciens médecins, d'anciens banquiers devenus libres ; mais n'enlevez pas le marchand à son comptoir, le médecin à ses malades, et le banquier à ses écus.

» Adieu, mes chers enfans ; en vous quittant, votre Magistrat vous fait une dernière recommandation : vivez dans la crainte de Dieu et le respect du Roy.

» J'ay dict. »

AUJOURD'HUI

SÉANCE D'INSTALLATION

DU

NOUVEAU CONSEIL MUNICIPAL DE PARIS

(28 Novembre 1864.)

« ..... Au milieu de cet océan aux flots toujours
» agités et renouvelés, il y a une minorité considérable
» sans doute de Parisiens véritables, qui formeraient,
» si l'on pouvait les discerner et les saisir, l'élément
» constitutif d'une commune ; mais, isolés les uns des
» autres, changeant avec une extrême facilité de loge-
» ments et de quartiers, ayant leur famille dispersée
» sur tous les points de Paris ; ils ne s'attachent guère
» à la Mairie d'un arrondissement déterminé, au
» clocher d'une paroisse particulière.

» Quel moyen auraient-ils, d'ailleurs, de se recon-
» naître et de s'entendre sur les vrais intérêts commu-
» naux ?

» Et alors même que les Parisiens proprement dits
» seraient, par quelque privilége renouvelé des temps
» du moyen âge, mis en demeure de se retrouver dans
» la ville, de se grouper pour choisir des mandataires
» chargés de leurs intérêts communaux, sauraient-ils
» toujours se tenir en dehors du vaste courant qui

» entraîne fatalement ici le suffrage universel vers le
» côté politique des questions?...

» Baron HAUSSMANN.

» *Préfet de la Seine.* »

Comme ces quatre discours sont différents au fond comme dans la forme ! Les trois premiers sont pleins de convenance, de bonhomie et d'apaisement, le quatrième engage une discussion fiévreuse, une controverse irritante.

Quelle nécessité commandait au Magistrat de soulever le flot, dont le cristal était si parfaitement uni ?

De quel droit se substituer au Souverain pour s'ériger en régulateur des destinées de la France?

Pourquoi démolir, avant qu'il soit placé, le couronnement de l'édifice social sculpté par l'Empereur?

Comme les huit ou neuf cent mille Parisiens doivent être singulièrement flattés d'avoir M. le baron Haussmann pour premier Magistrat!

M. le Préfet de la Seine a-t-il le droit d'engager l'avenir et de frapper la Ville de Paris, dont l'Administration lui est confiée d'une espèce d'interdit perpétuel?

Ainsi le dernier paysan de l'Alsace ou de la Champagne pouilleuse, dont toute l'intelligence se mesure aux mouvements de sa charrue traçant toujours les mêmes sillons, jouirait de certaines prérogatives, refusées à tout jamais au peuple de Paris, d'où part le premier rayonnement qui éclaire le monde.

Nos braves et dignes aïeux, les enfants de Paris, ont exercé pendant douze siècles le droit d'élire leurs Magistrats ; mais nous sommes tellement dégénérés, abâtardis aujourd'hui, selon M. le Préfet, que cette faculté doit nous être refusée à tout jamais.

Ce discours est une grande et insigne maladresse qui nuit au Magistrat et sert mal l'autorité.

Louis Lazare.

L'ANCIEN PARC DE MONCEAUX

ET

L'EMPEREUR NAPOLÉON Ier

En plusieurs circonstances, nous avons eu l'honneur de nous élever contre la mutilation qu'on a fait subir, dans un intérêt de spéculation, à cet ancien domaine princier.

Étrange contradiction ! Au moment où nos Édiles imposaient à la Ville de Paris des dépenses relativement considérables pour créer un vaste jardin public sur les buttes Chaumont, alors qu'ils englobaient dans le bois de Vincennes toute la plaine de Charenton, d'où vient qu'ils laissaient morceler le parc de Monceaux.

En vain oserait-on répondre : « Ce domaine était une propriété de la famille d'Orléans, l'Administration Municipale ne pouvait donc en disposer à son gré. »

— Nous répliquerions : la Ville de Paris eût certainement obtenu pour transformer l'ancien parc de Monceaux en un immense jardin public des conditions meilleures que celles qui ont été consenties à des spéculateurs.

D'ailleurs, l'Administration Municipale n'a-t-elle pas favorisé cette mutilation, en infligeant au boulevard de Malesherbes une brisure que lui épargnait le décret impérial du 10 septembre 1808 ?

Jamais Napoléon Ier n'a voulu consentir à l'aliénation ou à la mutilation de cet ancien domaine princier.

Voici un document historique en faveur de l'opinion que nous exprimons :

A M. GAUDIN

Ostende, 5 mars 1807.

Ce qui s'est fait à Mousseaux n'a pas rempli mon objet. Un beau jardin de plus est nécessaire à la grande ville. Il faut donc faire rédiger un deuxième projet, pour avoir là un jardin qui, dans un genre différent, rivalise avec les Tuileries, le Luxembourg et le jardin des Plantes. Les jardins des Tuileries et du Luxembourg étant dans le genre français, un jardin véritablement beau dans le genre chinois ne peut être qu'un nouvel agrément pour Paris.

Il faut qu'au moyen des embellissements dont on va faire le projet, il devienne plus beau qu'il n'a jamais été. Le Ministre des finances doit donc renvoyer cet objet au Ministre de l'intérieur. On le chargera de faire exécuter mes vues, en faisant consulter les gens de l'art attachés à ce ministère.

NAPOLÉON.

(Correspondance de Napoléon Ier, Vol. XIV. P. 466.)

DE LA

RECONSTRUCTION DU THÉATRE DU VAUDEVILLE

Dans la première livraison de ce huitième volume, nous avons cru devoir nous élever contre cette étrange manière d'administrer qu'ont adoptée nos Édiles : d'abandonner à des compagnies le soin d'édifier les marchés, si nécessaires surtout à la banlieue annexée, pour se faire, par contre, entrepreneurs de théâtres, et bâtir avec l'argent de la Ville des salles de spectacle, lesquelles seraient plus économiquement, plus vite et mieux construites par des capitalistes.

En bonne administration, c'est le contraire qui devrait avoir lieu ; nos vieux Échevins de Paris pensaient avec raison que les créations utiles devaient précéder les constructions de luxe.

Nous avons additionné les sommes considérables que l'Administration a dépensées pour les *théâtres Lyrique*, du *Châtelet* et de la *Gaîté*.

On commence à bâtir à l'angle gauche de la rue de la Chaussée-d'Antin, un quatrième théâtre municipal, le *Vaudeville*.

Si l'on se rappelle la magnifique propriété qu'il a fallu exproprier pour faire un emplacement à la nouvelle salle de spectacle, ce qu'elle a coûté comme indemnités immobilières et locatives ; si l'on ajoute la dépense des constructions qui vont s'élever et les frais de tous genres que nécessite l'édification d'un théâtre, le Vaudeville doit absorber au bas mot sept millions !

Si le Conseil Municipal de Paris redevenait le produit de l'élection, il est vraisemblable que le système actuel de dépense n'obtiendrait pas des administrés un bill d'approbation.

Mais hâtons-nous de rappeler que si le Parisien est considéré comme le peuple le plus spirituel de la terre, on ne le reconnaît plus apte maintenant à nommer ses Édiles. Ce droit, il l'a exercé pendant douze siècles, il ne l'a plus aujourd'hui.

Le dernier des paysans de la plus chétive commune de la Champagne pouilleuse ou de la Savoie, est plus libéralement traité que le Parisien sous le rapport des franchises municipales.

Ce que nos Édiles lui demandent, ce n'est pas son avis sur leur Administration, encore moins son approbation, c'est son argent.

Quant à la manière de le dépenser, nos Administrateurs n'en doivent compte qu'à Dieu.

Étrange contradiction !

D'un côté, voici un homme habitant une ville, une

capitale, Paris enfin, d'où part le premier rayonnement qui éclaire le monde. Cet homme est instruit, lettré, il peut exercer la profession la plus honorable, il sera ce qu'il voudra, architecte, médecin, notaire, qu'importe?

D'un autre côté, voilà un paysan, un garçon de ferme, dont toute l'intelligence se mesure aux mouvements de sa charrue traçant chaque année les mêmes sillons. Toute son ambition est d'apporter à une femme quelconque, brune, blonde ou rousse, cinq cents livres en gros sous, un âne et sa virginité.

Eh bien! le premier, l'homme instruit, est déshérité d'un droit que le second, l'ignorant, exerce dans toute sa plénitude.

Mais revenons au Vaudeville, pour rappeler l'origine de ce théâtre.

L'Assemblée nationale par sa déclaration du **19** janvier **1791**, donna liberté pleine et entière aux entreprises théâtrales. C'est à ce nouveau régime que le Vaudeville dut sa naissance ; voici comment :

La comédie italienne (l'Opéra-Comique), voulant se mettre en mesure de soutenir la concurrence que lui faisait le théâtre de *Monsieur*, en représentant aussi des opéras français et des opéras italiens, congédia ceux de ses artistes qui ne jouaient que la comédie et le vaudeville.

Parmi les acteurs renvoyés, les uns allèrent fonder le théâtre du Marais, qui disparut en **1807**, lorsque Napoléon rétablit la limitation du nombre des théâtres dans Paris. Les comédiens, sous la conduite de Rosières, artiste aimé du public, se concertèrent avec les auteurs Piis et Barré, louèrent dans la rue de Chartres (démolie depuis pour l'achèvement du Louvre) une salle de bal connue sous le nom de Wauxhall d'hiver.

L'architecte Lenoir transforma cet emplacement en théâtre dit du Vaudeville, dont l'ouverture eut lieu le 12 janvier 1792 par une pièce en trois actes, de Piis, intitulée *Les Deux Panthéons*, ce qui fit dire plus tard :

> Dans le pays où nous sommes,
> Je vois qu'il existe à Paris,
> Et le Panthéon des grands hommes,
> Et le Panthéon des petits,

Pendant la période révolutionnaire, le Vaudeville eut à soutenir des luttes continuelles ; il devait, à l'exemple des autres théâtres, jouer des pièces flattant l'opinion du jour. Or, chaque auteur y mettait parfois des restrictions qui amenaient des scènes tumultueuses au préjudice des écrivains. C'est ce qui arriva bientôt à Barré, Radet et Desfontaines, à l'occasion de leur *Chaste Suzanne*.

Le public crut y voir des allusions au sujet du procès futur de la reine Marie-Antoinette. Au moment où le juge dit aux deux vieillards accusant Suzanne : « Vous êtes ses accusateurs, vous ne pouvez être ses juges, » un tonnerre d'applaudissements mêlé de sifflets ébranla le théâtre, et bientôt le tumulte devint si grand, qu'on fut obligé de faire évacuer la salle. Les auteurs étaient arrêtés le lendemain et mis en prison.

On leur fit comprendre que le seul moyen de recou-

vrer leur liberté était de composer, en forme d'expia-
tion, un vaudeville de *circonstance*. Les descendants
d'Olivier Basselin se mirent à l'œuvre, et improvisèrent
un vaudeville intitulé : *Au Retour*. Le couplet suivant,
qui fut chanté par l'actrice qui remplissait le rôle de
Manon, ouvrit aux auteurs la porte de leur prison :

> Si j' fais un amant, dit Manon,
> Je veux qu' ce soit un bon luron,
>   Qui soit bon patriote ;
> L'âge et la mise n'y f'raient rien ;
> Mais pour son bien, comme pour le mien,
> J' l'aimerais mieux sans culotte.

Un incendie, qui éclata dans la nuit du 16 au 17 juillet
1838, détruisit le théâtre de la rue de Chartres.

Le Vaudeville s'établit provisoirement dans le café-
spectacle du boulevard de Bonne-Nouvelle ; il y resta
jusqu'au 16 mai 1840. Alors, il vint occuper la salle de
la place de la Bourse, dont voici l'origine :

En 1826, Bérard, ancien directeur du Vaudeville,
avait obtenu du Ministre de l'Intérieur, Corbière, le
privilége d'un nouveau théâtre, ce directeur s'associa
M. Langlois, l'un des propriétaires du passage Feydeau.

Sur une partie de l'emplacement de ce passage, ils
firent construire, d'après les dessins et sous la direction de M. Debret, architecte, une jolie salle de spectacle, avec de belles maisons à droite et à gauche.
Cette salle et ses dépendances coûtèrent 3,467,000 fr.
La nouvelle entreprise reçut le nom de théâtre des
Nouveautés, et l'ouverture en eut lieu le 1.er mars 1827.

Après une alternative de bons et de mauvais jours, le théâtre des Nouveautés fut fermé le 15 février 1832.

Au mois de septembre de la même année, le théâtre de l'Opéra-Comique, qui avait déserté la salle Ventadour, vint se fixer à la place de la Bourse. Lors du retour de ce spectacle à la salle Favart, le théâtre de 'Opéra-Comique céda la place au Vaudeville, dont la démolition aura lieu pour l'exécution du prolongement de la rue de Réaumur.

Prochainement, nous nous occuperons du nouveau théâtre, qui doit être bâti d'après les plans et sous la direction de M. Magne, architecte.

Louis Lazare.

EXPROPRIATIONS POUR CAUSE D'UTILITÉ PUBLIQUE

AU PRINCE CAMBACÉRÈS

Archichancelier de l'Empire, à Paris

Schœnbrunn, 7 septembre 1809.

Mon Cousin,

J'ai reçu un rapport du grand juge en réponse à ma lettre du 21 août sur les expropriations forcées.

Je ne conçois rien à cette phrase du grand juge :
« La dépossession forcée, sans indemnité préalable, est

» une violation manifeste du Code Napoléon : mais,
» cette contravention à la loi n'étant qualifiée ni de
» crime, ni de délit par le Code pénal, elle ne peut
» donner lieu à aucune poursuite criminelle ou cor-
» rectionnelle. »

J'avoue que je ne comprends pas cela, et je crois que mon idée n'a pas été saisie.

L'expropriation, lorsqu'elle n'est pas judiciaire, est une voie de fait; la voie de fait est un délit qualifié par la loi. Ainsi, si un particulier s'empare de vive force de la maison d'un autre, il y a expropriation forcée et recours au petit criminel. Or, je ne voudrais faire aucune différence pour l'Administration, je ne voudrais pas qu'elle pût exproprier, parce que je regarde cet acte comme un acte essentiellement judiciaire. Faites-moi connaître comment l'Administration peut exproprier un individu. Si elle n'en a pas le droit, elle commet une voie de fait, et alors il y a recours au petit criminel. Je veux laisser à l'Administration ce qui lui est attribué relativement à l'évaluation du prix et au jugement de l'utilité de la chose requise; mais je voudrais qu'on ne pût mettre la main sur la maison ou sur le terrain qu'après un acte judiciaire, et qu'il ne fût pas loisible à un préfet de s'emparer des biens d'un citoyen. La propriété serait assurée, ce me semble, toutes les fois qu'on ne pourrait la perdre que de son consentement, en vertu d'un contrat, et dans le cas où il n'y aurait pas de contrat, que par un acte judiciaire qui autoriserait l'expropriation. Je ne conçois pas comment il peut y avoir des propriétaires en France, si on peut être exproprié de son champ par une simple décision administrative, et si enfin on ne peut en appeler qu'à des autorités administratives qui, n'ayant aucune règle dans leur instruction, aucune publicité dans leurs décisions, aucun degré d'appel établi, font de la justice une affaire dè faveur et de mystère. Les intendants jadis pouvaient-ils exproprier?

Enfin, vous autres jurisconsultes, qu'entendez-vous par expropriation? C'est, il me semble, prendre le bien d'un homme malgré lui. Comment cela peut-il se faire autrement que par un acte judiciaire? Enfin, comment cela se fait-il aujourd'hui? Quels sont les agents qui peuvent exproprier? En quelle forme est la pièce qui exproprie? Qui la signifie? Comment s'exécute-t-elle?

Je crois que même les agents de l'enregistrement ont la faculté d'exproprier.

Ainsi donc les préfets, les sous-préfets, les agents des domaines, peut-être ceux des forêts, peuvent priver qui bon leur semble de leurs propriétés? Faites-moi, je vous prie, une dissertation là-dessus. Faites-moi connaître ce qui existe, ce qui se pratique aujourd'hui et en vertu de quelle loi.

L'acquisition de la propriété se fait par acte judiciaire : soit achat, soit vente, soit succession, soit donation entre-vifs, on ne peut acquérir la propriété que par un acte judiciaire. On ne doit la perdre que par un acte judiciaire. Ce principe a-t-il été consenti de tous les temps? ou le droit romain y admettait il dés modifications ? Il me semble que la difficulté vient de cette ridicule manie qu'on a eue de la séparation des pouvoirs.

On voulait que la justice fût indépendante du gouvernement, et, pour rendre la justice indépendante, on l'annulait et on rendait tous les propriétaires passifs des agents du gouvernement. Les intendants, je crois, étaient des officiers judiciaires, et en effet, il me semble que plusieurs de leurs actes, étant considérés comme judiciaires, étaient soumis à l'appel du parlement. Nos préfets ne sont plus rien de tout cela ; nos préfets ne sont pas des officiers judiciaires.

Faites-vous remettre, je vous prie, la lettre que j'ai écrite le 21 août au grand juge, avec le rapport qu'il m'a fait, et faites-moi une dissertation qui éclaircisse bien la question. Je crains les abus : nos lois me paraissent une assemblage de plans mal assortis, inégaux, irréguliers, laissant entre eux de fréquentes lacunes, et j'attache une grande importance à joindre ces différents éléments, à n'en faire qu'un tout, afin de réprimer les abus de l'Administration, qui, dans un si grand empire, peuvent être plus fréquents.

Napoléon.

(Correspondance de Napoléon Ier, Vol. XIX, P. 312.)

La recommandation que Napoléon Ier adressait de Schœnbrunn, en 1809, au prince Cambacérès, serait encore plus justement faite aujourd'hui par Napoléon III à son Préfet de la Seine.

Jamais le respect des formes légales que Napoléon Ier

imposait à ses administrateurs, n'a été plus méconnu que de nos jours.

Voici un fait, entre beaucoup d'autres, qui témoigne de cette vérité :

M. le Préfet de la Seine avait donné congé, pour le terme de *janvier* dernier, aux locataires des immeubles expropriés pour l'ouverture du boulevard de Port-Royal. Naturellement et légalement le jury devait statuer sur les indemnités au moins en *décembre* 1866. Au moment où nous écrivons, c'est-à-dire 25 mars, le jury n'est même pas convoqué.

Bon nombre de locataires verbaux auxquels l'Administration a payé un ou deux termes, ont quitté les lieux.

Cette manière d'administrer, n'est-elle pas la violation la plus évidente du droit de propriété ?

Supposons une maison rapportant cinq mille francs par an, le propriétaire, père de famille, ne possède que ce revenu pour faire vivre ses enfants.

Ajoutons que cet immeuble n'étant habité que par des ouvriers ou de petits rentiers, n'a que des locations verbales, c'est-à-dire sans bail. La Ville, comme nous venons de le dire, donne congé en octobre 1866 à ces locataires pour janvier 1867, les paye fin février, les fait déguerpir, et la maison reste vide en mars.

L'ex-propriétaire, si le jury statue sur son indemnité en avril ou mai, ne sera vraisemblablement payé qu'en septembre ou octobre, encore si sa maison est libre d'hypothèques.

Nous demandons comment ce père de famille fera

vivre ses enfants, alors que de janvier à septembre ou octobre, par le fait de l'Administration, il n'aura pas de loyers à percevoir.

A la fin de cet article, nous examinerons la position tout aussi intéressante des locataires à *bail*. Pour le moment, continuons à démontrer l'illégalité, mais en ce qui concerne seulement le propriétaire.

Lors de la rédaction du Code Napoléon, le législateur édicta l'article 545.

Il est ainsi conçu :

— « *Nul ne peut être contraint de céder sa propriété,* » *si ce n'est pour cause d'utilité publique, et moyen-* » *nant une juste et* PRÉALABLE *indemnité.* »

L'article 53 de la loi du 3 mai 1841, sur l'expropriation pour cause d'utilité publique, porte ce qui suit :

« *Les indemnités réglées par le jury seront,* PRÉALA- » BLEMENT *à la prise de possession, acquittées entre les* » *mains des ayants-droit.* »

Eh bien ! M. le Préfet de la Seine donnant congé pour janvier, payant et renvoyant des maisons expro-priées les locataires verbaux à la fin de février, fait-il acte de *prise de possession*? Le Magistrat agit en maître comme s'il possédait purement et simplement la maison. Cependant cette prise de possession si mani-feste ne devrait avoir lieu qu'après le règlement des indemnités par le jury, or, au moment où les locataires verbaux sont payés, renvoyés et soustraits au véritable propriétaire, le jury n'est même pas convoqué.

C'est donc là, selon nous, la violation la plus mani-feste de l'article 545 du Code Napoléon, et la dérogation la plus fâcheuse à l'article 53 de la loi du 3 mai 1841.

Quelques administrateurs, nés d'hier, ont cherché à nous contredire par des subtilités dans le genre de celle-ci :

— « De quoi vous plaignez-vous, le Préfet ou la Compagnie concessionnaire du boulevard de Port-Royal a bien renvoyé les locataires verbaux, mais les maisons au moment où nous parlons sont encore debout ; donc le gage de sécurité existe encore pour le propriétaire. »

Nous avons répliqué : D'abord, vous n'osez pas discuter l'illégalité quant au fond.

Ce que vous essayez seulement de démontrer, c'est que cette violation de la loi n'entraîne aucune conséquence funeste pour les propriétaires. Eh bien ! c'est sur ce terrain que nous allons vous suivre encore.

Vous dites : « La maison est toujours debout. » Je vous réponds : « Elle est vide. »

Père de famille, si mes enfants ont faim, puis-je leur dire : Mangez ces pierres.

Mon seul gage de sécurité, mon assurance de bien-être, où donc étaient-ils ? Je les trouvais dans mes locataires, qui me constituaient un revenu modeste, mais certain. Vous avez renvoyé mes locataires, mon revenu, vous me l'avez confisqué, je suis obligé d'emprunter pour vivre jusqu'au jour où il vous plaira de me payer.

Examinons maintenant la position plus fâcheuse encore des locataires à bail.

Supposons un commerçant, un détaillant, marchand

de vin, boulanger, épicier, boucher, qu'importe! Plus sa situation sera modeste, plus nous la rendrons intéressante, et plus l'illégalité de l'Administration deviendra flagrante en fait, et cruelle dans ses conséquences.

Choisissons un boucher si l'on veut, et laissons-le parler.

«J'ai loué il y a trois ans, une boutique dans laquelle j'ai créé un fonds de boucherie ; vous connaissez les justes prescriptions de salubrité que nous impose l'Administration. Il me fallut dépenser au bas mot, huit mille francs en frais d'installation. Pour les payer, n'ayant pas d'argent, j'ai emprunté. Tout ce qui m'a été possible jusqu'à présent, c'est de faire vivre ma petite famille en remboursant à mon prêteur, capital et intérêts.

»L'Administration Municipale m'a signifié congé pour janvier dernier. J'ai dû dès le moment où j'ai reçu cette signification, c'est-à-dire en octobre 1866, chercher ailleurs, et tâcher de me procurer une autre boutique. J'ai fini par la trouver, et j'ai passé bail.

»Devant quitter mon ancienne location le 1er janvier, je pensais tout naturellement que l'on m'exproprierait en novembre, au plus tard en décembre, dans les premiers jours. Or, nous sommes au 25 mars, et le jury n'a pas encore statué sur mon indemnité ; ce jury n'est pas même convoqué à l'heure où nous parlons.

» Maintenant, voici ce qui m'est arrivé :

» Mon nouveau propriétaire m'a demandé les six mois

d'avance ; je ne les avais pas, il m'a fallu emprunter à dix pour cent, encore fort heureux de trouver.

»Cette avance payée, je n'avais que les quatre murs de ma nouvelle boutique. Comme elle se trouve plus grande que l'ancienne, mon matériel était à renouveler en partie ; deuxième emprunt, et celui-là de cinq mille francs qui, avec les douze cent francs des six mois d'avance, me constituent débiteur d'une somme de six mille deux cents francs, passibles d'un intérêt de dix pour cent.

»En bonne et loyale justice, une Administration vraiment paternelle agirait-elle de la sorte? J'avais une existence modeste, la certitude d'élever ma famille. Pourquoi est-on venu me troubler, me forcer à deux emprunts, alors que je devais croire, par le fait du congé de la Ville, être parfaitement installé dans ma nouvelle boutique au 1er janvier de cette année. »

Voilà quelles sont les conséquences des illégalités, qu'une grande et humaine Administration ne devrait amais se permettre.

Louis Lazare.

FAITS DIVERS

L'AQUEDUC D'ARCUEIL.

Beaucoup de Parisiens ne connaissent guère que de nom l'aqueduc d'Arcueil, qui amène à Paris l'eau des sources de Rungis, et dont l'origine remonte au temps de la domination romaine dans les Gaules.

Le chemin de fer de Ceinture, qui vient d'être ouvert à la circulation sur la rive gauche de la Seine, passe sous une section de ce curieux ouvrage ; elle consiste en un viaduc léger, élégant de coupe, qui domine la profonde tranchée dans laquelle la voie ferrée s'engage au sortir du grand tunnel de Montrouge et avant d'atteindre la station de Gentilly.

Déjà, sous Henri IV, on s'était préoccupé des moyens de rétablir l'ancien aqueduc, et, en 1609, Sully ordonna des fouilles et des tranchées dans la plaine de Longbayau, du côté de Rungis, afin d'y trouver les eaux que les Romains avaient recueillies pour les conduire au palais des Thermes. La mort de Henri IV suspendit l'exécution de ce projet, et ce fut seulement le 17 juillet 1613 que le roi Louis XIII et la régente, sa mère, posèrent, en grande pompe, la première pierre du nouvel aqueduc, qui fut bâti sur les dessins de Jacques de Brosse, et achevé en 1624. L'entreprise avait été adjugée à Jean Coing, maître maçon de Paris, pour la somme de 460,000 livres.

Une partie de l'aqueduc traverse le vallon d'Arcueil sur vingt-cinq arcades, élevées près d'un fragment considérable de l'aqueduc romain. Entre Arcueil et Paris, l'aqueduc forme une galerie souterraine qui fut établie, dans quelques parties de la plaine de Montsouris, sur des carrières très-anciennes et alors inconnues. Les infiltrations, les pertes d'eau, les terrassements et les affaissements qui en furent la suite, l'éboulement d'une partie de l'aqueduc, l'inondation de toutes les carrières et l'interruption du service des fontaines que les eaux de Rungis alimentaient, nécessitèrent, dès 1777, des travaux considérables pour la restauration de cet ouvrage.

Aujourd'hui l'aqueduc d'Arcueil amène à Paris 80 pouces fontainiers (on sait qu'un pouce fontainier donne en vingt-quatre heures environ 20 mètres cubes). Un bassin, établi près de l'Observatoire, à 31 mètres au-dessus de l'étiage de la Seine, reçoit les eaux de l'aqueduc. De là, ces eaux vont au bassin de l'Estrapade. Une partie en est recueillie dans un réservoir inférieur; le reste est élevé par une pompe à feu jusqu'aux réservoirs qui reçoivent les eaux de la Seine.

LA PLACE DU ROI DE ROME.

D'après les plans définitivement arrêtés, la place du Roi-de-Rome, située au point culminant du coteau qui domine la Seine, en face du Champ-de-Mars, sera de forme circulaire, et aura pour ligne de rayonnement huit avenues de premier ordre. Sur les deux tiers de son pourtour, cette place sera bordée d'hôtels symétriques, précédés d'un large trottoir planté comme celui de la place de l'Étoile; l'autre tiers, celui qui est le plus voisin du quai, restera sans constructions; il formera une immense terrasse courbe, bordée par une balustrade, et d'où l'on jouira de la perspective du Champ-de-Mars, des coteaux de Saint-Cloud, etc.

Au-dessous de cette plate-forme se développera une vaste pelouse déclive, que bordera, du côté du fleuve, une rue en section de cercle ; cette pelouse sera coupée au centre par un escalier large de 40 mètres, composé de 70 degrés, et qui, ouvert dans l'axe du pont d'Iéna, rachètera la différence de niveau entre la place circulaire et la rue courbe du bas.

Les huit voies qui rayonneront de cette place sont, d'abord celle aux 70 degrés dont nous venons de parler, puis la première section de l'avenue de l'Empereur, l'avenue du Roi-de-Rome, l'avenue Malakoff, ancienne avenue de Saint-Denis; l'avenue du Prince-Impérial, qui sera ouverte dans l'axe du grand escalier, et ira déboucher sur l'avenue de l'Impératrice, près de la porte Dauphine; la seconde section de l'avenue de l'Empereur; l'avenue projetée de la Muette, qui débouchera sur la grande rue de Passy, près de celle de la Pompe, et l'avenue Franklin, qui s'ouvrira dans l'axe de celle du Roi-de-Rome.

Au bas de la grande terrasse, près de la rue courbe

qui encadrera la pelouse déclive, déboucheront aussi deux grandes artères : l'avenue d'Iéna, qui descend des hauteurs de l'Étoile, et l'avenue Delessert, qui se dirigera vers la partie basse de l'ancienne commune de Passy.

Au bas de la terrasse gazonnée, entre la voie en section de cercle et le quai de Billy restera une zone irrégulière de terrain. Cette zone sillonnée de chemins symétriques sera décorée de pelouses limitées au sud par des trottoirs.

Ces travaux, ont sans doute, un caractère de magnificence ; mais on se demande si leur urgence est bien constatée. Selon nous, beaucoup de créations utiles eussent mérité une incontestable priorité. D'un calcul que nous avons fait à l'aide de documents officiels résulte pour nous cette vérité : l'Administration Municipale a dépensé depuis vingt années plus de pièces d'or de vingt francs, en faveur des quartiers riches de l'ouest, qu'elle n'a consacré de gros sous à l'amélioration des localités de l'est de Paris.

Louis Lazare.

LES ABORDS DE L'ÉGLISE SAINT-ROCH.

L'exécution prochaine de la rue de l'Impératrice doit amener, vraisemblablement le dégagement de l'église Saint-Roch par le prolongement de la rue des Pyramides.

Ce prolongement, comme nous l'avons déjà dit dans

nos publications, était arrêté sous le premier Empire, et ce serait une amélioration bien utile que de conduire le plus tôt possible la rue des Pyramides jusqu'à la rue de l'Impératrice.

Cette amélioration aurait aussi pour résultat la destruction du passage Saint-Roch, qui enserre ce monument à l'est.

Ce serait un véritable bienfait pour tout ce quartier que la suppression de ce passage, dont la situation déplorable est nuisible à l'édifice religieux.

L'origine de ce passage remonte à l'année 1741. Lorsque la Ville s'occupera de cette amélioration, elle n'oubliera pas les titres dont l'emploi peut diminuer la dépense de cette amélioration.

Dans un contrat de vente dressé par le Domaine national, le 1ᵉʳ nivôse an VI, d'une maison sise passage Saint-Roch, nᵒˢ 20, 21 et 22, on lit la clause suivante :

L'acquéreur sera tenu de se conformer, quand il en sera requis et ce sans indemnité, aux alignements arrêtés par la Commission des Travaux publics.

L'acte de vente du 1ᵉʳ fructidor an VI, d'un bâtiment contenant plusieurs boutiques, sous les numéros **37** jusqu'à **43** inclusivement, dans le passage Saint-Roch, renferme les dispositions suivantes : *L'adjudicataire sera tenu de se conformer, quand il en sera requis, et ce sans indemnité, aux alignements arrêtés ou qui pourront l'être par la Commission des Travaux publics.*

Puisque nous avons parlé de l'église Saint-Roch, rappelons l'origine de ce monument religieux et du quartier au milieu duquel il est situé.

VIII   16

Les buttes des Moulins et Saint-Roch se trouvaient encore, sous Charles V et Charles VI, en dehors de l'enceinte de Paris.

La porte Saint-Honoré, qui faisait partie de cette enceinte, se trouvait à l'endroit où commence la rue Traversière (aujourd'hui de la Fontaine-Molière) dans la rue Saint-Honoré.

Lors de l'édification de cette porte et de la construction du rempart, on creusa des fossés dont les terres s'amoncelèrent, et formèrent d'abord un monticule nommé butte des Moulins.

Sous François Ier, après la bataille de Pavie, on résolut de fortifier la Ville de Paris, et principalement la porte Saint-Honoré. Ce projet n'eût pas de suite. Toutefois les matériaux et les terres qu'on y apporta, exhaussèrent encore ce monticule, dont le versant septentrional fut appelé butte Saint-Roch, du nom d'un hôpital que remplaça l'église dont nous allons rappeler l'origine. La partie opposée conserva le nom de butte des Moulins en raison des moulins, qui dominaient encore cet emplacement sous le règne de Louis XIII.

Le 8 septembre 1429, Jeanne d'Arc vint assiéger Paris du côté de la porte Saint-Honoré. L'armée royale occupait les buttes des Moulins et Saint-Roch. Vers les onze heures du matin, le boulevard extérieur fut emporté par les troupes commandées par la Pucelle et le duc d'Alençon. Jeanne voulut passer outre, et assaillir le rempart. « Mais elle n'estoit pas informée de » la grande eaue qui estoit es-fossez ; et il y en avoit

» aucuns qui le sçavoient, et eussent bien voulu, qui
» lui arrivast malheur. »

Jeanne, une lance à la main, monta sur la contrès-
carpe pour sonder l'eau; en ce moment, un trait d'ar-
balète lui perça la jambe, et son porté-étendard fut tué
à côté d'elle. — « Ce nonobstant, elle ne vouloit partir
» de ce lieu, et, couchée sur le bord du fossé, elle con-
» tinuoit d'exciter l'ardeur des assaillants, et faisoit
» toute diligence de faire apporter et jetter des fagots et
» du bois dans le fossé, espérant pouvoir passer jus-
» qu'au mur; mais la chose n'estoit possible, veu la
» grande eau qu'il y estoit. »

Jeanne voulait mourir à son poste: le duc d'Alençon vint lui-même chercher l'héroïne; on la transporta
en la méson des Genets, emprez le rempart.

Où donc était cette maison des Génets? Sur un plan
de Paris de 1635, nous voyons figurer, dans la rue Traversière, une habitation sur laquelle est dessinée une
fleur de lis, avec cette inscription :

MAISON DE JEHANNE LA PUCELLE,

Alias des Genets.

Or la porte Saint-Honoré, qui faisait partie de l'enceinte de Paris sous Charles V et Charles VI, se trouvait à la rencontre des rues Saint-Honoré et Traversière. En mesurant avec un compas la distance entre
cette porte et la maison des Genets, on acquiert la certitude que la propriété n° 23 de la rue de la Fontaine-
Molière occupe l'emplacement de l'habitation dans

laquelle Jeanne d'Arc s'abrita pour faire panser sa blessure (1).

S'inspirant de ce fait historique, l'autorité Municipale serait dignement inspirée en donnant le nom de JEANNE D'ARC à la grande voie qui, partant du Théâtre-Français, et coupant en diagonale les buttes des Moulins et Saint-Roch, doit aboutir au boulevard des Capucines, en face du nouvel Opéra.

La Ville de Paris possède un boulevard décoré du nom de *l'Impératrice*. Répéter cette dénomination, si gracieuse qu'elle soit, c'est en affaiblir la touchante signification.

Savez-vous où nos Édiles sont allés reléguer le nom de Jeanne d'Arc? Sur le territoire d'Ivry, où rien ne rappelle l'héroïne qui sauva la France.

Sous le règne de Charles VII, on ne voyait, sur les monticules des Moulins et Saint-Roch, que de chétives cahutes habitées par des porchers qui faisaient paître leurs immondes troupeaux. Puis, çà et là, des moulins qui dominaient la grande ville.

Cet aspect misérable ne changea qu'en 1629. A cette époque, le cardinal de Richelieu fit bâtir, sur l'emplacement des hôtels d'Armagnac et de Rambouillet, un hôtel qui d'abord porta le nom du Ministre. L'habitation du cardinal se trouvait alors enfermée dans l'enceinte construite sous Charles V et Charles VI.

(1) Conformément à une décision ministérielle du 12 mai 1843, la rue Traversière a pris le nom de rue de la Fontaine-Molière.

Mais Richelieu, dont la fortune et la puissance s'affermissaient de jour en jour, se sentit bientôt à l'étroit dans cette simple demeure de gentilhomme. Le mur d'enceinte fut abattu, le fossé comblé, et, grâce à de nouvelles acquisitions, l'hôtel de Richelieu devint, en 1636, le *Palais Cardinal*.

Le rempart démoli, cette digue rompue, le flot de la population s'étendit comme une marée montante sur les buttes des Moulins et Saint-Roch, qui se couvrirent d'habitations.

Telle est l'origine de la plus grande partie du quartier du Palais-Royal.

Occupons-nous, maintenant, de l'église Saint-Roch :

Sur un plan de Paris de l'année 1525, une grande maison est indiquée à l'endroit où depuis l'église fut construite. Cette maison était connue sous le nom d'*Hôtel Gaillon*.

A côté de cet hôtel, le plan indique également une chapelle sous l'invocation de *Sainte-Suzanne*. Près de ce petit monument, à l'endroit où l'on voit aujourd'hui le portail et les marches de l'église, s'élevait une autre chapelle bâtie en 1521, par Jean Dinocheau, marchand de bétail, et Jeanne de Laval, sa femme — cette chapelle était connue sous le nom *des Cinq Plaies*.

Un demi-siècle après, Étienne Dinocheau, fourrier ordinaire du roi et neveu du fondateur, voulut substituer à cette chapelle une église. Il céda, le 13 décembre 1577, un grand jardin et une place. Le 15 octobre suivant, les habitants achetèrent encore la chapelle de

Sainte-Suzanne, avec ses dépendances. Sur ces divers terrains fut construite la nouvelle église, d'après des dimensions bien moins grandes que celles qu'on a données au monument qui existe à présent.

Les historiens de Paris ne sont pas d'accord sur l'année de la construction de cette première église. Un fait certain, c'est que la permission de l'official pour l'érection de cette succursale, est du 15 août 1578. On la consacra sous l'invocation de Saint-Roch, en raison d'un hôpital ainsi dénommé, dont Jacques Moyon, Espagnol, avait commencé la construction sur une partie de l'emplacement de l'église actuelle.

Cet hôpital, destiné aux malades affligés des écrouelles, fut transféré au faubourg Saint-Jacques.

L'église Saint-Roch resta longtemps sous la dépendance de Saint-Germain-l'Auxerrois, et, suivant l'usage observé dans la hiérarchie ecclésiastique, le curé de cette paroisse en nommait le desservant. Cette dépendance cessa en 1633 ; à cette époque, Saint-Roch fut érigée en église paroissiale par François de Gondi, archevêque de Paris. La population augmentant de jour en jour, l'église devint trop petite. Les marguilliers achetèrent la totalité du terrain qui dépendait de l'ancien hôtel Gaillon, et la nouvelle église fut commencée au mois de mars 1653, sur les dessins de *Jacques Lemercier*, architecte. Louis XIV posa la première pierre du nouvel édifice, dont le portail a été construit en 1736, sur les dessins de *Robert de Cotte*, premier architecte du roi, et continué par Jules-Robert de Cotte.

Les dalles de Saint-Roch couvraient, avant 1789, les tombes de plusieurs personnages illustres.

Là reposait *Maupertuis*, qui de capitaine des dragons devint astronome, et mourut pieusement. A côté de la tombe de Maupertuis, on voyait celle du célèbre *Lenôtre*, qui dessina, sous les yeux de Louis XIV, les jardins des Tuileries et de Versailles, le parterre du Tibre à Fontainebleau, et l'admirable terrasse de Saint-Germain-en-Laye.

En 1675, Louis XIV, pour reconnaître le mérite de Lenôtre, lui accorda des lettres de noblesse, et voulut lui donner des armes.

« Sire, dit l'artiste habile, j'ai mes armes, et j'y tiens : Trois limaçons couronnés d'une pomme de chou; permettez-moi d'y joindre une bêche, car je dois à cet instrument toutes les bontés dont Votre Majesté m'honore. »

En face de Lenôtre avaient été inhumés les restes de *Mignard*. Ce grand artiste avait eu l'honneur de faire neuf fois le portrait de Louis XIV. A la dixième toile, le roi lui dit : « Mignard, vous me trouvez vieilli ? — Sire, répliqua le peintre courtisan, je vois quelques lauriers de plus sur le front de Votre Majesté ! »

Une semaine après, les portes de l'Académie s'ouvraient à deux battants, et Mignard était reçu, le même jour, Membre, Professeur, Recteur, Directeur et Chancelier !

Le 10 août 1821, par les soins du duc d'Orléans (Louis-Philippe) et de M. Legrand, fut placée dans l'Église Saint-Roch, au-dessus d'un des bénitiers de la

grande nef, à gauche en entrant, une table de marbre
avec une inscription indiquant la date de la naissance
et le jour de la mort du grand *Corneille!* Nous trans-
crivons ici l'acte mortuaire du prince de la tragédie.

« L'an 1684, le 2 octobre, M. Pierre Corneille, écuyer,
» ci-devant avocat-général à la table de marbre de
» Rouen, âgé d'environ 78 ans, décédé hier, rue d'Ar-
» genteuil, en cette paroisse, a été inhumé en l'église,
» en présence de M. Thomas Corneille, sieur de l'Isle,
» demeurant rue Clos-Georgeau en cette paroisse, et de
» M. Michel Bècheur, prêtre de cette église, y de-
» meurant proche. — *Signé* : Corneille et Bècheur. »

On a découvert, il y a quelques années, la maison
où mourut le grand Corneille. Elle porte aujourd'hui
le n° 18 dans la rue d'Argenteuil.

Le propriétaire a fait placer, au fond de la cour de
cette maison, une inscription gravée sur une table de
marbre noir. Cette inscription indique que Pierre Corneille y est mort le 1er octobre, et qu'elle a été érigée
en 1826.

Un buste du célèbre poëte est placé au-dessus de
l'inscription de la cour, et, sur une couronne de lauriers
posée un peu plus haut que ce buste, on lit ces mots :

Le Cid, 1636 !

Ce prodigieux génie, qui avait relevé si haut la majesté du cothurne, quelques jours avant sa mort, des-
cendait lentement la rue d'Argenteuil, et s'arrêtait devant l'échoppe d'un savetier pour faire racommoder sa
chaussure.

Un courtisan nommé Dangeau, qui s'était enrichi en fréquentant les brelans, ayant appris la mort de Corneille, tira négligemment son calepin de sa poche, puis bégaya en ces termes l'oraison funèbre du grand poëte :

« Le bonhomme Corneille est mort hier ; il était un des plus habiles de notre temps à faire des comédies! »

Sur le mur du fond de la chapelle Saint-Nicolas, est élevé le monument consacré à la mémoire de *Bossuet*, du grand orateur chrétien. Une table en marbre noir, richement encadré, contient en lettres d'or l'inscription suivante :

Extrait du registre des actes de décès de la paroisse Saint-Roch pour l'année 1704

Du 17 avril. « Messire Jacques-Bénigne BOSSUET,
» Évêque de Meaux, conseiller d'État ordinaire, précep-
» teur de monseigneur le Dauphin, premier Aumônier
» de madame la duchesse de Bourgogne, Conservateur
» des priviléges apostoliques de l'Université de Paris,
» supérieur du collége royal de Navarre , âgé de
» soixante-seize ans six mois et quinze jours, décédé
» hier rue Sainte-Anne, en cette paroisse, a été ap-
» porté en cette église, en clergé, et sera transporté
» par permission de monseigneur de Noailles, en sa
» cathédrale de Meaux après-demain , pour y être
» inhumé.

» *Présents*. Messieurs Louis Bossuet, chevalier con-
» seiller du roi en ses conseils, maître des Requêtes
» ordinaires de son hôtel, et Jacques-Bénigne Bossuet,

» abbé de Savigny, tous deux neveux dudit défunt, de-
» meurant susdites rues et paroisses.—Signé : Bossuet,
» l'abbé Bossuet et Gaucher. »

Dans la chapelle Sainte-Suzanne s'élève le monument consacré à *l'abbé de l'Épée*. Ce monument, exécuté en marbre avec figure en bronze par Préault, est d'une belle simplicité. Au-dessous du buste du vénérable prêtre, on lit ces mots :

A L'ABBÉ DE L'ÉPÉE

Et sur le socle l'inscription suivante :

Viro ad mundum mirabili
Sacerdoti de l'Épée
Qui fecit
Exemplo Salvatori
Mutos |loqui
Cives Galliæ
Hoc
Monumentum dedicaverunt
An 1840
Natus an 1712
Mortuus an 1789

De chaque côté du socle, est une statue en bronze, ce sont deux jeunes sourds-muets remerciant leur bien-faiteur. Sur le soubassement sont gravées vingt-cinq mains, dont les doigts, placés dans différentes positions, figurent les vingt-cinq lettres de l'alphabet des sourds-muets. Aux côtés du monument, sont appendues deux tables de marbre noir ; sur celle de gauche sont gravés les fastes nouvelles de l'institution des sourds-muets ; sur celle de droite, est inscrutée une couronne de chêne en bronze, au milieu de laquelle est gravé en lettres dorées :

A L'ABBÉ DE L'ÉPÉE

Et plus bas :

Les sourds-muets

Suédois

Reconnaissants

1845

La façade de l'église Saint-Roch sur la rue Saint-Honoré a trente mètres de longueur. Il faut gravir quatorze marches pour atteindre son perron. — Ces marches sont historiques.

Le 13 vendémiaire an IV (5 octobre 1795), la Convention, menacée par les sections armées, confia sa défense au général Bonaparte. Le combat s'engagea vers quatre heures du soir, continua toute la nuit ; le matin on releva trois cent vingt-huit cadavres.

Terminons en répétant que le dégagement de l'église Saint-Roch serait une amélioration des plus utiles, dans l'intérêt de l'édifice religieux aussi bien que pour faciliter la circulation souvent obstruée dans cette partie de la rue Saint-Honoré.

Louis Lazare.

GRANDS TRAVAUX D'UTILITÉ PUBLIQUE.

○—○

Voies projetées dans le 18ᵉ Arrondissement.

Les voies projetées dans cet arrondissement sont désignées par les lettres ci-après :

A. Commence au boulevard de Clichy (près de la place de Clichy), et finit à la rue Ramey. Elle traverse le rond point du cimetière Montmartre, les rues de Maistre, Tourlaque, des Brouillards, de la Fontaine-du-But, l'impasse Pernet, le sentier et la rue des Saussaies, le sentier du Beau-Mur, les rues Saint-Denis, de l'Écuyer, de l'Impératrice et Biron.

B. S'amorce à la rue Lepic, et formera le côté d'un Terre-Plein.

B. Commence à la rue A et finit à la place Saint-Pierre. Elle coupe les rues des Brouillards, de l'Abreuvoir, des Saussaies, Saint-Denis, de la Bonne et de la Fontenelle.

C. Commence à la rue de Maistre et finit au chemin des Bœufs. Elle traverse la rue de Tourlaque et celle-ci après désignée sous la lettre D.

D. Commence à la rue des Grandes-Carrières, et finit à celle de la Fontenelle. Elle coupe les rues de la Fontaine-du-But, l'impasse Perney, l'impasse, la rue et la ruelle des Saussaies, le sentier du Beau-Mur, et les rues Saint-Denis, de la Bonne et la voie projetée F.

E. Commence à la rue de la Fontaine-du-But, et finit à l'angle des rues A et Saint-Denis. Elle coupe la rue des Saussaies et le sentier du Beau-Mur.

F. Commence à la rue Saint-Denis, et finit au carrefour Bachelet, de l'Impératrice et l'Écuyer. Elle coupe la rue de la Bonne.

G. Commence à la rue Lepic, et finit à la place Saint-Pierre. Elle coupe l'impasse de la Trinité, traverse la rue du Calvaire, les places du Tertre et du Pressoir, et la rue du Télégraphe.

H. Commence à la rue Lepic et finit à la rue Gabriel.

L. Commence à la rue D, et finit au chemin des Bœufs.

Nota. — Les abords de la place et du marché Saint-Pierre ne sont pas dénommés.

Nous publierons prochainement le plan d'ensemble du **18°** arrondissement.

PROMENADE D'HIVER A PARIS.

Le projet d'une promenade d'hiver, est une des choses qui ont le plus frappé en Europe. On attend avec une sorte d'impatience le parti qui sera pris en France.

Toutes les grandes villes sentent que cette commmodité leur manque, et que si l'on peut la leur procurer avec un million, il n'y a pas à balancer à faire pour elles une chose aussi agréable. Sa Majesté désire que le ministre fixe ses idées sur le parti qu'il y a à prendre pour arriver enfin à l'exécution de ce projet.

(Extrait de la note dictée en conseil d'administration de l'intérieur. — D'après le registre original. — Archives de l'Empire.)

Paris, 25 octobre 1808.

(Correspondance de Napoléon Ier, Vol. XVIII, P. 22.)

Il y avait à Paris un jardin d'hiver ; pourquoi l'a-t-on détruit ? Pour faire une rue parfaitement inutile, qui n'a favorisé que la spéculation.

—————

LE BOULÉVARD SAINT-GERMAIN

Un décret impérial, du 28 juillet 1858, a déclaré d'utilité publique :

1° Le prolongement du boulevard Saint-Germain entre le boulevard Saint-Michel et le quai d'Orsay ; 2° l'ouverture d'une rue dans l'axe du pont de Solferino, entre le quai d'Orsay et la rue Saint-Dominique ; 3° la modification et le redressement de l'alignement de la rue Courty.

Un jugement, rendu en l'audience publique de la première chambre du tribunal civil de première instance de la Seine, a déclaré expropriés, conformément à la délibération du Conseil Municipal du 9 novembre 1866, les immeubles ou portions d'immeubles ci-après désignés :

Quai d'Orsay, n°s 7, 9 et 27.

Rue de Lille, 84, 86, 88, 89, 90, 105, 107, 111, 113, 115 et 117.

Rue Courty, 1, 2, 5, 7 et 9.

Rue de l'Université, 69, 71, 73, 75, 77, 90, 90 bis, 94 (partie), 100, 102, 108 et 110.

Rue de Bellechasse, 18, 24 (partie), 26, 28, 30, 32 et 34.

Rue Saint-Dominique, 78 et 80.

Rue de Lille, 64, 66, 68, 85, 87 et 89.

Nous reviendrons sur la question du boulevard Saint-Germain dans une prochaine livraison.

PROLONGEMENT DE LA RUE LACUÉE, ENTRE LE PONT D'AUSTERLITZ ET LA PLACE DE L'ANCIENNE BARRIÈRE DE MÉNILMONTANT.

Cette voie publique, d'une incontestable utilité, est appelée à transformer les anciens quartiers des Quinze-Vingts et de Popincourt, et vraisemblablement plus tard une partie de l'ancienne commune de Belleville, aujourd'hui 20° arrondissement de Paris.

Cette rue, ou mieux ce boulevard, est tracé dans l'axe du pont d'Austerlitz. Il part de la place Mazas, entr'ouvre la rue Lacuée, coupe la rue de Bercy, transforme la rue Moreau jusqu'à la rue de Lyon, d'où elle se poursuit à pleins jalons pour atteindre la rue de Charenton à la hauteur des maisons portant les numéros 58, 60, 62, 77, 79 et 81.

Dans ce premier parcours, la voie aura 40 mètres de largeur.

Arrivé à la rue de Charenton, le tracé se brise et la voie se réduit brusquement à 20 mètres.

A notre avis, cette réduction est une faute, parce que les terrains sont encore à bon marché dans ce quartier, et que la Ville devrait en profiter pour opérer grandement et d'un seul coup.

Quoi qu'il en soit, le tracé longe ensuite la rue Traversière, à peu près parallèlement, et ressort par la rue du Faubourg-Saint-Antoine en face des n°⁵ 98, 99, 101, 103 et 105.

En cet endroit, la voie subit une seconde brisure; elle suit le passage du Bras-d'Or, coupe celui de la Bonne-Graine, et aboutit à la rue de Charonne, aux n°⁵ 44, 46, 45 et 47.

De cette dernière, le tracé se continue, absorbe les trois quarts de l'emplacement du passage Mortagne, entame, vers son extrémité, le passage Vaucanson et ressort par la rue Basfroi aux numéros 33, 35, 37, 36, 38 et 40, pour aboutir à la place de la Roquette, d'où elle se dirige vers la rue des Amandiers en droite ligne, en traversant d'immenses terrains, pour se continuer jusqu'à l'emplacement autrefois occupé par l'ancienne barrière de Ménilmontant.

Nous le répétons : cette voie est précieuse d'utilité publique, et la seule observation qu'on puisse adresser justement à l'Autorité municipale, est dans la réduction de la largeur à 20 mètres depuis la rue de Charenton jusqu'à la place de Ménilmontant. Cette erreur était d'autant plus facile à éviter, que la voie, pour se continuer dans cette partie de la ville, ne rencontre d'ordinaire que des terrains vagues et d'un prix minime comparativement à ceux des quartiers de l'ouest, qui coûtent si cher aux finances municipales.

20e ARRONDISSEMENT, LE PROLONGEMENT DE LA RUE DE PUEBLA.

Nos lecteurs savent que l'Administration municipale vient d'ouvrir une enquête au sujet du prolongement de la rue de Puebla, dans la section comprise entre la rue de Paris-Charonne et le cours de Vincennes.

D'après le plan déposé à la mairie du 20e arrondissement, le tracé suivra l'alignement des maisons portant les numéros impairs de la rue du Chemin-de-Fer jusqu'à la rue de Vitruve, puis, dans le but d'éviter le chemin de ceinture, le tracé décrira une courbe qui se prolongera jusqu'à la rencontre des rues dites de Madame et des Haies.

Dépassant ensuite ce carrefour, la voie se poursuivra vers la grande rue de Montreuil, qu'elle doit traverser, à la hauteur des maisons portant les numéros 97 et 99.

Ensuite, elle franchira les sentiers de Montreuil, des Grands-Champs, de la Plaine, pour atteindre la rue de Lagny et déboucher sur le cours de Vincennes — tel est son parcours dans le 20e arrondissement.

L'INVENTION DES OMNIBUS, — DOCUMENTS HISTORIQUES.

Un grand journal prétendait, il y a quelques jours, que l'invention DES OMNIBUS était toute moderne; c'est une erreur qu'il importe de rectifier.

Des lettres patentes furent accordées en 1664 à MM. de *Rouannez, de Sourches et de Crenau,* à l'effet d'établir dans la Ville et faubourgs de Paris, aux lieux qu'ils jugeront les plus commodes, tel nombre de carrosses *qui partiront à heures réglées pour aller continuellement de quartier à autre, où chacun ne payera que sa place pour un prix modique* (5 sols marqués).

On voit que l'invention des omnibus au dix-neuvième siècle n'est qu'un plagiat.

Cette création, tout le monde le supposerait aujourd'hui, devait flatter ce sentiment égalitaire qui domine toujours dans le peuple. Le contraire eut lieu, les cochers furent insultés et les voitures salies par la boue. Il fallut que le Roi, accompagné du duc d'Enghien, montât dans ces omnibus pour les faire respecter. Alors l'engouement remplaça l'hostilité, et l'on se battit le lendemain pour avoir une place dans ces voitures qu'on voulait briser la veille.

L'historien Sauval attribue à Pascal l'invention de ces voitures; ce qui est certain, c'est que Pascal était le cousin de *M. de Rouannez.*

La mort prématurée de l'inventeur compromit bientôt l'entreprise, qui disparut complétement quelques années après.

DE

L'INUTILITÉ DES FONTAINES PUBLIQUES

DE PARIS

Un enfant s'était un jour assis au bord du bassin de la fontaine Saint-Michel ; il avait plongé dans l'eau sa main à demi fermée et l'avait portée à ses lèvres, lorsqu'un sergent de ville lui cria de loin : « File ton nœud, moutard (1). » Et comme l'enfant ne se pressait pas de décamper, le sergent avait fait la mine de s'avancer sur lui, au pas accéléré, comme pour lui faire un mauvais parti. Lord Idler (2) passait par là. Mécontent de voir troubler un enfant qui se désaltérait comme l'innocent agneau dans le courant d'une onde pure, il avait coupé le passage au représentant de l'ordre public, et s'était efforcé de lui prouver que ceux qui ont soif ont le droit de boire l'eau d'une fontaine publique. Ce disant, milord tournait le dos au gamin qui, de loin, à l'insu de son protecteur, faisait un moulinet de ses deux mains mises à la suite l'une de l'autre au bout de son nez. Mais le sergent de ville voyait parfaitement le peu de cas que le polisson faisait de son autorité, et tenait d'autant plus à le

(1) Nous laissons passer cette expression triviale, fidèle copie de certain argot.
(2) Idler, flâneur.

mettre en fuite, ce qui ne put se faire sans bousculer
un peu l'Anglais. Il s'ensuivit entre eux une discussion
bientôt écoutée d'un cercle de badauds dont je faisais
partie. L'Anglais gardait un imperturbable sang-froid
et multipliait ses arguments, où bon nombre de mots
de sa langue maternelle venaient remplacer les mots
français qu'il ne trouvait pas. Le sergent alléguait sa
consigne, et, passablement impatienté par les rieurs,
qui n'étaient pas de son côté, menaçait lord Idler de
l'arrêter. Celui-ci invoquait l'*habeas corpus* sans pouvoir se faire comprendre, et je ne sais trop comment
l'affaire se serait terminée si un monsieur aux manières très-distinguées, et dont la boutonnière était
ornée d'une rosette multicolore, n'était venu, le sourire sur les lèvres, passer son bras au milieu des
épaules des curieux, et tirer l'Anglais par la manche.
Le sergent de ville profita de cette diversion pour fen-
dre la foule, enfoncer son tricorne sur l'oreille, et s'é-
loigner en sifflant (par hasard, sans doute) la chanson
ironique et spirituelle de l'abbé de Lattaignant :

> J'ai du bon tabac dans ma tabatière,
> J'ai du bon tabac, tu n'en auras pas !

Et quand milord se retourna pour reprendre le cours
de son argumentation, il se trouva que son adversaire
avait disparu comme je viens de l'expliquer.

Lord Idler, possédé de son idée fixe, se mit en devoir de raconter au monsieur décoré ce qui venait de
se passer, et de lui prouver qu'il avait raison. —
Épargnez-vous cette peine, interrompit celui-ci ; j'ai

tout vu et tout entendu; je m'en suis même un peu amusé, je l'avoue, et ne me suis décidé à intervenir que quand j'ai vu les choses sur le point de tourner au sérieux. Vous aviez raison, mais le sergent de ville n'avait pas tout à fait tort.

J'étais curieux d'entendre justifier cette proposition un peu paradoxale. Je tenais à la main le journal que mon concierge venait de me remettre; j'en arrachai la bande, et, faisant semblant de le lire, j'écoutai le discours du monsieur qui était sorti si à propos de la foule, comme le *Deus ex machinâ*. Grâce au maintien que je m'étais donné, je pus, sans inconvenance, suivre ces messieurs d'assez près, et prêter à leurs discours une oreille attentive; voici presque littéralement ce que j'entendis :

« Nos anciens Édiles ne disposant que d'un budget modique, et n'étant pas assez riches pour faire du luxe, construisaient à chaque bout de rue des fontaines modestes, mais *utiles*, car elles donnaient leur eau *gratis* à tout venant. En prenait qui voulait, et les pauvres habitants du quartier ne manquaient pas de s'y pourvoir. La dépense du porteur d'eau était inconnue dans leurs ménages; c'était une petite douceur qui leur faisait bénir une administration paternelle. Si, dans ce temps-là, on eût demandé à messieurs les Échevins d'employer les deniers publics à des œuvres d'art et de pur agrément, ils eussent probablement répondu : « Attendez que nous n'ayons plus à faire aucune dé- » pense utile; attendez notamment que nous ayons » donné, dans tous les quartiers, de l'eau aux Pari-

» siens. » Si un architecte eût alors proposé d'ériger, sous le nom de fontaine, une montagne de pierres de la hauteur de cinq étages, dont l'eau aurait été interdite à tous, mais que chacun aurait eu le droit de regarder couler, on l'aurait pris tout simplement pour un fou.

» Aujourd'hui, c'est bien différent, et celui qui voit poser dans la Capitale la première pierre d'un monument hydraulique peut dire, à peu près à coup sûr : « Fontaine, je ne boirai pas de ton eau ! » Les revenus de la Ville s'élèvent à plus de 200 millions ; mais, pour alimenter ce Pactole, combien de fleuves et de petits ruisseaux doivent apporter le tribut de leurs ondes aurifères ! On n'en saurait détourner une goutte pour *donner* de l'eau aux Parisiens ; on la leur *vend*, et c'est pour cela que la Ville n'érige plus que des fontaines monumentales, dont l'architecture et les cascades jaillissantes réjouissent la vue des promeneurs, mais dont les eaux limpides rentrent sous terre à l'instant même, au grand regret des pauvres gens, qui voudraient bien en boire et s'en laver les mains.

» Les fontaines publiques de Paris sont donc plus *agréables* qu'autrefois, mais elles ont cessé d'être *utiles*. »

Milord ouvrait de gros yeux étonnés. — Oh ! merci, répondit-il ; puis, affirmant qu'il avait parfaitement compris, il se mit à traduire de français en baragouin les paroles de son ami. Mais sa traduction s'éloignait sans doute beaucoup du texte, car le monsieur à la rosette, étouffant par politesse un éclat de rire, l'interrompit brusquement en s'écriant : — Un porteur d'eau !... mais non, milord, mais non ! vous n'avez pas compris du tout ! Notre premier magistrat est un parfait gentleman ! c'est un homme titré, à grandes et belles manières... » Et les explications de recommencer. Quand elles furent terminées, le fils d'Albion serra cordialement la main du Français, la lui secoua d'une façon toute britannique, et prit congé de lui.

Je pliai mon journal, le mis dans ma poche, et poursuivis mon chemin tout en faisant sur cette aventure plaisante de sérieuses réflexions.

Je me rappelais, en effet, plusieurs fontaines de chétive apparence, mais qui jadis *donnaient* de l'eau, et qu'avaient remplacées divers monuments, les uns d'une incontestable beauté, les autres plus grands et plus ambitieux que beaux, mais tous également dépourvus d'utilité. La fontaine Molière est un exemple des édifices de bon goût, la fontaine Saint-Michel un triste spécimen des autres.

La fontaine de l'ancienne place Saint-Michel tout naturellement me revient en mémoire la première. Elle ne prodiguait pas seulement son onde aux porteurs d'eau et aux ménagères ; elle invitait les passants à s'en abreuver, et Santeul avait composé cette invitation dans une langue morte, il est vrai, mais dont le voisinage du pays latin justifiait l'emploi :

Hoc sub monte suos reserat sapientia fontes ;
   Ne tamen hanc puri respue fontis aquam.

> Si pour toi, sur ce mont austère,
> Les sources du savoir s'épanchent à pleins bords,
> Ne dédaigne pas les trésors
> De cette humble source d'eau claire.

Cette inscription m'en rappela une autre charmante que je suis certain d'avoir lue aussi sur une fontaine, et que depuis longtemps je n'ai pu retrouver.

> Quæ dat aquas saxo latet hospita nympha sub imo.
> Sic tu, cum dederis dona, latere velis.

> La nymphe qui pour vous daigne épancher cette onde,
> Cache au sein des rochers sa retraite profonde :
> Passants, imitez sa pudeur ;
> En offrant le bienfait, cachez le bienfaiteur (1).

D'autres fontaines avaient également leurs inscriptions qui rappelaient une pensée morale, quelque souvenir historique, ou le nom de leur fondateur et la date de leur érection, et toutes avaient le mérite suprême de remplir leur destination.

Celles du Châtelet, du marché des Innocents, de la place Saint-Sulpice, du carrefour Gaillon ont depuis longtemps cessé d'être *utiles*. Celle de la pointe Saint-Eustache a disparu ; il en est de même de la fontaine de la rue du Regard, dont le bas-relief (Léda) décore aujourd'hui le revers de la fontaine de Médicis. Les six têtes de lions de Saint-Louis-d'Antin et les deux de

---

(1) La traduction de ces deux distiques est de M. Clovis Michaux, juge honoraire au tribunal de la Seine, l'un des plus purs et des plus charmants poëtes de notre époque, correspondant de l'Académie de Caen.

l'École-de-Médecine ouvrent en vain leurs gueules dé-
risoires, desséchées par un tour de clef donné à leurs
robinets. Je pourrais multiplier ces citations.

Quelques fontaines autrefois poussaient la préve-
nance envers les passants jusqu'à leur offrir une petite
coupe de fer suspendue à une chaîne de même métal ;
il y avait ordinairement à l'attache de la chaîne un
crochet où chacun, après s'être désaltéré, rattachait la
tasse pour la mettre hors de la portée des éclabous-
sures et des injures de la race canine. Tout cela était
bienveillant, presque maternel. Combien de fois, moi-
même, dans ma première jeunesse, sortant du Luxembourg après une partie de balle ou de barres, me
suis-je rafraîchi, grâce à la petite tasse enchaînée à la
modeste fontaine de la grille de l'Odéon, après avoir
dégagé lestement ma main de celle de ma bonne mère,
qui redoutait la trop grande fraîcheur de l'eau pour un
enfant échauffé par la double ardeur des jeux et de la
canicule ! Triste et doux souvenir ! Cette source bien-
faisante, *embellie* à une date déjà bien ancienne d'une
affreuse contrefaçon de la Vénus de Médicis, fut un
beau jour entourée d'une balustrade qui en défendit
l'accès ; puis la Vénus, au lieu de sortir du sein des
ondes, ne sortit plus que d'une maigre cuvette de
pierres bien sèches ; puis enfin la Vénus vient à son
tour de disparaître dans un bouleversement général du
quartier. La statue était bien mauvaise, cela est vrai ;
mais il eût été injuste de le lui reprocher : on sait bien
que quand une femme est laide, fût-elle déesse, c'est
qu'elle ne peut pas faire autrement.

Loin de supprimer aucune des fontaines *utiles*, le premier Empire y avait ajouté, dans un intérêt de salubrité, une multitude de *bornes jaillissantes*, répandant plusieurs fois par jour une eau dont chacun pouvait profiter. Maintenant, au vu et au su de tous, et sans que personne ose s'en plaindre, on supprime ces bornes, aujourd'hui celle-ci, demain celle-là, et systématiquement selon toute apparence, pour les remplacer par des *bouches-sous-trottoirs* coulant immédiatement dans les ruisseaux, assainissant les rues, mais souillant leurs eaux et les rendant impropres à tous les usages domestiques. Hélas! on les rend en même temps impropres à éteindre les incendies !

Vous êtes-vous jamais rendu compte, messieurs les dispensateurs des bienfaits municipaux, de l'énorme charge que vous imposez aux pauvres gens en les obligeant à payer chaque jour leur provision d'eau ? Vos hôtels du faubourg Saint-Germain ou de la Chaussée-d'Antin sont pourvus d'abondantes concessions d'eau de Seine, dont la valeur se confond avec le prix exorbitant des loyers ; mais ces concessions n'existent pas dans les maisons des quartiers moins heureux. Là, tous les matins il faut acheter l'eau de la journée, et l'acheter d'autant plus cher qu'on est plus malheureux et logé plus haut. On l'économise au détriment de la propreté, de l'hygiène, et par conséquent, de la santé des familles. Mais quelque parcimonie qu'on y mette, cette dépense ne saurait aller, pour un ménage de trois ou quatre personnes, à moins d'une dizaine de francs par mois, cent ou cent vingt francs par an ! Or savez-vous bien que cent francs par an feraient, au bout de quinze ou vingt ans, la dot de deux enfants dans une famille de bons et sages ouvriers ?

Ah ! messieurs les Édiles parisiens, craignez une comparaison entre vos calculs budgétaires et les procédés des bons Échevins d'autrefois ! Vous cherchez, et de bonne foi sans aucun doute, mille moyens de procurer aux classes laborieuses la vie à bon marché ! Eh ! vous en avez un bien simple qui ne dépend absolument que de vous : ajoutez à vos fontaines de pur *agrément* l'*utilité* qui leur manque. Vous serez bénis par les neuf dixièmes de la population de Paris, et vous aurez accompli le précepte d'Horace :

Omne tulit punctum qui miscuit utile dulci.

CH. BATAILLARD,

De la Société impériale des antiquaires de France,
correspondant de l'Académie de Caen.

LE MAL DE PARIS

Un de nos Édiles actuels glorifiait devant nous, il y a quelques jours, l'accroissement de la population parisienne, qui se produit surtout dans le sens des classes ouvrières et nécessiteuses.

— Il a fallu, vous le savez, à la Ville de Paris plus de dix siècles, disait l'administrateur improvisé, pour se constituer une population de 600 mille âmes. Eh bien, depuis 1789, cette population a triplé et au delà. Selon moi, c'est la preuve la plus évidente de la supériorité de l'Administration moderne sur l'ancienne Prévôté.

Après avoir jeté au vent cette hérésie municipale, le moderne Échevin s'arrêta quelques instants comme pour respirer le parfum de son innocence Administrative, puis se tournant vers moi :

— Qu'en pensez-vous, monsieur le Directeur, me dit le nouveau Magistrat ?

— Vous avez dépensé, monsieur, lui répondis-je, plus d'un quart de siècle pour devenir un négociant habile et justement considéré ; il vous faudrait plus de temps encore pour faire un véritable Édile, par cette raison que la Ville de Paris est un peu plus difficile à gouverner qu'un comptoir.

Vous souriez à l'augmentation inouïe, précipitée, monstrueuse de la population parisienne, si vous eussiez étudié, longuement médité, vous gémiriez, monsieur !...

Oui, c'est un mal profond, mortel peut-être, que cette émigration de la France pauvre aux dépens des grandes cités, au préjudice de Paris surtout.

Les administrateurs, les écrivains, les poëtes, sur le front desquels Dieu a laissé tomber un rayon de lumière qu'on appelle le génie, tous ont signalé au Pouvoir de tristes vérités, et donné à l'expérience de nos Édiles modernes de terribles avertissements.

Dans une lettre au roi Charles X, le comte Chabrol de Volvic, Préfet de la Seine, s'exprime en ces termes :

« Sire, plus ces agglomérations ouvrières augmen-
» tent dans Paris, plus elles exercent une attraction
» irrésistible et fatale sur nos campagnes et nos villes
» secondaires. Si l'on n'y prend garde, elles jetteront
» infailliblement la France pauvre dans le département
» de la Seine, qui comptera quatre millions d'habitants
» au commencement du vingtième siècle. Alors l'Ad-
» ministration municipale subira plus de trois millions
» de nécessiteux lui réclamant un travail permanent,
» quand même, pour le pain de chaque jour...
» ..... Vos Préfets de Police laissent bloquer la Capi-
» tale par une ceinture d'usines; Sire, ce sera le cordon
» qui l'étranglera un jour. »

Cette lettre est du 17 janvier 1830 !...

Pendant le carême de 1860, assistant à une conférence du révérend père Félix à Notre-Dame, de grandes
et nobles pensées exprimées en un magnifique langage
par l'orateur sacré nous causèrent une impression
profonde, et notre affection pour Paris retint les paroles suivantes que notre devoir d'écrivain et d'administrateur est de faire tinter à l'oreille de nos hommes
d'État et de nos Édiles parisiens :

« Malheur, disait le révérend Père Félix, malheur
» aux sociétés où se multiplient, de jour en jour, les
» populations qui n'ont pas de foyers à défendre, de
» berceaux à protéger, ni de tombes à honorer...
» Voulez-vous savoir ce qu'il y a de plus rare à Paris ?
» On dit que ce sont les Parisiens. Ce n'est pas un jeu
» de mots que je fais sur nos malheurs ; il serait trop

» cruel; c'est un signe des temps, qui alarme mon
» cœur sur les destinées de ma patrie!... Je me de-
» mande ce qu'il doit advenir tôt ou tard de ce cœur
» de la France, centre de la vie moderne, qui perd,
» avec l'amour de la famille et le culte du foyer, la plus
» ferme défense de la patrie?...

» L'homme qui n'a pas de foyer, presque toujours
» est un homme dangereux; il se sent seul, et facile-
» ment il prend en haine la société qu'il accuse de
» son isolement. Rien ne le rattache à sa patrie; il ne
» tient ni au passé ni à l'avenir; il n'y a pour lui que
» le jour qui passe. Si le malheur vient à le toucher, il
» croit sentir sur lui la main cruelle d'une société qui
» le brise; et il sent que son cœur contre elle amasse
» des colères. Dès lors, toute sa force, s'il a de la force,
» et tout son génie, s'il a du génie, ce n'est plus pour la
» société une défense, c'est un danger; ce n'est pas un
» bouclier prêt à la couvrir, c'est un glaive prêt à la
» frapper!... »

Les poëtes, ces missionnaires de Dieu, entrevoient
aussi de grandes calamités, punitions immanquables
de la défaillance de nos Administrateurs modernes, en
présence de cet enfantement monstrueux d'une immense cité ouvrière, qui doit annuler un jour la ville
du luxe, des plaisirs, la Reine des beaux-arts.

Voici quelques vers dus à M. Paul Ferry, sur *le Mal
de Paris.*

Ce mal qui te possède est une nostalgie;
J'en fus atteint moi-même avec trop d'énergie

Pour ne point m'opposer à sa contagion
C'est LE MAL DE PARIS, funeste attraction,
Qui dépeuple nos champs et rouille nos charrues,
Pour grossir la poussière et le limon des rues,
Mal terrible, anxieux, brûlant comme un cancer,
Importé, suscité — par les chemins de fer.
Que crie au paysan le convoi quand il passe?
« Paris? » Son œil alors, poursuivant dans l'espace
Le démon ambulant qui vole vers Paris,
Ne voit plus qu'à ses pieds les sillons sont fleuris ;
Il oublie, ô printemps ! ta promesse féconde...
Et lui, le nourricier de Paris et du monde,
Abdiquant son grand rôle avec sa liberté,
Il va payer tribut à l'immense cité.
Et loin de lui la ronce envahira la plaine,
L'épi sera chétif à la moisson prochaine :
Un labeur honorable ici chargeait son bras,
Sa vie est inutile ou coupable là-bas.
Mais le Mal de Paris corrodait ses artères,
Et sa fièvre l'arrache aux champs héréditaires !
Cette émigration des hameaux aux cités
Est grosse de périls et de calamités ;
La terre s'appauvrit, le sol est sans culture,
Les bras à l'estomac refusent la pâture,
L'avalanche sur nous roule du haut des monts,
Le malaise est dans l'air qu'aspire nos poumons,
Et quand partout le vide est fait dans les chaumières,
Paris, Messieurs, Paris, élargit ses barrières !...

Ces vers du poëte constatent de tristes vérités, mais
ne les accusent pas toutes. Sans aucun doute les chemins de fer accélèrent l'émigration des campagnes et
des villes secondaires, au grand préjudice de Paris.
Mais les chemins de fer sont des moyens, des facilités
pour les émigrants, non les causes réelles, primor-

diales de ce déplacement de plus en plus considérable. Ces causes, d'où proviennent-elles ? — De l'immensité des travaux exécutés dans Paris.

Le paysan qui voit la locomotive dévorer la distance, l'artisan et l'ouvrier de la province qui suivent du regard cette longue suite de wagons entraînés par la vapeur vers Paris, tous ces gens-là subissent, il est vrai, une certaine hallucination. Mais qui les décide ? La certitude d'un travail mieux rétribué, d'une existence plus facile et le mirage d'une fortune que la concupiscence improvise toujours dans un avenir prochain.

LOUIS LAZARE.

PLANTATIONS PARISIENNES

Nous avons sous les yeux un plan de Paris et de ses environs. Ce plan est de l'année 1760. Que voyons-nous dans l'espace compris entre les remparts que le génie de Louis XIV avait transformés en boulevards, et la ligne circulaire que décrit de nos jours le talus gazonné des fortifications ?

Nous comptons 97 châteaux princiers entourés de parcs magnifiques, de prairies et de bois d'une vaste étendue, puis de grands jardins appartenant à des communautés religieuses, et des champs immenses, certainement cultivés avec soin, parce que leurs produits, légumes, fruits ou fleurs, se vendaient au poids de l'or dans la grande ville.

Châteaux, parcs, prairies, bois, champs, jardins, cherchez-les sur le plan de Paris de 1867; tout a été morcelé, détruit. A leur place, des voies pour la plupart mal alignées, des ruelles qui semblent tracées avec le sabre d'un garde-champêtre fonctionnant après de nombreuses libations en l'honneur du dieu Bacchus, comme disaient nos pères, des maisons construites en exécration des règlements des cités où sont parquées de pauvres créatures du bon Dieu, auquel la spéculation tarife la lumière, rogne le soleil, bouges homicides cent fois plus cruels que ceux que l'humanité de nos Édiles vient d'effacer de la carte du vieux Paris.

Il ne faut pas oublier que la Capitale se trouve dans une vallée encaissée par des collines. Les beaux jours n'y dépassent guère le nombre de 120, les jours couverts s'élèvent à 130, les jours de pluie à 136, auxquels on doit ajouter 63 de brouillards.

Un pareil état de l'atmosphère explique la longueur des hivers, et ensuite des printemps si froids et si aigres. Le climat humide de Paris enlève aux fers et aux bois leur couleur primitive. Il dégrade les marbres, noircit les statues et flétrit sur les joues de l'enfant la fraîcheur du jeune âge.

Quelle est la cause première du plus ou moins d'insalubrité générale d'une ville encaissée entre des collines ? Évidemment, c'est la situation même de ces collines.

En effet, si les hauteurs de Paris sont couvertes de

champs, de jardins, de parcs et de bois, la Capitale en profite, Paris en reçoit un air pur. Le vent, n'importe d'où il vienne, le vent lui apporte toujours comme une essence d'herbes, un parfum de bois et de fleurs qui neutralise plus ou moins, mais qui neutralise les émanations délétères de l'intérieur de la ville.

Au contraire, si ces collines se trouvent pour ainsi dire cerclées de constructions, et qu'au milieu de cette couche de pierres, de plâtre et de moellons, se dressent d'innombrables usines dont les cheminées vomissent une fumée toujours malfaisante, il est certain que le vent balaye constamment dans Paris une atmosphère lourde, épaisse et viciée, venant apporter son triste contingent d'insalubrité au milieu d'une agglomération de deux millions d'habitants entassés dans plus de soixante mille maisons.

L'Administration actuelle agit donc sagement en multipliant les plantations dans Paris, surtout sur les hauteurs de la Capitale.

La transformation des buttes Chaumont, en une magnifique promenade publique, est un bienfait pour Paris, principalement au point de vue de la salubrité dans cette ville.

Nos Édiles ont fait acte également de la bonne et sage administration, en réunissant la plaine de Charenton au bois de Vincennes.

Ils seraient également bien inspirés en augmentant le nombre des squares dans les quartiers du centre, surtout s'ils donnaient à ces jardins des dimensions moins restreintes.

Examinons maintenant les plantations qui prospèrent ou souffrent dans Paris.

Sur nos boulevards et dans nos promenades, l'orme est l'essence qui domine encore; puis, viennent successivement le platane, le marronnier, le sycomore, le tilleul, l'acacia et le vernis du Japon.

L'orme est de tous les arbres utilisés à Paris, celui qui résiste le plus énergiquement à la poussière qui, se détrempant avec la pluie, couvre le feuillage d'une espèce d'enduit qui l'étouffe et tue l'arbre.

L'orme, selon nous, présente de nombreux inconvénients : d'abord, il pousse lentement, et sa transplantation est difficile.

Mentionnons ici un fait historique :

Le doyen des arbres de Paris est un orme colossal que possède l'Institution Impériale des Sourds-Muets, au milieu de la principale cour de cet établissement. Ce phénomène végétal s'élève à une hauteur de 50 mètres; il compte 5 mètres de circonférence au-dessus du sol. Son fût, droit et uni, est surmonté d'une touffe de branches vigoureuses ressemblant, de loin, à la tête d'un oranger. Surmontant les toitures les plus élevées, cet arbre s'aperçoit facilement des environs de Paris. L'orme des Sourds-Muets est, dit-on, le dernier survivant des arbres faisant partie des grandes plantations ordonnées par Sully, sous Henri IV, vers 1605; il aurait donc aujourd'hui plus de deux siècles et demi.

C'était anciennement un usage général de planter un orme devant la grande porte de nos églises.

Dans son poëme sur les rues de Paris, Guillot en parle ainsi, vers l'an 1300 :

Puis de la rue du Cimetière,
Saint-Gervais et l'ormetiau (*le petit orme*).

Après la messe, nos pères se réunissaient à l'ombre de cet arbre ; les juges y rendaient la justice, et l'on y acquittait les rentes. Dans un compte de 1443, il est fait mention de quelques vignes et morceaux de terre appartenant au duc de Guyenne, en raison de son hôtel situé près de la Bastille. Les fermiers étaient obligés de payer la rente à l'orme Saint-Gervais, le jour de Saint-Remi et à la Saint-Martin d'hiver.

Voici comment la trop fameuse commune de Paris, dans laquelle, pour l'honneur de la Capitale, on ne comptait presque pas de Parisiens, traita cet orme, objet de la vénération de nos pères :

« COMMUNE DE PARIS

» Le 1ᵉʳ ventôse, l'an II de la République une et indivisible.

» La Société populaire de la section de la Maison commune demande que l'on fasse abattre l'arbre planté par le fanatisme, appelé l'*Orme Saint-Gervais*.

» Après quelques débats, le conseil général arrête *en principe* que cet arbre sera abattu ; mais que quant à son emploi, il sera renvoyé à l'Administration des travaux publics, ainsi que pour l'exécution du présent arrêté.

» Signé Lubin, vice-président ; Dorat-Cubières, secrétaire greffier-adjoint.

» Pour copie conforme :

» Coulombeau, secrétaire-greffier. »

Revenons aux autres essences :

Le *platane* prend faveur, et c'est justice ; sa prestance est noble, il grandit vite et droit ; son feuillage est bien dessiné :

Telles sont ses qualités :

Malheureusement il jaunit vite, se racornit, et semble souffrir longtemps même avant de se dénuder.

Le *marronnier* est le plus bel arbre d'alignement ; il devance les autres essences. Sa séve vigoureuse fait éclater les bourgeons avant que ses frères aient secoué leur léthargie. Son feuillage forme des voûtes épaisses de verdure toujours impénétrables aux rayons du soleil. Toutefois, nous avons fait cette remarque : les chaleurs et la poussière décomposent très-vite les feuilles de cet arbre, qui est dénudé bien avant l'orme et le vernis du Japon. Il pousse alors de nouvelles feuilles et de nouvelles fleurs, ce qui nuit beaucoup à sa végétation.

On sait que le marronnier est originaire des climats tempérés de l'Inde. Le premier pied fut planté en 1615, dans le jardin de l'hôtel de Guise, qui devint plus tard l'hôtel de Soubise, où sont établies maintenant les archives impériales ; le second de cette essence orna le Jardin du Roi en 1656.

Le *sycomore* est éminemment religieux. Zachée, chef des publicains, se mêla dans la foule le jour de l'entrée du Sauveur dans Jérusalem. Pour mieux voir

Jésus-Christ, il monta sur un sycomore. Le peuple coupa des branches de cet arbre, et les étendit sur le chemin. C'est en mémoire de cette entrée de Jérusalem que l'Église a consacré l'usage de bénir les rameaux.

Le sycomore prospère naturellement en France ; l'écorce est d'un rouge brun sur les jeunes rameaux, grise et noire sur les vieilles branches et sur le tronc. La tige est droite, nue dans sa partie inférieure, et garnie au sommet d'un feuillage épais, étalé. Lorsque cet arbre est placé dans un terrain frais, profondément remué, son accroissement est extraordinaire.

Le sycomore ne réussit pas bien sur nos promenades, lorsque le bitume couvre les racines de cet arbre ; ceux qui sont placés dans cette situation périssent en grand nombre chaque année, ou n'offrent qu'une végétation rachitique qui annonce la décrépitude au moment où ils devraient être en pleine séve et dans l'épanouissement de leur beauté.

Le *tilleul* est susceptible et difficile ; tous les terrains ne lui conviennent pas. Dans un sol dur et sec, il souffre, ses feuilles se dessèchent, tombent — il meurt.

Le tilleul ne réussirait pas sur nos boulevards.

On le rencontre dans nos promenades et jardins publics, mais, hélas ! souvent, trop souvent, il est victime du croissant et de la serpe.

Au jardin des Tuileries, la belle terrasse bordant la rue de Rivoli est plantée de tilleuls *étêtés* chaque année au commencement du printemps. Aussi, ces arbres sont-ils tous étiolés et mourants, tandis que ceux qu'on voit sur la terrasse du bord de l'eau, n'ayant jamais subi cette mutilation, ont une noble et magnifique prestance.

Voyez maintenant les tilleuls de la place Royale, comparez-les à ceux du boulevard Bourdon ; ces derniers ont une grande étendue, tandis que ceux de la place, coupés et rasés chaque année comme ceux des Tuileries, n'offrent qu'une végétation triste et malheureuse.

L'*acacia* est originaire de l'Amérique ; on l'appelle aussi *robinier*, du nom du botaniste Robin, qui, le premier, l'introduisit en France vers 1650. Le tronc de cet arbre est droit, mais son écorce ridée. Ses feuilles sont armées à leur base de deux aiguillons très-piquants ; les fleurs ont une teinte blanche rosée, et forment des grappes pendantes dans les aisselles des feuilles supérieures.

L'acacia-boule, dont le feuillage est très-léger, a, selon nous, l'inconvénient, dans nos promenades, de produire une espèce de miroitement, et de disséminer les ombres. Ensuite, dès qu'il vieillit, cet arbre se dénude promptement et perd toute sa beauté.

On pourrait le planter autour des hôpitaux, sur des terrains en pente ; comme le tilleul, il répandrait dans l'atmosphère une odeur douce, un parfum agréable et salutaire.

Le *vernis du Japon* possède un feuillage allongé et luisant, impénétrable à la poussière et à la pluie. Il croît avec rapidité ; c'est à notre avis l'arbre qui a le mieux résisté ; on peut en voir des échantillons sur le boulevard du Temple, le boulevard des Italiens et dans la rue Royale-Saint-Honoré.

Malheureusement, le feuillage du vernis du Japon est très-allongé, et produit de brusques changements d'ombres et de lumières, qui fatiguent la vue.

Tels sont les qualités et les défauts des arbres employés dans Paris, par le service des plantations.

Tout en rendant justice au bon goût et à l'habileté du chef de ce service, l'un des plus importants de la Préfecture de la Seine, il est utile de rappeler que nous nous sommes élevé, en maintes circonstances, contre l'abus résultant de la *transplantation* des arbres d'un certain âge.

Cette transplantation est d'abord excessivement coûteuse, elle amène ensuite infailliblement le dépérissement de presque tous les arbres, qui finissent par mourir quelques années après.

C'est ici le cas de répéter ce que disait maître André le jardinier au roi Henri IV : « Sur cent arbres transplantés à l'âge de quinze à vingt ans, plus de quatre-vingts doivent mourir. Que voulez-vous, Monseigneur le Roi, il faut bien se garder de contrarier notre bonne mère nature, et de vouloir forcer la main au bon Dieu... Le chagrin tue l'exilé, qui sait ? L'arbre aussi peut-être. »

Louis Lazare.

RECTIFICATION DE LA RUE AUX OURS

ET

PROLONGEMENT DE CETTE VOIE PUBLIQUE

La rue aux Ours est appelée à devenir le tronçon d'une grande artère qui, partant du Marais, doit aboutir un jour à la place des Victoires.

C'est à ce titre surtout qu'elle présente un véritable intérêt.

Un décret impérial du **29 septembre 1854**, relatif au boulevard de Sébastopol, porte, en outre, que la rue aux Ours sera remplacée par une nouvelle voie de **20** mètres de largeur, dont l'exécution, déclarée d'utilité publique, aura lieu par voie d'expropriation.

Or, une partie de la rue aux Ours a été expropriée, l'autre est restée dans son ancien état. Plus de douze années se sont écoulées depuis la promulgation du décret en question, et les habitants et propriétaires des immeubles qui restent à exproprier seraient heureux d'être enfin fixés sur l'époque à laquelle aura lieu l'expropriation qui les menace toujours.

En lisant sur les plaques officielles ce nom de rue aux Ours, les étrangers, les provinciaux, et même bon nombre de Parisiens se demandent si, dans l'enfance de Paris, des ours, cachés dans les forêts voisines, ne venaient pas troubler le repos des bons habitants du quartier.

Les plaques municipales, hâtons-nous de le dire, reproduisent plus justement une erreur ou une altération de nom. Lorsque l'île de la Cité devint trop étroite pour les contenir tous, nos braves et dignes aïeux, en prenant possession du magnifique plateau qui s'étendait au loin sur la rive droite de la Seine, n'y rencontrèrent pas d'ours ni aucun autre animal carnassier.

La rue aux Ours faisait partie au douzième siècle d'un bourg très-considérable appelé le bourg l'Abbé, que l'enceinte construite par ordre de Philippe-Auguste enferma presqu'en totalité dans sa bonne Ville de Paris.

Ce n'étaient pas des ours qu'on rencontrait dans ce petit coin du gros bourg l'Abbé ; mais on y faisait un grand commerce d'*oies*, dont la chair plaisait fort aux Parisiens, qui arrosaient volontiers ce régal d'un bon vin de Suresne, lequel a singulièrement dégénéré depuis.

Nos vieux chroniqueurs nous apprennent aussi que les oies s'appelaient des *oües*, et que l'une des voies publiques où l'on en vendait de préférence, en prit naturellement le nom.

Plus tard, les vendeurs d'oies se firent rôtisseurs, et l'on voyait les broches tourner dans la rue aux Oies, comme la vaisselle plate et les bijoux briller dans la rue des Orfèvres. Sauval nous rapporte un ancien proverbe qu'on répétait alors qu'il s'agissait de se moquer d'un gourmand : « Il a, disait-on, le nez tourné à la friandise comme Saint-Jacques-l'Hôpital. »

Pour bien comprendre ce proverbe, il faut savoir que le portail de l'église Saint-Jacques-l'Hôpital s'élevait en face de la rue aux Oies, précisément à l'endroit où nous voyons de nos jours un magasin de nouveautés, dont l'enseigne a conservé le nom de l'établissement, qui hébergeait les pauvres pèlerins, à leur retour de Saint-Jacques de Compostelle.

Les Turcs qui, sous le règne de Louis XIV, vinrent à Paris à la suite de l'ambassadeur Ottoman, ne trouvèrent rien de plus agréable que les rues aux Oies et de la Huchette, en raison de la fumée succulente qui en parfumait l'atmosphère.

Or, c'est à partir du dix-septième siècle que certains actes de l'édilité parisienne constatent l'altération du nom de la rue dont il s'agit. Elle est alors déjà désignée sur les plans officiels sous la dénomination de rue aux Ours.

Sous la régence du duc d'Orléans, les propriétaires de cette rue pétitionnèrent à l'envi pour se faire restituer l'ancienne et appétissante appellation. On sait que l'Écossais Law avait établi les bureaux de sa banque dans la rue Quincampoix. L'affluence des gens qui venaient s'y occuper d'affaires fut si considérable, que l'on transforma cette rue en une espèce de bourse, en la fermant à ses deux extrémités par des grilles, qui s'ouvraient le matin à huit heures et se fermaient le soir à six.

Les personnes de qualité entraient par la rue Aubry-le-Boucher, le menu peuple par la rue aux Ours. Mais toute distinction s'effaçait dans ce repaire de l'agiotage. Nobles et laquais, marchands et ouvriers, gens d'épée et gens de robe, magistrats et filous, marquises et servantes, Français et étrangers, haletaient, criaient, rusaient à qui mieux mieux. On ne savait à qui entendre chez les marchands de comestibles, et l'or y coulait à flots. Une perdrix mise à une espèce d'enchères monta un jour jusqu'à 200 livres, une oie se vendit 350 livres.

Telle maison que la Ville de Paris a expropriée il y a quelques années dans la rue aux Ours pour le boulevard de Sébastopol, et payée moins de 100,000 francs, se vendait 350,000 livres en 1719.

Malgré cette étonnante bonne fortune, les propriétaires et les boutiquiers de la rue aux Ours n'étaient pas satisfaits, et voulaient encore davantage. Ils pensaient que l'ancienne et appétissante dénomination de rue aux Oies affrianderait encore les Parisiens, et surtout les étrangers, tandis que le nouveau nom était une cause incessante de répulsion.

Ils adressèrent donc, à cet effet, plusieurs suppliques au premier Magistrat de la Ville de Paris. L'une de ces pétitions mérite d'être reproduite :

Paris, 22 janvier 1719.

A MESSIRE CHARLES TRUDAINE

Prévôt des Marchands

ET A MESSIEURS LES ÉCHEVINS DE LA VILLE DE PARIS

« Les habitants de la *rue aux Oies*, tous signataires

» de la présente, se plaignent de la mutilation qu'on a
» fait subir au nom, qui distinguait autrefois leur
» rue des autres voyes publiques de Paris.

» Ils font observer à messieurs de la Ville qu'il n'a
» jamais existé *d'ours* ni autres bêtes carnassières et
» malfaisantes dans la susdite, tandis qu'au contraire
» on a toujours vu, de temps immémorial, des oies,
» dont la qualité est si bien établie, qu'on ne saurait,
» sans injustice, leur ravir cette bonne réputation.....

» Agréez, etc.....

» Les délégués :

» BRUNET, LOISEAU ET TARTEMPION. »

Hélas ! les oies qui faisaient la fortune de la rue aux
Ours, se sont toutes envolées ; ce sont les habitants
de cette voie qui le disent. En cherchant bien, peut-
être en trouverait-on encore ?

LOUIS LAZARE.

LA

POINTE OCCIDENTALE DE L'ILE SAINT-LOUIS

On voit, à la pointe occidentale de l'île Saint-Louis,
plusieurs maisons qui ont échappé à la trouée pra-
tiquée pour le prolongement du pont Louis-Philippe.
Ces maisons, qui forment *quille*, défigurent de ce
côté le splendide panorama de Paris. L'autorité municipale ferait donc bien de les exproprier, et d'établir

un square sur leur emplacement. Une statue colossale de saint Louis serait heureusement placée au milieu de ce square et dans une île qui porte le nom d'un souverain qui fut à la fois un héros, un législateur et un saint.

LES

ANCIENS BOULEVARDS EXTÉRIEURS

ET

LA COMPAGNIE DES OMNIBUS

Autrefois, une ligne d'omnibus desservait tous les boulevards extérieurs de la rive droite.

Aujourd'hui, les voitures s'arrêtent près de l'emplacement où se trouvait l'ancienne barrière de Belleville, en laissant en dehors du mouvement tous les boulevards de l'est, qui sont cependant les plus dignes d'intérêt :

Voici les noms des voies publiques qui souffrent de cet état de choses :

Boulevards de Belleville, longueur 434 mètres
—	des Couronnes,	287 —
—	des Amandiers,	561 —
—	d'Aunay,	355 —
—	de Fontarabie,	586 —
—	de Charonne,	648 —
—	de Montreuil,	370 —

Boulevards de Saint-Mandé,	450	—
— de Picpus,	620	—
— de Reüilly,	336	—
— de Charenton,	468	—
— de Bercy,	827	—
— de la Rapée,	282	—

Total, 6,225 mètres

Comme on le voit, ce sont les localités qui ont le plus pressant besoin d'un mode économique de transport auxquelles a été enlevée la ligne d'omnibus des boulevards extérieurs, et cela dans un parcours de six mille deux cent vingt-cinq mètres !

ISOLEMENT DE L'ÉGLISE SAINT-MÉDARD

Cette amélioration, réclamée depuis plus d'un demi-siècle, doit enfin recevoir prochainement son exécution. Ce sera évidemment un immense bienfait pour toute cette partie de l'ancien 12e arrondissement, dont l'abandon contrastait avec le luxe des quartiers de la rive droite.

Pour opérer le dégagement de cet édifice religieux, les propriétés situées dans la rue Mouffetard, entre les rues Daubenton et Censier seront expropriées et démolies.

Ces propriétés portent, sur la rue Mouffetard, les numéros de 129 à 153 inclusivement.

Voici en peu de mots l'origine de l'église Saint-Médard. Ce n'était au douzième siècle, qu'une chapelle dépendant de l'Abbaye Sainte-Geneviève. Cette chapelle devint plus tard l'église paroissiale d'un bourg ou village appelé Riche-Bourg, puis village de Saint-Mard ou Saint-Médard.

Ce bourg ne se composait, au douzième siècle, que d'un petit nombre d'habitations; il ne fut réellement peuplé qu'au seizième siècle. Les clos du Chardonnet, du Breuil, de Copeau, de Gratard, des Saussayes, de la Cendrée, étaient compris dans son territoire. Les bâtiments de l'église de Saint-Médard, réparés, agrandis à différentes époques, présentent plusieurs genres d'architecture. Le grand autel a été entièrement reconstruit en 1655. En 1784, l'architecte Petit-Radel voulut décorer cet édifice en ajoutant à sa construction primitive des ornements grecs et en transformant ses piliers en colonnes cannelées. —Olivier Patru, célèbre avocat, et Pierre Nicole, connu par des *Essais de morale,* ont été enterrés dans cette église.

Derrière le chœur était un petit cimetière, où fut inhumé, en 1723, le diacre Pâris, zélé janséniste, sur le tombeau duquel venaient danser et faire des contorsions diaboliques une foule de fanatiques qu'on a désignés depuis sous le nom de *convulsionnaires.* Les jeunes filles se faisaient surtout remarquer parmi ces enthousiastes; à peine avaient-elles touché la pierre de ce monument qu'elles éprouvaient de violentes agitations, faisaient des mouvements extraordinaires qui nuisaient un peu à l'harmonie de leur toilette. A celles qui gambadaient, on donnait le nom de *sauteuses*; celles qui hurlaient et poussaient des cris étranges, ou imitaient l'aboiement des chiens, le miaulement des chats, reçurent les qualifications d'*aboyeuses* ou de *miaulantes*.

Voltaire les ridiculisa par quelques vers, et la spirituelle duchesse du Maine, par le quatrain que voici :

> Un décrotteur à la royale,
> Du talon gauche estropié,
> Obtint, par grâce spéciale,
> D'être boiteux de l'autre pied.

Le remède à un tel mal devait donc être l'indifférence ou le ridicule.

Par une ordonnance du **27** janvier **1733**, l'Autorité prescrivit la fermeture du cimetière Saint-Médard. Le lendemain, on trouva sur la porte du cimetière l'épigramme suivante :

> De par le roi... défense à Dieu
> De faire miracle en ce lieu.

Les convulsionnaires tombèrent alors dans l'oubli, — l'épigramme y contribua bien plus que l'ordonnance.

Louis Lazare.

DE

LA CIRCULATION DES VOITURES

SUR LES BOULEVARDS

Depuis l'extension des limites de Paris, on compte environ 60,000 voitures de toute espèce roulant dans cette ville.

Les voies publiques où le pêle-mêle de ces véhicules amène le plus d'accidents, sont :

1° Le boulevard Montmartre, au croisement de la rue et du faubourg du même nom ;

2° Le boulevard de Sébastopol, à la rencontre du boulevard Saint-Denis ;

3° La descente du boulevard de Bonne-Nouvelle, vers la porte Saint-Denis ;

4° La rue de la Chaussée-d'Antin, à son débouché sur les boulevards des Italiens et des Capucines, en face de la rue Louis-le-Grand ;

5° Enfin le boulevard Saint-Martin, à la rencontre de la rue et du faubourg du même nom.

Nous avons constaté nous-même ce fait que la circulation sur le boulevard Montmartre s'est trouvée interrompue jusqu'à dix-sept fois dans l'espace d'une heure.

Les autres voies publiques ci-dessus désignées sont

à peu près aussi souvent obstruées. Toutes cependant possèdent une dimension considérable. Le boulevard Montmartre a 35 mètres de largeur; celui de Sébastopol, 30; le boulevard Saint-Denis, 37; le boulevard Saint-Martin, 33, etc.

Chaque jour, la traversée de ces voies devient plus périlleuse; le macadam, dont les matériaux laissent tant à désirer, transforme, durant les pluies et les neiges de l'hiver, la chaussée de nos boulevards en un fleuve jaune et limoneux mal encaissé entre les bordures des trottoirs.

L'hésitation et la répugnance que les piétons, les dames surtout, éprouvent à se risquer d'une rive à l'autre, augmentent encore la fréquence déjà si grande des accidents.

La maladresse et l'entêtement des cochers enfin ajoutent souvent à ce pêle-mêle, en rendant la traversée impossible durant plusieurs minutes.

L'Administration Municipale serait donc bien sagement inspirée, si elle cherchait les moyens de diminuer les périls d'une circulation excessive, à laquelle toute espèce de réglementation fait défaut.

Les avis et les projets n'ont pas manqué certainement à nos Édiles depuis une dizaine d'années. On leur a demandé bien souvent pourquoi ils ne tenaient pas la main à l'exécution rigoureuse de la très-sage et très-utile ordonnance de M. le Préfet de police Piétri. Ce Magistrat, on se le rappelle, prescrivait aux cochers de prendre toujours leur droite, au lieu de s'emparer, comme ils le font tous, du milieu de la chaussée, où la rencontre infaillible des voitures produit l'encombrement qu'ont à redouter les malheureux piétons.

On sait que les cochers *se sont assis sur l'ordonnance préfectorale*, pour nous servir des expressions qu'employait un jour devant nous avec impudence un des récalcitrants. Eh bien ! avant tout, ce qu'il importe, c'est d'avoir promptement raison de cette outrecuidance, qu'une grande Administration ne devrait jamais tolérer.

Là ne s'arrêtent pas les réclamations du public. D'où vient, ajoute-t-il, que l'on permette à toute heure du jour, au moment où Paris est en pleine activité, la circulation de ces immenses pièces de bois sur les boulevards intérieurs ?

Une seule de ces voitures cause l'étranglement de la voie, et malheur aux piétons à la seule oscillation d'une de ces pièces de bois !

Et ces lourds chariots chargés de pierres énormes, dont le poids fait trembler nos maisons, pourquoi les laisser impunément usurper la chaussée de la grande promenade parisienne ?

On répliquera peut-être ce qu'un chef de service nous a déjà répondu : « Il faut bien alimenter de matériaux les chantiers de construction. »

Le transport de ces matériaux serait cependant plus facile et ne présenterait aucun inconvénient aux heures matinales. La Ville de Paris ne doit pas être laissée à la discrétion de messieurs les maçons et tailleurs de pierres. Les architectes que nous avons consultés sont d'ailleurs unanimes à déclarer que rien n'empêche les transports dont il s'agit de se faire dès le matin, et de manière à laisser, dans l'après-midi, la voie libre et dégagée d'aussi dangereux barrages.

DE BERNAGE.

ÉTUDES HISTORIQUES.

PARIS

En 1710.

—

D'ARGENSON, *lieutenant-général de police* (à Jérôme Bignon, Prévôt des Marchands de la Ville de Paris). Messire, vous avez désiré connaître le monde de bohêmes et bandits arrêtés lors de l'émeute qui a éclaté le 19 janvier dernier, émeute à laquelle la cherté du pain a servi de prétexte?

Messire JÉRÔME BIGNON. — Maître d'Argenson, mon but, en vous adressant cette demande, a été de m'éclairer sur les différentes classes dont se compose la population de Paris, que je crois profondément altérée par un mélange provincial trop prononcé. J'ai l'intention de soumettre ensuite un rapport à Sa Majesté sur cette question, que nous traiterons ensemble, si tel est votre bon plaisir.

D'ARGENSON. — Ce sera un grand et insigne honneur

pour moi, messire, de voir mon nom à côté de celui d'un magistrat, dont la sagesse et la prud'homie égalent le savoir. — Huissier! qu'on amène le nommé Eustache d'Espignac dit Fleur-d'Épée. — (A Jérôme Bignon). C'est le chef des émeutiers.

(Le bandit est introduit).

D'ARGENSON (à l'émeutier). Votre nom ?

LE BANDIT. Benjamin Lautier.

D'ARGENSON. C'est un nom d'emprunt; vous vous appelez Eustache d'Espignac.

R. Vous avez deviné, monseigneur.

D. Où êtes-vous né ?

R. A Auch.

D. Pourquoi êtes-vous venu à Paris ?

R. J'étais soldat au régiment d'Aunis; mon capitaine m'insulta, je le tuai. Comme il n'est pas permis d'en agir ainsi, je me sauvai à Paris et m'enrôlai parmi les francs-mitoux de la cour des Miracles.

D. Vous savez ce qui vous attend ?

R. Une corde bien solide...

D. Mais dans quel but avez-vous organisé cette émeute ? Tous vos bandits qui hurlaient contre la famine avaient les poches pleines de pain. Si vous me dites toute la vérité, je puis vous laisser la vie.

R. Cela n'est pas suffisant, monseigneur.

D. Et que vous faut-il de plus ?

R. Votre parole de me laisser à Paris.

D. Pourquoi cette préférence ?

R. Parce qu'on vit à Paris, et qu'on broute en province. Paris! le vin! le jeu! les femmes! des coups d'épée à donner ou à recevoir ! Mais Paris, c'est un paradis terrestre.

D. Assez, assez. Je vous promets la vie, et je consens à vous laisser dans Paris, si vous me dévoilez tous les mystères de votre association. Dans quel but cette émeute ?

R. La cherté du pain, c'était une frime. Tous les gueux et bohêmes de Paris vous en veulent, monseigneur.

D. Et pourquoi ?

R. Parce que vous voulez les expulser de Paris, où ils nagent dans les délices... Nous avions l'intention, pour nous épargner la province, de vous brûler dans votre hôtel ou de vous jeter dans la Seine, afin de vous adresser tout rôti au diable ou de vous envoyer en paradis par eau.

D. Combien êtes-vous à Paris de bohêmes, bandits ou routiers?

R. 8,500 environ.

D. D'où viennent ces bohêmes ?

R. Notre association se recrute de soldats que la discipline contrarie, de cultivateurs que le travail fatigue, et d'ouvriers que la province ennuie.

D. Combien comptez-vous de Parisiens dans vos rangs ?

R. Peu ou point.

D. La raison ?

— C'est que le Parisien tient à sa famille, et qu'il a peur de lui être nuisible, tandis que le bohême provincial, n'ayant personne à compromettre dans Paris, s'amuse à l'occasion, vole quand il peut, et tue quand cela lui plaît...

(Extrait du Mémoire présenté au Roi le 23 février 1710, et rendant compte de l'émeute qui éclata dans Paris le 19 janvier 1709, à l'occasion de la cherté du pain. Ledit mémoire portant les noms de Jérôme Bignon, Prévôt des Marchands, et Le Voyer de Paulmy, marquis d'Argenson, lieutenant-général de police.)

LE BOULEVARD DES AMANDIERS

Le boulevard des Amandiers est ainsi dénommé provisoirement parce qu'il doit aboutir à l'emplacement sur lequel s'élevait autrefois la barrière des Amandiers.

Ce boulevard partira de la place de la caserne du Prince-Eugène, traversera l'avenue Richard-Lenoir (ancien canal Saint-Martin), écornera la rue de la Folie-Méricourt, à sa rencontre avec celle des Trois-Bornes, pour couper ensuite en diagonale la rue de Ménilmontant. Puis, la voie nouvelle atteindra la rue Saint-Maur, d'où elle se dirigera, en traversant d'immenses terrains consacrés encore, pour la plupart, à la culture maraîchère, jusqu'à l'emplacement autrefois occupé par la barrière des Amandiers.

L'intérêt bien entendu des finances de la Ville, autant que les besoins de la circulation dans cette partie si excentrique du 11ᵉ arrondissement, font souhaiter que l'on n'apporte aucun retard à l'exécution du boulevard des Amandiers.

En effet, les vastes terrains que doit traverser cette grande voie sont maintenant encore à des prix peu élevés, tandis que les délais qu'aurait à subir l'ouverture du nouveau boulevard se traduiraient infailliblement en un grave préjudice pour le budget de la Ville; par suite des nouvelles constructions qui peuvent s'élever dans ces emplacements, et aussi parce que le boulevard du Prince-Eugène va, en se bordant d'habitations, réagir dans le sens de l'augmentation du prix des terrains sur tout l'ancien quartier Popincourt.

En ce qui concerne l'intérêt du 11e arrondissement, on s'aperçoit, à la simple inspection du plan de Paris, combien l'immense quadrilatère, limité au nord par l'ancien boulevard extérieur, au midi par la nouvelle avenue Richard-Lenoir, à l'est par la rue de la Roquette, et à l'ouest par la rue du Faubourg-du-Temple, est privé de communications importantes. Dès que l'on se trouve engagé dans une des rues trop rares qui y sont ouvertes, on ne tarde pas à regretter l'absence de voies diagonales qui abrégeraient fort heureusement des espaces si longs à parcourir.

Au point de vue général de la circulation, comme au point de vue stratégique, n'oublions donc pas la grande importance de cette voie; elle permettra de tourner le faubourg du Temple vers l'est et de gagner sans encombre la caserne du Prince-Eugène par une ligne droite, au lieu de s'engager dans un défilé tortueux.

Ces considérations, toutes d'un ordre supérieur, ont été sans doute abordées avant nous par nos Magistrats, lorsqu'ils ont arrêté en principe la création de ce boulevard, dont l'exécution aura lieu vraisemblablement dans un délai rapproché.

Louis Gayant.

PROLONGEMENT DE LA RUE SAINTE-MARGUERITE

JUSQU'AU BOULEVARD DU PRINCE-EUGÈNE

Voici une demande qui nous est adressée par une grande partie des habitants du faubourg Saint-Antoine. Il s'agirait de prolonger la rue Sainte-Marguerite jusqu'au boulevard du Prince-Eugène. A plusieurs reprises, nous nous sommes imposé l'obligation d'aller étudier sur place cette réclamation, qui nous paraît aujourd'hui parfaitement motivée.

Comme on le sait, la rue Sainte-Marguerite commence à la rue du Faubourg-Saint-Antoine, 145 et 147, et finit à la rue de Charonne, 68 et 70; sa longueur est de 291 mètres. Cette voie publique est bordée de chaque côté de tristes et misérables constructions et de garnis dont la malpropreté soulève le cœur.

Aussi, lors de la dernière épidémie, la population de cette rue a-t-elle été cruellement décimée.

Le prolongement de la rue Sainte-Marguerite jusqu'au boulevard du Prince-Eugène amènerait la transformation d'une localité qui a tant besoin d'air et qui réclame si souvent l'intervention de la police pour des raisons de salubrité et autres. Ce serait encore un utile trait-d'union entre la grande artère du faubourg Saint-Antoine et le nouveau boulevard.

Après avoir parcouru la rue Sainte-Marguerite, qui n'a pas communément une largeur de plus de 7 mètres, nous avons visité l'église qui porte le nom de cette voie publique, ainsi que le terrain qui lui est contigu, et qui servait autrefois de cimetière à cette paroisse. Dans ce cimetière furent déposés, le 10 juin 1795, à sept heures du soir, les restes mortels de Louis XVII, qui ont été inhumés dans la fosse commune.

La nuit suivante, le cercueil qui contenait le corps du pauvre enfant fut enlevé secrètement et déposé dans une autre partie du même cimetière. Une ordonnance royale rendue le 14 février 1816, après le vote d'une loi dont Châteaubriand avait été le promoteur, prescrivit l'érection d'un monument expiatoire à la mémoire de Louis XVII; mais on dut renoncer à son exécution, faute de pouvoir retrouver ces tristes débris.

Le cœur du prince, conservé, dit-on, par le docteur Pelletan, lors de l'autopsie, fut placé dans un vase de vermeil, qui resta plus tard en dépôt à l'archevêché de Paris. Ce vase, ajoute-t-on, aurait été, le 14 février 1831, la proie des insurgés qui pillèrent l'archevêché.

Louis Lazare.

LES ABORDS DE L'ÉGLISE SAINT-GERVAIS

Projet de création d'une voie diagonale partant de la rue Saint-Antoine au carrefour de la rue de Jouy, pour aboutir à l'angle du quai des Célestins.

Nous avons rendu compte, lors de leur exécution, des travaux concernant le portail de l'église Saint-Gervais. On sait que ce portail est l'œuvre de Jacques de Brosse, l'architecte du palais du Luxembourg.

La sollicitude de l'Administration ne s'est pas bornée à la partie principale et la mieux en vue de cet édifice religieux. Le chevet de l'église Saint-Gervais, étouffé entre des masures qui l'enserrent dans la petite rue des Barres, sera bientôt dégagé. Déjà la Ville a exproprié la maison n° 9, et sans doute son intention est de terminer l'élargissement de la rue Grenier-sur-l'Eau, pour mettre à découvert la porte du chevet, qui se trouverait dans l'axe de cette voie transformée.

Cette rue des Barres, dont l'aspect est si triste et si misérable aujourd'hui, comptait au moyen âge de splendides hôtels, qui en ont fait une voie éminemment historique.

Au n° 4, on voyait l'hôtel Charni, dont la plus grande partie a été détruite lors du percement de la rue du Pont-Louis-Philippe en 1833. Cette habitation, connue précédemment sous le nom d'hôtel Saint-Maur, appartenait à Louis de Bourdon, l'un des amants d'Isabeau de Bavière, femme de Charles VI. Comme le roi n'était pas un époux complaisant, Louis de Bourdon fut mis à la question, puis enfermé dans un sac et jeté dans la Seine avec cette inscription sur son linceul :

Laissez passer la justice du roi !

Dans ce même hôtel, lors de la révolution, siégea le comité civil de la section de la Commune. C'est là que fut porté sur une chaise, le 10 thermidor, à deux heures du matin, Robespierre jeune, qui s'était précipité d'une fenêtre de l'Hôtel-de-Ville donnant à l'est sur une petite ruelle alors dénommée rue du Tourniquet-Saint-Jean.

En montant la rue des Barres, on gagne la rue Saint-Antoine, dénommée aujourd'hui rue François-Myron, célèbre Prévôt des Marchands sous Henri IV. On sait qu'un tronçon de cette voie publique s'est trouvé détaché de la grande artère lors du prolongement de la rue de Rivoli.

A l'extrémité de cette partie détachée de l'ancienne rue Saint-Antoine, on atteint le carrefour de la rue de Jouy. Ce carrefour et la rue qui lui donne son nom nous rappellent un excellent projet, dont l'exécution devait avoir lieu en 1853 et que l'Administration actuelle ferait, nous le croyons, sagement de poursuivre. Il s'agissait de créer avec les rues de Jouy, du Figuier et des Barrés (1) une voie diagonale, partant de la rue

(1) La rue des Barrés est une autre rue que la rue des Barres.

Saint-Antoine pour aboutir au quai des Célestins, et relier à la caserne Napoléon celle des Célestins.

Ce trait-d'union si utile s'obtiendrait par la rectification des alignements des trois rues, et cela sans entraîner des dépenses considérables.

Ne quittons pas la rue de Jouy sans citer l'hôtel du n° 7, qui, dans l'origine, appartenait au Prévôt de Paris, Hugues Aubriot. Cet hôtel fut rebâti par François Mansart. Il avait été acquis par Antoine d'Aumont, pair, maréchal de France et gouverneur de Paris. Plus tard, il appartint, en vertu d'un contrat du 6 décembre 1766, à Pierre Terray de Rozières. C'était un très-habile financier et un plaisant original, que cet abbé Terray. Le peuple ne l'aimait guère. Un jour l'abbé Terray venait d'établir un nouvel impôt, et les bourgeois de Paris criaient comme si le financier les eût écorchés tout vifs. Une députation de marchands et de boutiquiers de la rue Saint-Denis se rendit dans la rue de Jouy, chez l'abbé, pour lui faire des représentations.

L'orateur, dans la chaleur de l'improvisation, laissa tomber ces paroles : « Monsieur l'abbé, vous nous prenez toujours notre argent dans la poche. — Où diable » ailleurs voulez-vous que j'en prenne, mes amis? » réplique Terray, et la députation de sortir furieuse !

Elle s'en vengea le soir même, en effaçant, près de la place des Victoires, le nom de rue Vide-Gousset, pour lui substituer celui de *rue Terray !*

Louis Lazare.

ABORDS DES HALLES CENTRALES

L'Administration Municipale a signifié ses offres aux propriétaires et locataires des maisons ci-après :

Rue de Rambuteau, n°s 86, 88, 90 et 92.

Rue de la petite Truanderie, 12, 14, 15 et 16.

Rue de la grande Truanderie, 13 et 15.

Rue de la Réale, 2.

Voici l'origine de ces quatres voies publiques :

Rue de Rambuteau

Elle a été ouverte en vertu d'une ordonnance du 5 mars 1838. Les habitants des quartiers traversés par cette voie publique, voulant donner à M. le comte de Rambuteau un témoignage de leur reconnaissance, sollicitèrent de l'Administration supérieure l'autorisation d'inscrire, aux angles de cette rue, le nom du Magistrat auquel la Ville de Paris était redevable de nombreuses et utiles améliorations.

Cette autorisation fut accordée par décision royale du 12 novembre 1839.

Nous croyons être agréable à nos lecteurs, en esquissant ici la physionomie si avenante du comte de Rambuteau, si justement qualifié de *magistrat-gentilhomme.*

Claude-Philibert Bartholot, comte de Rambuteau.

est né en Bourgogne, en 1782. Sa famille le destinait
à l'École polytechnique ; mais la mort de sa mère em-
pêcha le jeune homme de suivre cette belle carrière.
Toutefois, son esprit juste, son caractère modéré, ses
manières pleines d'urbanité que complétait l'ancienneté de son nom, lui procurèrent bientôt une belle
alliance. Il épousa mademoiselle de Narbonne, fille de
l'ancien Ministre de la guerre sous Louis XVI.

Napoléon, qui appréciait le comte Louis de Narbonne, fit son gendre chambellan. L'excellent ton du
jeune dignitaire, son affabilité, son jugement sain et
droit, étaient des qualités que l'Empereur estimait par-
dessus tout. Aussi Napoléon, qui affectionnait son
jeune chambellan, l'attachait à sa personne *pendant
treize trimestres consécutifs*.

Nous retrouvons plus tard le comte de Rambuteau à
la préfecture du Simplon, puis à celle de la Loire.
Ici c'est un Magistrat plein d'énergie, là un organisa-
teur habile, partout un homme de cœur. En 1815, les
électeurs de la Loire envoient leur Magistrat bien-aimé
à la Chambre des députés, avec ce passe-port : *L'élection du comte de Rambuteau est un hommage de la reconnaissance publique !*

En 1827, il est nommé député de Mâcon ; enfin, le
22 juin 1833, une ordonnance royale fit du comte de
Rambuteau le premier Magistrat de la Ville de Paris.

Ce choix fut plein d'esprit. C'était bien le Magistrat
qu'il fallait à la tête de la première Administration
Municipale du pays. On sortait d'une révolution ; le
devoir était de pacifier. La nature conciliante du nou-

veau Préfet se prêtait merveilleusement à ce noble rôle. Le Magistrat n'avait rien à faire oublier. Son passé répondait de l'avenir, et il était sûr d'être aimé des Parisiens en se laissant aller doucement au courant de son caractère facile et bienveillant.

Dans notre ouvrage sur les rues et monuments de Paris, nous avons rappelé les éminents services rendus à la Capitale par le comte de Rambuteau, qui regardait les nobles fonctions de premier Magistrat de la grande ville *comme une espèce de sacerdoce qu'on est heureux et fier d'exercer dignement.* On pouvait dire en parlant du Préfet de la Seine : *Le comte de Rambuteau, c'est le cœur dévoilé par l'esprit !*

Rues de la Grande et Petite Truanderie

L'emplacement occupé par ces deux rues faisait anciennement partie du petit fief de Thérouenne, dont la moitié environ fut cédée à Philippe-Auguste par Adam, archidiacre de Paris, puis évêque de Thérouenne. L'autre partie qui n'était pas utile à la construction des Halles resta en la possession du Prélat, et fut bientôt envahie par des marchands de toute espèce, qui firent construire les ruelles qui sillonnaient le grand marché Parisien.

Plusieurs historiens ont prétendu que ce nom de Truanderie provenait de ces bohêmes ou truands, qui allaient *gueuser* dans les rues de Paris, et le soir revenaient dans leur repaire, situé dans le voisinage des Halles. Cette assertion ne saurait être soutenue. Non-seulement les Halles étaient devenues, vers le milieu du treizième siècle, le plus vaste dépôt de l'approvisionne- ment de Paris, mais leurs abords se trouvaient envahis encore par des marchands de toute espèce. Ils tracèrent des rues ou plutôt des ruelles, parce que le terrain s'y vendait au poids de l'or, bâtirent des maisons étroites et serrées, qui formèrent en cet endroit un quartier commerçant et très-encombré, une véritable ruche parisienne, dans laquelle on n'eût jamais toléré des truands ni d'autres bandits.

Le nom de Truanderie a pris racine des vieux mots *Tru, Truage,* qui signifient tribut, impôt, subside. En effet, dans le carrefour qu'on désignait encore au commencement de ce siècle sous le nom de *place Ariane,* se trouvait un bureau où l'on percevait les droits ou taxes sur les marchandises, qui entraient dans Paris pour être vendues aux Halles.

A la pointe du triangle que formaient les rues de la Grande et Petite Truanderie, existait un puits célèbre dans les annales du peuple Parisien, et qu'on appelait le *Puits d'amour.* Là, pendant des siècles, les amants venaient s'y jurer fidélité.

On disait autrefois d'un mari, qui ne chassait pas sur les terres de ses voisins : *Il a bu de l'eau du Puits d'amour.*

Rue de la Réale

Elle faisait également partie du fief de Thérouenne. En 1280, elle s'appelait *rue Jehan Bigues,* du nom d'un bourgeois élu le 15 août 1280, Échevin de

la Ville de Paris. Son nom actuel lui vient d'un propriétaire qui l'habitait en 1620.

Telles sont les origines des quatre rues de Rambuteau, de la Grande et de la Petite Truanderie, ainsi
que de la rue de la Réale.

Louis Lazare.

Prolongement de la rue des Deux-Portes-Saint-Jean

JUSQU'AU NOUVEAU MARCHÉ DU TEMPLE

-o—o-

(Voir le plan officiel dans cette livraison.)

Entre les quartiers de l'Hôtel-de-Ville et du Temple,
il n'existe de communication pour les voitures que par
la rue du Temple. Cette voie, qui dessert une circulation surabondante d'activité, est malheureusement
étroite, sinueuse et presque toujours encombrée. C'est
dans le but de suppléer à l'insuffisance de cette voie
que l'Administration a conçu le projet depuis quelques
années, d'élargir les *rues des Billettes, de l'Homme
armé, du Chaume, du Grand-Chantier, des Enfants-
Rouges* et *Molay*.

Mais la disposition des deux premières rues ci-
dessus indiquées, dont les axes se contrarient, devait
en nécessiter le redressement complet.

Enfin, il était indispensable de raccorder la direction
de ces deux voies avec celle de la rue des Deux-
Portes.

Notre plan, qui est une réduction du plan officiel déposé pour l'enquête, il y a quelques années, aux mairies des 4e et 3e arrondissements, présente les dispositions suivantes :

1º Redressement et élargissement à **15** mètres des *rues des Billettes et de l'Homme armé*. Tout l'élargissement sera pris du côté des numéros impairs. Les maisons bordant le côté droit seront conservées presqu'en totalité, et se trouveront même pour la plupart en arrière du nouvel alignement. Elles devront donc avancer, mais seulement à l'époque où il deviendra indispensable de les reconstruire.

2º Élargissement à **15** mètres des *rues du Chaume, du Grand-Chantier, des Enfants-Rouges* et **Molay**, en prenant encore l'élargissement sur le côté des numéros impairs de ces rues.

Le redressement et l'élargissement des *rues des Billettes* et *de l'Homme Armé*, de même que l'élargissement de la *rue du Chaume*, dans la partie comprise entre la rue des Blancs-Manteaux et la rue de Rambuteau, seront opérés par voie d'expropriation pour cause d'utilité publique.

Les élargissements des rues, à la suite ne seront exécutés que par mesure ordinaire de voierie.

Dans la première livraison du troisième volume de notre collection Municipale, notre directeur a rédigé un article sur l'ouverture de cette voie, entre les quartiers de l'Hôtel-de-Ville et du Temple. Nous renvoyons nos lecteurs à ce travail d'ensemble.

Le Ferron.

PARIS

SES ACQUISITIONS ET SES ALIÉNATIONS

PAR ANDRÉ HAUSSMANN (1).

VIII. — *Décomposition du Tarif en trois tableaux.*

Tout notre tarif a d'abord été rédigé en un seul tableau synoptique; mais comme sa grande dimension entrerait difficilement dans la justification de ce volume, nous allons le décomposer en trois parties, ou tableaux séparés, qu'il sera plus aisé de mettre en pages.

PREMIER TABLEAU

Classification des Constructions suivant leur ancienneté, leur État d'Entretien, et les Matériaux qui y ont été employés;

PREMIÈRE SUBDIVISION

TRÈS-VIEILLES CONSTRUCTIONS, ASSEZ BIEN ENTRETENUES, MAIS D'UNE DISTRIBUTION SURANNÉE.

20ᵉ *classe.* — Murs de face et de refend en pans de bois; plafonds lattés jointifs, couverture en très-vieilles

(1) Voir le Vᵉ volume, pages 154 et suivantes, et le VIᵉ, pages 140, 161 et suivantes.

tuiles de pays; coffres de cheminées pigeonnés en plâtre, dans le bâtiment et en dehors des combles ;

19e *classe.* — Murs de face, partie en moellons et partie en pans de bois; murs de refend en pans de bois; plafonds lattés jointifs; couverture en bonnes vieilles tuiles, façon Bourgogne en partie, et partie en ardoises; coffres de cheminée pigeonnés en plâtre à l'intérieur et, à l'extérieur, en briques de pays ;

18e *classe.* — Murs de face, partie en moellons et partie en briques de pays; plafonds lattés jointifs; couverture partie en tuiles de Bourgogne et partie en ardoises; coffres de cheminée pigeonnés à l'intérieur et en briques de Bourgogne à l'extérieur; volets intérieurement aux croisées, sans caissons ;

17e *classe.* — Murs de face, partie en moellons, partie en briques façon Bourgogne, et partie en pierres de taille; plafonds lattés jointifs; couverture, partie en tuiles de Bourgogne et partie en ardoises et plombs; coffres de cheminée en briques de Bourgogne à l'extérieur et en briques de pays à l'intérieur; jalousies aux croisées et volets, dans des caissons, à l'intérieur ;

16e *classe.* — Murs de face, partie en pierres de taille et partie en moellons ; plafonds lattés jointifs ; couverture en ardoises et plombs; coffres de cheminées en tuiles de Bourgogne partout; demi-persiennes aux fenêtres ; volets intérieurs dans des caissons ;

15e *classe.* — Murs de face en pierres de taille et sculptures ; plafonds lattés jointifs; couverture en ardoises et grandes parties en plomb ; persiennes aux fenêtres et volets en caissons à l'intérieur ; balcons d'appui aux croisées ; coffres de cheminée en briques de Bourgogne et couronnement en pierre.

DEUXIÈME SUBDIVISION

CONSTRUCTIONS DÉJA ANCIENNES, MAIS D'UNE BONNE CONFEC-
TION, TRÈS-BIEN ENTRETENUES, AVEC UNE DISTRIBUTION
MODERNE.

14ᵉ *classe*. — Murs de face, sur la rue, en moellons et, sur les cours, en pans de bois ; plafonds à augets ; planchers en chêne, couverture en tuiles de pays ; coffres de cheminées pigeonnés en plâtre; têtes en plâtre;

13ᵉ *classe*. — Murs de face, sur la rue, en moellons et briques, et à l'intérieur en pans de bois ; plafonds à augets; planchers en chêne; couverture partie en tuiles façon Bourgogne et partie en ardoises ; tubes de cheminées hourdés en plâtre intérieurement, têtes en briques de pays ;

12ᵉ *classe*. — Murs de face en moellons, briques et pierres de taille; plafonds à augets ; planchers en chêne; couverture en ardoises; tubes de cheminées hourdés en plâtre ; têtes en briques façon Bourgogne ;

11ᵉ *classe*. — Murs de face en moellons, briques et pierres de taille ; plafonds à augets ; planchers en chêne; couverture en ardoises ou en zinc; tubes de cheminées en tuyaux Gourlier, ou en briques de pays; têtes en briques façon Bourgogne ;

10ᵉ *classe*. — Murs de face en pierres de taille, briques et moellons ; plafonds à augets ; planchers , partie en bois, partie en fer ; couverture en zinc ; cheminées en tuyaux Gourlier ou en briques de pays ; têtes en briques façon Bourgogne ;

9ᵉ *classe*. — Murs de face en pierres de taille et moellons ; plafonds à augets ; planchers en fer ou en chêne ; couverture en zinc ; cheminées en briques cintrées et têtes en briques façon Bourgogne ; persiennes aux fenêtres ;

8ᵉ *classe*. — Murs de face en pierres de taille et sculptures ; plafonds à augets ; planchers en fer ; couverture en zinc et en plomb ; cheminées en briques cintrées et têtes en briques façon Bourgogne ; balcon praticable à encorbellement ; persiennes aux fenêtres et balcons d'appui.

TROISIÈME SUBDIVISION

CONSTRUCTIONS TOUTES NEUVES, TRÈS-ÉLÉGANTES, EN TRÈS-BON ÉTAT, CE QU'IL Y A DE MIEUX COMME CONSTRUCTIONS SOIGNÉES ET COMME BONNES DISTRIBUTIONS.

7ᵉ *classe*. — Murs de face, sur la rue, en moellons et pierres de taille, et sur les cours, pans de bois ; planchers en fer ; couverture en zinc ou en ardoise ; tuyaux de cheminées en briques de pays, têtes en briques de Bourgogne imité ;

6ᵉ *classe*. — Murs de face en moellons, briques et pierres de taille ; planchers en fer ; couverture en zinc ou en ardoises; tuyaux de cheminées en tuyaux Gourlier; têtes en briques façon Bourgogne; jalousies aux croisées ;

5e *classe.* — Murs de face en moellons, briques et pierres de taille; planchers en fer double T; couverture en zinc; tuyaux de cheminées en briques cintrées; têtes en briques façon Bourgogne; jalousies aux croisées;

4e *classe.* Murs de face en moellons, briques façon Bourgogne et pierres de taille ; planchers en fer double T; couverture en zinc, tuyaux de cheminées en briques cintrées et têtes en briques, façon Bourgogne; persiennes aux fenêtres;

3e *classe.* — Murs de face en pierres de taille, moellons et briques façon Bourgogne; planchers et linteaux en fer double T; couverture en zinc et plomb; cheminées en briques cintrées, têtes façon Bourgogne; couronnement en pierres de taille; persiennes aux fenêtres; balcon d'appui; volets brisés en caissons, à l'intérieur, et lambris, chêne et sapin; menuiserie et serrurerie bien établies ;

2e *classe.* — Murs de face en pierres de taille et sculptures ; planchers, linteaux, poitrails en fer double T; couverture en zinc et plomb; cheminées en briques cintrées , têtes façon Bourgogne, couronnement en pierres; persiennes brisées aux fenêtres; balcons d'appui aux croisées; volets brisés en caissons à l'intérieur et lambris chêne; menuiserie et serrurerie de premier choix;

1re *classe.* — Murs de face en pierres de taille dures et riches sculptures ; planchers, linteaux et poitrails en fer double **T** ; colonnes en fer ; couverture en zinc et plomb ; cheminées en briques façon Bourgogne et cintrées ; couronnement en pierres de taille ; persiennes brisées aux croisées ; verre double aux croisées ; balcons d'appui à toutes les croisées ; balcon praticable en encorbellement ; enduit de bitume à rez-de-chaussée, volets brisés en caisson, à l'intérieur, et lambris en chêne ; menuiserie et serrurerie de luxe.

Observation générale sur la classification.

Si les données du bâtiment à estimer ne concordent pas exactement avec l'une des vingt classes ci-dessus décrites, il se fera une compensation entre les données avantageuses qui manqueraient et celles avantageuses qu'on trouverait en plus : on opérerait pareillement à l'égard des conditions désavantageuses, on compenserait aussi les données avantageuses, avec d'autres désavantageuses au même degré, et l'on arriverait ainsi à trouver la classe du tarif qui convient par réduction et équivalence.

DEUXIÈME TABLEAU

Dimensions des Constructions et accessoires d'ornementation, de décoration et de service :

1re CATÉGORIE : Un étage carré, de **2** mètres **60** centimètres de hauteur, sans caves ; grenier perdu :

1er *genre.* — Très-simple ;

2me *genre*. — Corniches, cheminées de marbre, glaces et cadres dorés ; ornements en carton pâte, dorures ; papiers de tenture ; baguettes dorées ; appareils d'eau et de gaz ;

2me CATÉGORIE : Un étage carré de 2 mètres 60 centimètres de hauteur, sans caves ; mansarde de 2 mètres 60 centimètres de hauteur dans le comble :

1er *genre*. — Très-simple ;

2me *genre*. — (Comme à la première catégorie ci-dessus) ;

3me CATÉGORIE : Un étage carré de 3 mètres 50 centimètres de hauteur ; un étage de caves ; mansarde (comme à la 2me catégorie) ;

1re *genre*. — (Comme ci-dessus) ;

2me *genre*. — Idem.

4me CATÉGORIE : Un étage carré de 3 mètres 50 centimètres et un entresol de 2 mètres 60 centimètres de hauteur ; cave et mansarde, comme à la 3me catégorie) ;

1er *genre*. — (Comme ci-dessus) ;

2me *genre*. — Idem ;

5me CATÉGORIE : Trois étages carrés, jusqu'à la hauteur légale de 11 mètres 70 centimètres ; un étage de caves ; mansarde dans les combles, complétant la hauteur de 11 mètres 70 centimètres ;

1er *genre*. — (Comme ci-dessus) ;

2me *genre*. — (Comme ci-dessus) ;

3me *genre*. — Façade monumentale, ornée de figures ou de statues ; escalier de pierre ; colonnes, marbres, etc. ;

6me Catégorie : Trois ou quatre étages carrés, jusqu'à la hauteur légale de 14 mètres 60 centimètres ; un étage de caves ; mansarde dans les combles, complétant la hauteur légale de 14 mètres 60 centimètres ;

1er *genre*. — (Comme à la 5me catégorie) ;

2me *genre*. — Idem ;

3me *genre*. — Idem ;

7me Catégorie : **Cinq** étages carrés, jusqu'à la hauteur légale de **17** mètres **55** centimètres ; un premier étage en sous-sol et un second étage de cave, en contre-bas ; mansarde ou étage carré, complétant la hauteur légale de **17** mètres **55** centimètres, dans l'angle de **45** degrés ;

1er *genre*. — (Comme à la 5me catégorie) ;

2me *genre*. — Idem ;

3me *genre*. — Idem ;

8me Catégorie : Cinq étages carrés, jusqu'à la hauteur légale de 20 mètres ; cave et sous-sol, comme à la 7me catégorie ; mansarde, ou étage carré, complétant la hauteur légale de 20 mètres, dans la circonférence légale :

1er *genre*. — (Comme à la 5me catégorie.)

2me *genre*. — Idem ;

3me *genre*. — Idem.

TROISIÈME TABLEAU

Tarif de la valeur *abstraite* **et comparative d'UN MÈTRE SUPERFICIEL de construction, neuve ou ancienne, à l'usage de maison d'habitation, dans Paris.**

Suivant les conditions indiquées dans les premiers et deuxièmes tableaux, qui précèdent, rappelées ici par les simples numéros des classes, catégories et genres.

RÉPARTITION, EN 20 CLASSES, DES CONSTRUCTIONS

CATÉGORIES	GENRES	TRÈS-VIEILLES						DÉJA ANCIENNES							TOUTES NEUVES						
		20e	19e	18e	17e	16e	15e	14e	13e	12e	11e	10e	9e	8e	7e	6e	5e	4e	3e	2e	1e
1e	1	1	2	3	4	5	6	7	8	9	10	11	12	13	14	15	16	17	18	19	20
	2	21	22	23	24	25	26	27	28	29	30	31	32	33	34	35	36	37	38	39	40
2e	1	41	42	43	44	45	46	47	48	49	50	51	52	53	54	55	56	57	58	59	60
	2	61	62	63	64	65	66	67	68	69	70	71	72	73	74	75	76	77	78	79	80
3e	1	81	82	83	84	85	86	87	88	89	90	91	92	93	94	95	96	97	98	99	100
	2	101	102	103	104	105	106	107	108	109	110	111	112	113	114	115	116	117	118	119	120
4e	1	121	122	123	124	125	126	127	128	129	130	131	132	133	134	135	136	137	138	139	140
	2	141	142	143	144	145	146	147	148	149	150	151	152	153	154	155	156	157	158	159	160
5e	1	161	162	163	164	165	166	167	168	169	170	171	172	173	174	175	176	177	178	179	180
	2	181	182	183	184	185	186	187	188	189	190	191	192	193	194	195	196	197	198	199	200
	3	201	202	203	204	205	206	207	208	209	210	211	212	213	214	215	216	217	218	219	220
6e	1	221	222	223	224	225	226	227	228	229	230	231	232	233	234	235	236	237	238	239	240
	2	241	242	243	244	245	246	247	248	249	250	251	252	253	254	255	256	257	258	259	260
	3	261	262	263	264	265	266	267	268	269	270	271	272	273	274	275	276	277	278	279	280
7e	1	281	282	283	284	285	286	287	288	289	290	291	292	293	294	295	296	297	298	299	300
	2	301	302	303	304	305	306	307	308	309	310	311	312	313	314	315	316	317	318	319	320
	3	321	322	323	324	325	326	327	328	329	330	331	332	333	334	335	336	337	338	339	340
8e	1	341	342	343	344	345	346	347	348	349	350	351	352	353	354	355	356	357	358	359	360
	2	361	362	363	364	365	366	367	368	369	370	371	372	373	374	375	376	377	378	379	380
	3	381	382	383	384	385	386	387	388	389	390	391	392	393	394	395	396	397	398	399	400

IX. — *Usage du tarif précédent.*

Supposons qu'on désire évaluer une propriété, située à Paris, dans la 4ᵐᵉ zone concentrique (c'est-à-dire à 1750 mètres de distance d'un point quelconque de la ligne droite centrale, allant de la place Vendôme à la rue de la Paix), où le prix *abstrait* du terrain est de 50 unités. Si nous multiplions par le nombre *concret* de 10 fr., par exemple, nous aurons un prix de base de 500 francs. — Nous supposerons que le calcul des *plus-values*, compensées avec les *moins-values*, donne 5 p. 100 à retrancher de ce prix de base; il restera, pour le terrain en question, que nous supposons d'une superficie de 400 mètres, un prix courant commercial de 475 francs le mètre carré, ce qui donnera une estimation de 190,000 francs.

Supposons qu'il y existe 200 mètres de bâtiments, de deux espèces différentes : d'abord 150 mètres de constructions de 3ᵐᵉ classe, et de 7ᵐᵉ catégorie, 2ᵐᵉ genre : on trouvera une valeur *abstraite* de 318 unités, ce qui, pour les 150 mètres, donnera un produit de 47,700 unités; supposons que les 50 mètres de surplus sont des constructions de 6ᵐᵉ classe, 4ᵐᵉ catégorie, 1ᵉʳ genre, donnant une valeur abstraite de 135 unités, et pour les 50 mètres un produit de 6,750 unités : l'ensemble des constructions représentera 54,450 unités. Admettons encore qu'un examen attentif fasse reconnaître qu'il y a lieu de retrancher une *moins-value* de 4 p. 100, soit 2,178 unités : il restera, pour les bâtiments réunis, 52,272 unités.

Supposons que, pour l'année où se fait l'estimation, le prix de règlement des légers ouvrages de maçonnerie est de 3 francs 75 centimes le mètre : le produit donnera, pour l'estimation des bâtiments, une valeur concrète et commerciale de 196,020 francs.

Réunissant, à cette estimation des bâtiments celle du terrain nu, qui est de 190,000 francs, on trouvera une valeur totale de 386,020 francs pour le prix commercial de l'immeuble.

Il est à remarquer que les 200 mètres de terrain vide ne vaudront 475 francs le mètre que s'ils peuvent être utilisés, en tout ou en partie, à de nouvelles constructions, qui ne nuiront pas sérieusement à celles existantes. Si, au contraire, il était impossible de tirer jamais un parti productif de ces 200 mètres de terrain, leur estimation devrait éprouver une *moins-value* motivée par la servitude de jours, de vues, de passage, au profit du bâtiment, qui, de son côté, éprouverait, par le même motif, une *plus-value*, mais moins élevée que la *moins-value*. — Le produit de l'immeuble devrait être consulté, pour déterminer le chiffre de la moins-value à retrancher, pour le terrain vide et celui de la plus-value à ajouter à l'estimation des bâtiments.

TABLE DES MATIÈRES

HUITIÈME VOLUME

Paris. — Typ. Morris et Ce, rue Amelot, 64.